미와 판단

칸트의 『판단력비판』 "미 분석" 강의

미와 판단

칸트의 『판단력비판』 "미 분석" 강의

초 판 1쇄 발행 2017년 6월 30일
개정판 1쇄 발행 2023년 7월 7일

—

지은이 박정훈
펴낸이 이방원

책임편집 정우경 · 김형우   **책임디자인** 손경화
마케팅 최성수 · 김 준   **경영지원** 이병은

—

펴낸곳 세창출판사
    신고번호 제1990-000013호   주소 03736 서울시 서대문구 경기대로 58 경기빌딩 602호
    전화 02-723-8660   팩스 02-720-4579   이메일 edit@sechangpub.co.kr   홈페이지 http://www.sechangpub.co.kr
    블로그 blog.naver.com/scpc1992   페이스북 fb.me/Sechangofficial   인스타그램 @sechang_official

—

ISBN 979-11-6684-197-2 93160

개정판

칸트의 『판단력비판』 "미 분석" 강의

미와 판단

박정훈

세창출판사

　이 책이 나온 뒤 지나온 6년의 시간은 글쓴이의 부족함을 뒤늦게나마 깨닫는 시간이기도 했다. "칸트 미학 입문에 도움이 되기를 바라는 마음"과 현실의 괴리가 적지 않았다. 그 송구함을 표하는 가장 좋은 방법은 조금이나마 개선된 책을 내는 것이라 생각하였다. 칸트 원문의 번역을 가다듬었고 독해에 도움이 될 만한 설명을 추가하였다.

　개정판이 나오도록 힘써 주신 세창출판사 관계자분들께 다시 한번 감사를 표한다.

2023년 봄날

박정훈

『판단력비판』은 "취미판단은 미감적이다"라는 표제가 달린 절(§1)로 시작된다. '취미'라는 말도 '판단'이라는 말도 알 듯 말 듯 하다. 물론 이 말들은 일상생활에서도 사용되지만 우리에게 친숙한 의미대로 생각해도 되는 것인지 분명치 않다. '미감적(미적/미학적)'이라는 말은 더더욱 알 듯 말 듯 하다. 이렇다 보니 칸트가 사용하는 용어들의 기본적인 뜻부터 알고 나서 텍스트 독해를 시작해야 할 필요성을 느끼게 되는 것은 자연스러운 일이다. '미(아름다움)', '판단', '합목적성'이 무슨 뜻인지, 아니 그것보다 더 근본적으로 칸트가 '비판'이라고 말할 때 이 말이 무엇을 뜻하는지, 칸트의 세 번째 비판서인 『판단력비판』이 이보다 먼저 출간된 『순수이성비판』 및 『실천이성비판』과 어떤 연관을 갖는지, 이런 것들에 대한 이해가 선행되지 않은 채 과연 이 저작에 대한 독해가 가능한지, 아니면 선행 작업에 대한 학습이 필요한 것은 아닌지 하는 생각이 자연스레 생긴다. 그래서 어떤 독자는 일단 칸트 미학의 주요 어휘들에 대해 숙지하고 본문을 펴야겠다는 결심을 하게 된다. 그런 결심에 따라 칸트 미학을 소개하는 사전과 해설서를 찾아다

닌다. 자신에게 맞는 책을 용케 구해서 읽어 보았다면 칸트 미학을 이해하는 데에 어느 정도 도움을 얻을 수도 있을 것이다. 다만 친절한 해설서라 해도 거기에 설명된 내용이 단번에 이해되지는 않을 것이다. 실제로 칸트의 책에서 사용되는 문장들, 그리고 이것들이 논리적으로 함께 구성하고 있는 의미의 연결망들을 이해하지 못한 채 그 개념들의 전모를 오롯이 헤아리기는 어렵기 때문이다. "천 리 길도 한 걸음부터"라고 했듯이, 『판단력비판』을 이해하기 위해서는 결국 한 문장 한 문장 음미하면서 읽어 나가는 것이 가장 효과적이다. 더딘 길인 듯해도 긴 호흡으로 생각하면 그 길이 지름길이다.

모든 일에는 순서가 있다. 하물며 무언가에 대해 누군가가 생각한 내용을 서술한 책을 이해하는 데에 있어 어찌 적절한 절차와 방법이 없겠는가? 『판단력비판』의 저자인 칸트 또한 이 책의 주제에 대한 오랜 연구를 통해 나름의 생각에 도달했을 것이다. 이러한 생각이 단순히 단어 하나, 문장 하나로 축약될 수 없는 한에서 복잡하지만 일관된 하나의 '생각의 순서'를 갖추고 있었을 것이다. 그런데 이를 적절히 구성하고 배치하여 글을 쓰는 일은 또 다른 문제이다. '스토리'와 '플롯'이 다른 것처럼 '생각의 질서'와 '서술의 질서'는 다르다. 칸트의 이 저작도 그가 나름의 절차와 방법에 따라 선택한 순서에 따라 서술되었을 것이다. 그렇게 본다면 『판단력비판』을 읽을 때 저자의 '서문preface'을, 그다음에 '서론introduction'을 읽은 후 비로소 본문으로 진입하는 것이 순서에 맞는 일인 듯 보인다. 그러나 서문과 서론을 읽어 본 이라면 대부분 거기에 서술된 내용을 이해하는 데에 너무나 큰 애로를 느졌을 것이다. '이성', '초월적', '형이상학', '교설', '자연 개념과 자유 개념', '인식능력과 욕구능력' 등등. 칸트 미학을 이해하기 위해 이 책의 서문과 서론에 눈길을 돌렸건만 이전에 쓰인 두 비판서들에 대한 이해 없이, 아니 칸트 철학 전반에 대한 이해가 없이는 이에 대한 이해가 아예 불가능할 것 같은 생각만 든다. '우공이산愚公移山'이라지만 그럼에도 '산 넘어 산'이라면 도대체 언제 다 옮길 것인가?

경우에 따라서는 산을 둘러 돌아가는 것이 더 효과적일 수 있다. 이것을 그저 회피의 길로 치부할 수만은 없는 이유가 있다. 앞서 언급한 '서술의 질서'는 사실 글쓴이의 생각을 더듬어 헤아리기 위한 수단이기 때문이다. 그런데 이러한 질서가 읽고 이해하는 이의 머릿속에서 선명하게 분별되지 않는다면 또 다른 절차와 방법을 떠올릴 필요가 있다. '이해의 질서'는 궁극적으로 글쓴이가 지닌 '생각의 질서'와 통通해야 하기 때문이다. '생각의 질서'와 '이해의 질서'가 서로 통하게 하기 위해 이 책에서는 칸트가 제시한 '서술의 질서'를 따르기보다는, 우선 제1절부터, '취미', '미감적', '주관적', '감정'이라는 용어가 등장하는 구절부터, 이런 용어를 문맥을 통해 더듬어 가는 작업부터 출발한다. 둘러 감으로써 비켜 간 봉우리로 언젠가 다시 돌아올 날을 기약하면서, 일단 "미감적 판단력의 분석"으로, 좀 더 정확히 말하자면 칸트가 "미 분석"이라고 부르는 스물두 개의 절(§)에 한정하여 이 구절들에 대한 독해를 시도한다. 따라서 칸트의 예술론, 혹은 (자연의) 숭고론 등과 같은 주제는 제한적으로 다루어지거나 혹은 아예 다루어지지 않는다. 이러한 '한정'은 곧 독자들에게 상당 부분의 양해를 전제한다. 이 소책자는 『판단력비판』 전체에 대한 조망을 목표로 하지 않는다. 또한 칸트 미학의 주요 주제들에 대한 자세한 설명을 목표로 하지도 않는다. 칸트 미학을 향한, 더 나아가 근대 미학을 향한 의미 있는 첫걸음, 이것만 이루어진다면 글쓴이의 바람은 충족된 셈이다.

이 책의 구성은 단순하다. 칸트가 서술한 "미 분석"에 대한 스물두 개의 절과 주석, 그리고 중간에 삽입된 몇 개의 각주를 단락별로 소개한 후 이를 해설한 글로 이루어져 있다. 이 책은 전문 연구서가 아니다. 그저 칸트 미학을 처음 접하는 독자들을 위한 길잡이일 뿐이다. 그렇다 보니 칸트 미학에 대한 기존의 연구 성과를 충실히 전달하는 방식이 아니라 가급적 해당 텍스트의 문맥을 '내재적'으로 파악하고 철저히 문맥을 이해하는 데에 필요한 사항들만을 선택했다. 또한 필요한 사항을 최대한 간략하게 서술하고자 노력했다. 말하자면 다른 이의 논문이나 해설서에 의존함 없이 이 책만으로도 『판단력비판』의 미 분석론에 대한 입문이 가능하도록 구성하였다.

여기에서 해설될 "미 분석"은 미학의 일반적 주제와 관련지어 볼 때 '미 이론theory of beauty'에 해당한다고 볼 수 있다. 물론 칸트 미학에서 이 주제는 엄밀히 말한다면 미에 대한 이론이 아니라 '미 판단에 대한 이론'이다. 이것이 칸트 미학이 갖는 차별성이다. 이런 점을 고려하여 이 책의 제목을 "미와 판단"이라고 정하였다. 이 책의 내용을 전제로 하여 차후 『판단력비판』의 또 다른 (가령 "예술과 자연", "미학과 철학" 등의 표제를 부여할 만한) 주제들에 대한 해설서들이 계속 출간될 수 있기를 기대한다.

이미 밝힌 바와 같이 이 책은 칸트 미학의 전모를 충실하고 완벽하게 망라한 연구서가 아니다. 다만 칸트 미학을 처음 접하는 이에게 조금이나마 길잡이 역할이 될 수 있기를 바라는 마음에서 출간된 입문서이다. 그런 만큼의 미덕과 그런 만큼의 한계가 공존한다고 볼 수 있다. 무엇보다 칸트 텍스트에 대한 '내재적' 독해가 얼마나 성공적이었는지 글쓴이 스스로 자문하지 않을 수 없다. 그럼에도 불구하고 이 작은 책자를 독자들에게 내놓는 이유는 단 하나이다. 미학을 연구하고 교육하는 한 사람으로서 이런 책의 필요성을 누구보다 절감해 왔기 때문이다. 이미 출간되어 있는 훌륭한 연구서 및 개론서와 더불어 이 책을 적절히 활용하여 칸트 미학 입문에 도움이 되기를 바라는 마음뿐이다.

사실 이 책자는 몇 학기 동안 진행된 대학 강의의 작은 성과이다. 수업에서 필자와 적극적으로 소통해 준 여러 수강생들에게 고마운 마음을 표한다. 또한 초고를 읽고 적극적으로 의견을 개진해 준 홍혜선, 오윤정, 손민주 선생께 감사한다. 무엇보다도 필자의 출간 계획을 실행에 옮길 수 있게 해 주신 세창출판사 관계자분들께 감사의 뜻을 전하고 싶다.

2017년 봄날
박정훈

V. 미 분석에 대한 주석: 취미와 상상력

- 책의 장과 절에 달린 표제는 저자의 추가이다.
- 각 절이 시작되는 부분마다 칸트의 원문을 박스 안에 실어 놓았다.
- 칸트 원문의 번역은 재판(Zweite Auflage. Berlin, bey F. T. de Lagarde, 1793. 이하 "B")을 대본으로 하며, 그 외에도 초판("A") 및 삼판("C")은 물론 필요에 따라 다른 편집자들의 주석을 선별하여 박스 안의 각주에 소개한다.

  [이 책에서 사용된 다른 편집본 목록:

  A: *Critik der Urteilskraft von Immanuel Kant*. Berlin und Liebau, bey Lagarde und Friedrich (1790)

  C: Berlin, bey F. T. Lagarde (1799)

  Rosenkranz: 4. Band der *Gesamtausgabe*, hrsg. v. Rosenkranz und Friedr[ich] Wilh[elm] Schubert (1838)

  Erdmann: hrsg. v. Benno Erdmann, Berlin (1880)

  Vorländer: hrsg. v. Karl Vorländer. 'Philosophischen-Bibliothek', Felix-Meiner (1902)

  Windelband: hrsg. v. Wilhem Windelband. V. Band der *Akademie-Ausgabe*. Berlin (1913)]

  원문을 인용할 때 '학술원판(*Kant's Gesammelte Schriften*[Akademische Textausgabe](=AA), hrsg. v. d. Preußlichen Akademie der Wissenschaften, Berlin 1900ff.)'의 권과 쪽수를 함께 표기하거나(가령 V.203) 절과 문단 수를 표기한다(가령 15절 세 번째 단락은 "§15.3").

- 이 책에 인용된 칸트의 저작들은 학술원판 기준으로 각각 다음에 실려 있다.

  — 『판단력비판*Kritik der Urteilskraft*』(1790) → vol. V, 165-485쪽.

  — 『순수이성비판*Kritik der reinen Vernunft*』, 초판(1781) → vol. IV, 1-252쪽.

  — 『순수이성비판』, 재판(1787) → vol. III.

  — 『실천이성비판*Kritik der praktischen Vernunft*』 → vol. V, 1-163쪽.

  — 『학문으로 출현하게 될 미래의 모든 형이상학을 위한 서설*Prolegomena zu einer jeden künftigen Metaphysik, die als Wissenschaft wird auftreten können*』(1783) → vol. IV, 253-383쪽.

  — 『도덕형이상학*Metaphysik der Sitten*』(1797) → vol. VI, 385-463쪽.

취미판단의 조건 1: 무관심적 만족

― 질의 계기에 따른 분석 (§§1-5)

취미란

대상에 대한 관심 없이

이에 대한 표상을 통해 느끼는 만족에 따라

대상의 아름다움을 판정하는 능력이다.

주관적·미감적 판단으로서의 취미판단

제1장 미감적 판단력 분석

제1권 미 분석

취미판단*의 첫 번째 계기: 질

● 여기에서 취미는 다음과 같은 정의에 근거를 둔다. 취미란 미의 판정능력이다. 대상을 아름답다고 일컫기 위해 요구되는 바를 취미의 판단에 대한 분석을 통해 발견하지 않으면 안 된다. 이 판단력이 반성 중에 주목하는 계기들을 나는 (취미판단에도 언제나 지성과의 관계가 포함된 까닭에) 판단을 위한 논리적 기능의 지도에 따라 찾아내었다. 나는 질의 계기를 제일 먼저 고찰하는데, 미에 대한 미감적 판단이 이 계기를 제일 먼저 고려하기 때문이다. (V. 203)

각주: 취미, 그리고 판단

본문을 시작하기에 앞서 칸트는 각주를 통해 "Geschmack", 즉 **취미**에 대해 정의를 내린다. "취미"라는 말을 들으면 우선 '여가 선용을 위해 기꺼이 즐기는 일'들, 가령 독서, 낚시 등과 같은 '취미hobby'가 떠오른다. 이 말을 구성하는 한자인 '취趣'와 '미味'의 뜻을 헤아린다면 이 말의 1차적 의미는 '멋'과 '맛'이다. 즉 '맛' 혹은 그런 맛을 '감식'하는 능력[01]'을 뜻하거나 또한 '어떤 상황에서 어떤 사람의 마음속에 생기는 감흥과 정취, 혹은 이러한 마음 상태를 지닌 그 사람의 멋', 그러니까 사람의 행동거지를 통해 느껴지는 홍취 내지 풍취를 뜻한다. 아울러 각 개인이 지닌 고유한 '취향'[02] 혹은 '기호'라는 말도 떠오른다. 그런데 칸트는 취미를 "미의 판정능력", 그러니까 미를 보는 안목으로서 **심미안**審美眼이라는 말과 가까운 의미로 규정하고 있다.

'취미'는 칸트가 처음 사용한 말이 아니다. 게다가 단지 학문의 영역에서만 사용된 말도 아니다. '취미'라는 용어가 갖는 다종다양하면서 상호 무관하지 않은 규정들을 우선 정리해 둘 필요가 있다. 이른바 취미론theory of taste의 맥락에서 이 말이 근대 미학 사유에서 갖는 함의를 확인하고자 한다. 이러한 함의는 칸트 미학의 틀에서 본 취미 개념과도 긴밀히 연결되어 있다. 이를 간략히 서술하면 다음과 같다.

1) 서구 근대 철학에서 취미는 인간의 본성human nature 가운데 하나로, 즉 인간의 정신적인 **능력**faculty으로 간주되었다. 다만 이것이 지성, 의지와 같은 여타 인성과 완전히 독립된 고유 능력인가에 대해서는 이견이 있었다. 취미를 고유한 능력으로 여길 경우 이는 특정 분야의 능력치를 발휘할 잠재적 역량을 지닌 하나의 정신적인 (요즈음의 뇌 과학의 용어로 말한다면 대뇌, 소뇌와 같은, 혹은 좀 더 세부적으로 말한다면 대뇌 안의 전두엽, 측두엽과 같은) 기관organ으로 간주되기도 하였다.

2) 취미는 무언가를 **판정**하는 능력이다. 이때의 판정이란 단지 무언가를 기술하는 사실fact판단이 아니라 이에 대한 판단자의 태도 및

관점에 따라 대상을 평가하는, 넓은 의미에서의 가치value판단에 해당한다.

3) 일종의 가치판단 능력인 취미가 적용되는 대상은 광범위하다. 즉 음식의 맛, 꽃의 향기 등과 같은 감각적 대상뿐만 아니라 자연은 물론 인간의 제작물(순수예술 혹은 공예품), 인간의 예술적·비예술적(경제적·정치적·도덕적) 행위 일반에 적용된다. 대상이 광범위한 만큼 다양한 가치판단이 가능하겠지만 엄밀한 의미에서 취미를 논한다면 대상에 대한 주관의 접근 과정에서 부각되는 **미감적 가치** 및 **도덕적 가치**라는 주제로 압축된다.

4) 취미라는 능력은 대상과의 **직접적 접촉**first-hand acquaintance을 통해서만 발휘된다. 즉 취미는 대상에 대한 직각直覺적 수용을 통해, 이른바 감각적 지각을 통해 발휘되는 능력이다. 취미에 대한 논의가 경험론empiricism의 전통에서 본격적으로 시작되었던 것은 바로 이런 맥락에서이다.

5) 대상에 대한 직접 접촉을 통해 이것의 가치를 평가하는 취미는 언제나 특유의 **감정**feeling을 수반한다. 즉 취미는 대상에 대한 애호 혹은 대상으로부터 생기는 즐거움과 긴밀히 연관되어 있다. 다만 엄밀한 의미의 취미에 대해 논할 경우, 이 감정은 대상이 촉발하는 생리적 효과에 매몰되지 않으면서 이 과정에서 활성화된 심적 상태에 대한 내적 관찰(반성reflection)을 통해 생기는 특유의 감정을 뜻한다.

이 각주를 통해 칸트는 "미 분석"에 대한 논의의 "근거"가 되는 "취미"에 대한 정의뿐만이 아니라, 더 나아가 "취미의 판단에 대한 분석"의 필요성을 강조하고 있다. "미의 판정능력"인 취미는 미감적으로 반성하는 "판단력"으로서 바로 이어지는 본문에서는 "특수한 구분 및 판정능력"(§1.2)이라고도 한다. 취미판단 또한 '판단'인 까닭에 지성의 "논리적 기능의 지도"에 따라 분석된다. "미에 대한 미감적 판단"에서는 "질"의 계기가 우선 "고려"된다. 아름다운 대상에서의 만족은 "질의 표상"과 결부되기(§23.2) 때문이다. 이 판단은 대상의 실존('있음')에 대한 관심의 부재('없음')를, 즉 "질"의 계기를 선결 조건으로 삼는다. 원래 각주는 본문의 이해를 돕기 위한 것이지만, 칸트 미학을 처음 접하는 입장에서는 칸트가 달아 놓은 이 각주를 이해하는 것 자체가 결코 쉽지 않다. 취미판단의 분석론에 필요한 몇 가지 주요 사항들을 확인하기 위해 이 각주에 서술된 내용뿐만 아니라 칸트 철학의 근본 입장들까지 함께 살펴볼 것이다.

대상의 아름다움을 판정하는 능력이 취미라면 대상이 '아름답다!'라고 진술하는 행위가 바로 "취미판단"이다. 그러니까 취미란 판단하는 주관의 능력을 뜻하며 대상의 아름다움 여부가 판단의 내용을 이룬다. 칸트에 따르면 대상의 미에 대해 판정하기 위해서는 우선 "Urteil", 즉 "판단"의 구조와 성격에 대한 이해가 선행되어야 한다. "미 분석"은 어떤 방식의 판단을 통해 대상의 아름다움 여부에 대한 판정이 내려질 수 있는지, 여타의 판단들과 구분되는 심미審美 판단만의 고유한 조건이 무엇인지를 다룬다. 미 분석론이 사실상 미에 대한 판단의 분석론이 된 것은 미학의 전통에서 논의되어 온 미 이론의 접근방식에 획기적인 변화가 이루어졌기 때문이다. 기존의 미 이론에서 미는 외부 대상이 지닌 '객관적' 속성 자체이거나 혹은 이러한 속성이 주관에 직접적으로 영향을 미친 결과로 이해되었다. 반면 칸트에 따르면 대상이 아름답다고 판단되는 까닭은 그 대상 자체가 지닌 성질 때문이 아니라 아름다움 여부에 대한 판단이 지닌 매우 독특한 구조와 성격 때문이다. 취미판단은 보통의 논리적·인지적 판단의 경우처럼 주관의 적극적·능동적 언표 행위라기보다는 주관이 느끼는 독특한 감정 상태의 표명이라고 보아야 한다. 물론 대상의 성질이 미감적 판단의 내용에 전혀 영향을 미치지 않는다는 뜻은 아니다. 다만 미를 판정하는 문제는 미를 판정하는 주관 특유의 심적 상태를 떠나서는 설명이 불가능하다는 것이다. 정리하자면 칸트 미학에서 미에 대한 이론은 아름다운 대상의 성질에 대한 이론이 아니라 주관의 **미 판단에 대한 이론**이다. 즉 아름다움을 판정하기 위해서는 '대상'(객관)이 아니라 '주관'이 기준이 되어야 한다.[03]

칸트가 취미판단의 분석을 위한 절차와 방법으로 "논리적 기능"[04]을 언급하는 대목은 다소 의아하게 느껴질 수도 있을 것이다. 칸트에 따르면 취미판단이 논리적 판단은 아니지만 그럼에도 "지성과의 연관"을 갖는다. 칸트가 **취미판단과 지성의 연관**을 언급하는 이유는 무엇일까? 이에 대한 칸트의 설명을 요약하자면 다음과 같다. 취미판단도 어쨌든 엄연히 '판단'이기 때문이며 그렇다면 분명 지성과 무관한 것일 수 없기 때문이다. 지성은 분명 인간의 인식능력에 속하며 이른바 "논리적 기능"을 담당한다. 취미판단에서 지성이 담당할 역할이 있으며 그런 한에서 취미판단은 논리적 요소와 무관하지 않다. 칸트의 미 판단 이론 전체를 살펴본 이후에나 이해 가능한 사실 가운데 하나를 미리 언급해 두자면, 취미판단은 인식판단과 분명히 구분되지만, 두 판단에서는 동일한 인식능력들이 작동된다.

칸트는 **논리적**(인지적) 활동을 관장하는 인간의 능력[05]으로서 "Verstand" 즉 "지성", "Urteilskraft" 즉 "판단력", 그리고 "Vernunft" 즉 "이성" 등을 제시한다. 철학에서 논의되는 이성理性은 사실 매우 광범위한 함축을 갖는다. 이성은 '로고스logos'에서 출발한 개념으로서 말, 논리(논증/추론), 비율, 이유(근거)는 물론 사태의 이치理致, 사리事理, 이법理法, 그리고 이것이 인간의 의식에 내재한 상태 등을 모두 포괄하는 개념이다. 『순수이성비판』에서 '순수한[06] 이성'이라 할 때 이는 인간의 선험적인 '인식능력' 전반을 가리키며, 이 규정은 『실천이성비판』 및 『판단력비판』에도 적용된다.[07] 그런데 이론적으로 사용되는 이성, 즉 '이론이성'만을 가리키는 경우도 있다. '이론이성'에 '지성',[08] '판단력', 그리고 '좁은 의미의 이성'이 모두 포괄된다. '좁은 의미의 이성'도 맥락에 따라 조금씩 다르게 이해된다. 원래 지성, 판단력, 그리고 '좁은 의미의 이성'은 아리스토텔레스Aristoteles에 의해 확립되어 온 전통 논리학의 근본 영역인 개념, 판단, 추론을 각각 관장한다. 이에 따르면 좁은 의미의 이성은 논리적 추론능력을 뜻한다. 이론이성은 또한 좁은 의미에서는 지성을, 그러나 넓은 의미에서는 논리적(인지적) 활동 전반에 요구되는 인간의 능력인 지성, 판단력 및 이성을 모두 포괄한다.

게다가 인식의 질료를 수용하는 능력인 감성도 이론이성에 포함된다고 볼 수 있다.[09]

개념을 구성하고 판단을 내리는 과정에 대한 분석을 통해 유명한 범주표와 판단표가 『순수이성비판』에서 설명된다. 먼저 판단력이 적용되는 원칙에 대한 분석을 통해 판단의 양·질·관계·양태의 항목으로 분류되는 판단표가 제시된다. 이러한 판단 형식에 따라 "순수한 지성 개념들"인 "카테고리Kategorie"들, 즉 "범주"들이 도출된다.[10] 대상을 개념화하기 위해 적용되는 범주, 개념들의 연관을 통해 —가령 개별자('소크라테스')로서의 개념을 보편자('인간')로서의 개념에 포섭하여— 내려지는 판단('소크라테스는 인간이다')들이 객관적 타당성을 지닐 수 있는 것은 칸트가 보기에 이것들이 지성의 "논리적 기능"에 따르고 있기 때문이다. 분석의 "계기들"을 통해 칸트는 취미판단 특유의 조건을 네 가지 측면에 따라 순서대로 설명한다. 말하자면 취미판단을 양quality(분량), 질quantity(성질), 관계relation, 양태modality라는 네 **계기**Moment들에 따라 분석한다. 여기에서 '계기'는 '순간moment/instant' 혹은 '요소/인자element/factor'의 의미를 갖는다. 이 말이 철학에서는 어떤 사물·사태의 본질적 요소 내지 이것의 변화를 추동하는 결정적 동력을 가리키기 때문에 이런 맥락에서 '계기'로 번역된다. 사실 『순수이성비판』에는 '계기'라는 말이 특별히 강조되어 있지는 않다. 『순수이성비판』의 경우 어떻게 논리적·인지적 판단이 이루어지는가를 논할 때 이러한 판단이 양(전칭[보편]/특칭[특수]/단칭[개별]판단), 질(긍정/부정/무한판단), 관계(정언[무조건적]/가언[가정적]/선언[선택적/배타적]판단), 양태(개연[미정]/실연[확정]/명증판단)의 각

항목 가운데 하나에 해당한다는 점을 설명하는 데에 주목했다. 반면 『판단력비판』에서는 인식판단과 차별화되는 **취미판단의 특유성**이 질, 양, 관계, 양태의 "계기들"에 비추어 볼 때 각각 어떻게 설명될 수 있는지에 주목한다. 질의 계기에서 '무관심적 만족'이, 양의 계기에서 '주관적 보편성'이, 관계의 계기에서 '목적 없는 합목적성'이, 양태의 계기에서 '주관적 필연성'이 취미판단의 고유한 특성으로 설명될 것이다.

마지막으로 이러한 계기들을 고찰하는 순서에 대해, 즉 '질'과 '양' 가운데 어느 계기를 먼저 살펴보아야 하는지에 대한 칸트의 입장에 대해 언급하고자 한다. 『순수이성비판』에서 (또한 『실천이성비판』에서도 마찬가지로) 양의 계기를 먼저 고찰했던 것과는 달리 취미판단의 경우 질의 계기를 먼저 고찰한다. 그 이유로서 칸트는 취미판단이 질의 계기들을 "제일 먼저 고려하기 때문"이라고 말할 뿐이다. 이렇듯 간명한 그의 대답은 언뜻 동어반복으로 느껴지지만 사실 그는 미학적으로 볼 때 가장 중요한 전제를 새삼 확인하고 있는 것으로 보인다. 일단 여기에서 말하는 '질質'의 의미에 대해 정확히 이해할 필요가 있다. '양보다 질이다!', 아니면 '저 브랜드 제품은 질이 좋다!'라고 주장할 때 우리가 염두에 두고 있는 '질'과 지금 우리가 논하는 '질'은 엄연히 다르다. 전자의 경우 보통 대중 내지 전문가의 평가와 같은 것, 가령 영화나 맛집에 대해 매겨지는 별표 평점과 같은 것을 떠올릴 수 있을 텐데, 이것은 엄밀히 말한다면 질이 아니다. 이는 특정한 척도하에서 연관되는 다른 것들과 비교됨으로써 산정된, 이른바 '정량화定量化된 질'인 것이다. '양'은 기본적으로 '크기'의 개념이며 단위를 통해 측정된 수치로 상호 비교가 가능한 것인 반면 '질'은 그 어떤 다른 것과의 비교 없이 그 자체가 갖는 고유한 성질을 뜻한다. 눈앞에 한 송이 꽃이 있을 때, 어떤 경우엔 '이것은 장미꽃이다!'라는 판단이, 또 다른 경우엔 '이것은 아름답다!'라는 판단이 내려질 수 있다. 전자는 인식판단이며 후자는 취미판단이다. 바로 후자의 경우 우리는 대상의 일회적 순간에 주목한다. 같은 꽃이라 해도 어제 보았던 그 꽃과 지금의 이 꽃은 미학적 관점에서 볼 때 분명히 다르다. 눈앞의 '이것'을 장미꽃이라고 인지하게 되면 이것의 질적 차별성은 추상된 채 '장미꽃'이라는 개념(범주) 아래 포섭되고 만다. 감각적으로 포착되는 개별 사물 본연의 성질에 주목하는 일, 이것이 바로 계몽주의적 합리성이 대세를 이루던 근대에 감성의 학문으로서 미학이 태동하면서 가장 주목했던 일 가운데 하나였다. 칸트 미학에서도 '질'의 문제는 개별적 사물·사태의 고유성의 문제와 밀접하게 연관되어 있으며 미감적 성찰의 준거점이 된다. 대상의 질적 실존에 주목하는 일이 근대 미학의 과제라는 점에서 칸트 미학은 철두철미 자신의 선배 사상가들의 노선을 따랐다. 하지만 미학의 문제를 여전히 인식의 문제 속에서 논의했던 이성 중심주의적 편향의 기존 노선으로부터 칸트가 철저히 결별함으로써 더욱 심도 있는 미학의 지평이 열린다. 칸트 미학이 갖는 이러한 차별성은 취미판단론 전체(§§1-22)를 조망했을 때 비로소 분명해질 수 있을 것이다.

1.1 미감적 판단

§1 취미판단은 미감적이다

[§1.1]   어떤 것이 아름다운지 혹은 그렇지 않은지를 구분하려면, 표상은 지성을 통해 인식 객관과 관계하는 것이 아니라 (아마도 지성과 결부된) 상상력을 통해 주관과, 주관의 쾌 혹은 불쾌의 감정과 관계한다. 그러므로 취미판단은 인식판단이 아니요, 따라서 논리적이지 않고 미감적인데, 그 규정 근거가 주관적이지 않을 수 없는 것을 미감적이라 한다. 표상이 맺는 관계는 모두, 즉 감각과의 관계조차도 객관적일 수 있다. (이 관계가 객관적이라 함은 그것이 경험적 표상의 실재라는 의미다.) 쾌 혹은 불쾌의 감정과의 관계만은 그럴 수 없는데 이 관계로는 객관의 그 무엇도 표시되지 않으며 오히려 이 관계에서 주관은 표상에 의해 촉발되는 대로 자기 자신을 느낀다. (V.203/204)

"어떤 것이 아름다운지 혹은 그렇지 않은지를 구분"하는 판단, 즉 취미라는 능력이 행하는 심미판단을 칸트는 '에스테티쉬ästhetisch'한 판단이라고도 부른다. '에스테티쉬'는 외부 사물에 대한 감각적 지각(아이스테시스αἴσθησις)과 연관된 용어이다. 인식 이론의 맥락에서 '감성적感性的', '감각적感覺的', '직감적直感的' 등으로, 감정 이론의 맥락에서 '정감적情感的', '정서적情緒的', '감정적感情的', '관능적官能的' 등으로, 미에 대한 미학적 태도 및 관점과 관련해서 '유미적唯美的'으로, 미를 판정한다는 의미에서 '심미적審美的'으로, 미학이라는 학문의 대상 및 방법과 연관되었다는 의미에서 '미학적美學的'으로 각각 이해될 수 있다. '아름다운, 혹은 미학적인 대상과 관련한', 혹은 이와 연루된 '주관적 감정 및 정서와 관련한', '미학적인, 혹은 미학과 관련한' 등을 함축하는 학술적 전문 용어로서 '미적美的'이라는 번역어를 선택할 수도 있다. 『판단력 비판』에서 'ästhetisch'는 근본적으로 주관의 순전한 정감적 표상과 관계하지만 '감성적sinnlich'이라는 인식론적 맥락을 완전히 배제하지는 않기 때문에, '에스테티쉬'한 표상의 이러한 중의성重義性(「제1 서론」, 학술원판 XX.222)을 고려하여 '미감적美感的'이라는 번역어를 취한다. ('윤리학'과 대비되는 문맥에 따라서는 '미학적'이라는 용어도 사용될 것이다.) 그러니까 칸트가 보기에 취미판단은 오로지 주관적인 것에 의해 규정되는 미감적 판단이다. 미감적인 판단이란 객관에 대한 특정한 인식에 도달함 없이 (즉 "객관의 그 무엇도 표시되지 않으며") 오직 주관의 감정["주관적 감각"(§3.3)]을 근거로 하여 (즉 "자기 자신을 느낀다"는 사실을 바탕으로 하여) 앞서 말한 저 "구분"을 행하는 판단을 뜻한다. ('구분함unterscheiden'은 곧 '분별', '판별', '결정', '판결', '결단'을, 그러니까 '판단' 내지 '판정'을 뜻한다.)

여기에서 주목할 것은 이른바 주관적인 것과 객관적인 것을 칸트가 표상과의 "관계"에 따라 구분하여 표상과 주관적 연관을 갖는가 아니면 객관적 연관을 갖는가에 따라 미감적 판단인가 아니면 논리적 판단인가가 결정된다는 점이다. 판단이 내려질 대상은 정확히 말하자면 대상에 대한 '표상'이다. '표상表象'이라는 말이 언뜻 낯설게 느껴질 수도 있겠으나, 가령 '단재 신채호 선생은 실천하는 지식인의 표상이다'에서처럼 '대표代表로 삼을 만큼 상징象徵적인 사물 혹은 사람', 즉 '본보기'와 같은 의미로 흔히 사용된다. '표상'에 해당하는 독일어 'Vorstellung'은 '주관 앞에vor 서 있는stellen 것', 그리고 영어 'representation'은 '주관 밖의 것이 재현再現된 것, 즉 다시re 주관 속에 제시된present 것'이라는 의미를 갖는다. 'representation'이 '묘사', '공연' 등의 뜻도 갖고 있으며 정치학에서 '대의원'을 말할 때 이것이 영어로 'representative'라는 점을 상기한다면 이 말이 갖는 다양한 함축을 짐작할 수 있을 것이다. 철학에서 말하는 표상은 주관과 대상의 중간 매개항이라는 위상을 지니는 것으로서, 대상의 촉발(인상impression)로 인해 형성된 관념idea, 혹은 대상과의 접촉을 통해 주관의 마음心에 생겨난 상象, 말 그대로 '심상' 혹은 '이미지image'에 해당한다. 가령 우리가 창밖의 나무 한 그루를 보았다고 할 때 이 나무를 우리가 볼 수 있는 것은 우리의 마음속에, 혹은 눈의 망막에 이 나무의 '상'이 맺혔기 때문이다. 이 경우 우리는 이 나무에 대한 '표상'을 갖는다고 말할 수 있다.[11] '창밖의 나무 한 그루'에 대한 표상은 사실 단순히 표상이라기보다는 가령 '느티나무 한 그루'라고 인식된 하나의 지식knowledge이다. 이러한 인식은 대상에 대한 지각perception을 통해 얻는 다양한 감각적 정보들sense-data을 인지적 방식으로 처리함으로써 얻어진 것이다. 앞으로 '감각의 잡다함'이니 '사물에 깃든 잡다함'이니 하는 표현들이 계속 등장할 텐데, 이는 기본적으로 사물에 대한 표상(가령 "주어진 표상")이 여러 감각적 정보들의 집합으로 이해되고 있음을 뜻한다.

　판단 행위는 기본적으로 인식능력의 활동 결과이다. 인식판단이라 할 때 이 판단의 대상은 인간 밖의 세계일 수도 있고 아니면 인간의 행위일 수도 있다. 칸트는 전자를 "이론적" 인식판단으로, 후자를 "실천적" 인식판단으로 부른다(§5.1).[12] 그렇다면 취미판단은 어떠한가? 취미판단을 할 때에도 우선 주관은 대상으로부터 주어진 표상을 접한다. 그런데 인식판단에서는 표상이 '인식 대상'과 연관을 맺는 반면, "미감적" 판단에서 표상은 "주관"과 연관을 맺는다. 대상의 "표상"이 주관에 "촉발"되었을 때, 주관이 대상에 대해 판단을 내리는 두 가지 방식이 여기서 설명되고 있는 것이다. 주어진 표상이 "객관"과 관계한다면 "논리적"인 인식판단이, 반면에 "주관"과 관계한다면 "미감적"인 취미판단이 내려진다. 다시 말해 판단 작용의 출발점이 되는 하나의 표상이 객관으로 향하는가 아니면 주관으로 향하는가, 즉 어느 쪽과 연관을 맺는가에 따라 판단의 성격이 구분된다. 그러니까 '주어진 표상의 **종류**'에 따라서가 아니라 주관이 이 '표상을 처리하는 **방식**'에 따라, 즉 '표상과의 연관'에 따라 구분된다고 할 수 있다.

앞으로 "표상종류Vorstellungsart"라는 표현이 빈번히 사용될 것이다. 여기에서 "종류"로 번역된 독일어 "Art"는 '종류[유형]kind/sort/type'는 물론 '방식[방법, 태도]way/method/manner' 혹은 '성질[특질]nature' 등으로도 번역 가능하다. 'Art'가 원래 분류학적 범주로서 '유genus'의 하위 개념인 '종species'에 해당한다는 점을 염두에 둔다면 이러한 번역어들의 연관을 짐작할 수 있을 것이다. 칸트의 글에 빈번히 등장하는 "Vorstellungsart"는 '표상의 종류 내지 유형'을 뜻할 수도 있고 '표상을 대하는 주관의 방식 내지 태도'를 뜻할 수도 있다. 주관에 주어진 표상의 '종류'에 따라 주관이 이를 대하는 방식이 정해지는 측면, 반대로 주관이 주어진 표상을 대하는 '방식'에 따라 이것의 종류가 정해지는 측면, 이 두 측면 가운데 어느 하나가 부각되는 경우도 있고 두 측면이 함께 고려되는 경우도 있다. 혼동을 피하기 위해 "표상종류"라는 번역어로 통일했지만 이 말이 등장할 때 이것이 단지 '종류'만이 아니라 '방식'이라는 의미도 내포하고 있다는 점을 기억할 필요가 있다. 후자의 측면에 주목한다면 표상의 종류가 객관적으로 상이하다는 점보다는 설사 동일한 종류의 표상일지라도 이를 대하는 주관의 태도의 상이성이 판단의 상이성을 낳는다는 점이 강조된 것이라고 볼 수 있다. 이런 맥락에 따라 상이한 종류의 표상에 대한 언급이 등장한다. 물론 칸트는 주관의 상이한 태도 못지않게 표상의 종류 또한 상이하다는 측면도 함께 시사한다. 이는 인식판단에 적합한 종류의 표상과 취미판단에 적합한 종류의 표상이 각각 다를 수 있다는 통찰이, 따라서 주관의 태도 및 관점이 상이한 이유가 표상의 종류와 전혀 무관할 수는 없을 것이라는 통찰이 반영된 것으로 볼 수 있다. 미감적 판단에 걸맞은 주관의 방식이나 태도는 어쩌면 이것이 특정 종류 내지 유형의 표상에 부응하는 것이라고 볼 수 있다. 이런 문제의식은 『판단력비판』 전체를 아우르는 핵심 개념인 '합목적성'과 밀접한 연관이 있다. (이 개념에 대한 설명은 뒤로 미루기로 한다.)

인식판단과 달리 취미판단은 표상의 주관적 연관을 전제하는, 즉 표상이 주관의 감정과 연관을 맺는 미감적 판단이다. 취미판단은 객관 속의 그 어떤 성질도 나타내지 않는다. 이 판단이 표시하는 것은 대상에 의해 "촉발"된 감정이다. 그런데 이때 주관의 감정은 단지 대상에 의해 촉발된 것에 휘둘리지 않는다. 이 판단을 통해 주관은 오히려 "자기 자신을 느낀다". 즉 취미판단은 "주관의 생명감"(§1.2)을 표명하는 판단이다. 표상의 연관은 "모두" 객관적일 수 있으며 "감각과의 관계조차도" 그러하다. 그럼에도 유독 주관과의 연관만은, 더 정확히 말해서 "주관의 쾌 혹은 불쾌의 감정"과의 연관만은 예외이다. 물론 이러한 설명에 선뜻 동의하기는 어렵다. '감각sensation'과 '감정feeling'을 구분하여 전자와의 연관을 객관적이라 부르는 것부터 낯설게 느껴질 수 있다. 이미『순수이성비판』의 "공간 개념에 대한 초월론적 해설"(III.54-57) 항목에서 칸트는 주관의 감각이 객관적 성격을 갖지 못한다는 점을 밝힌 바 있다. 주관이 지닌 감각기관의 종류, 즉 주관이 감각하는 방식은 보통 시각, 청각, 촉각, 미각, 후각 등으로 분류된다. 이러한 감관sense을 통해 주관이 얻는 표상들, 가령 색채, 소리, 온도, 맛, 향기 등에 대한 표상들은 외부 사물의 성질과 직접 연관된다기보다는 그러한 감각을 수행하는 주관과 직결된다. 게다가 주관의 성질은 각인각색이기 때문에 이러한 표상들은 오로지 주관적일 뿐, 결코 객관적 측면을 반영하지 못한다. 가령 와인의 맛은 그 와인이 갖는 객관적인 ―가령 성분의 함량 내지 그것의 화학적 구조와 같은― 성질이 아니라 이를 마시는 주관이 지닌 미각의 특수성에 달려 있다. 물론 외부 사물의 객관적 성질이 감각에 미치는 영향은 분명히 존재한다. 가령 신선한 음식과 상한 음식이 주관에 미치는 영향은 분명히 다르다. 그러나 칸트가 여기에서 강조하는 지점은 설사 똑같은 상태의 음식일지라도 이를 맛보는 자들이 지닌 감관의 조건이 각각 특수하기 때문에 이에 대한 수용의 양상이 다르다는 데에 있다. 각 주관마다 이러한 조건이 상이하다면 표상과 감각의 연관을 객관적이라고 말하는 『판단력비판』의 이 구절은 감각과 관련한 저 『순수이성비판』의 입장을 뒤집는 것일까?

칸트의 언급을 다시 한번 자세히 살펴보면, 표상이 감각과 맺는 연관이 객관적**일 수 있다**고 되어 있을 뿐 이 연관이 무조건, 언제나 객관적이라는 것은 아니다. 또한 표상이 "경험적 표상의 실재"가 되는 한에서 이것이 감각과 객관적 연관을 맺는다는 설명이 덧붙어 있다. 이러한 설명은 『순수이성비판』의 논의와도 연결된다. 칸트에 따르면 감각의 대상이 객관적으로 타당하다면, 이는 '공간'이라는 직관 형식의 "경험적 실재성"이 확보되었기 때문이다. 여기에 감각과 표상의 연관을 와인의 맛에 빗대어 설명한 구절이 등장하는데, 이에 따르면 와인의 품질을 결정하는 기준 내지 척도가 어떻게 제시되든 그것이 시대와 장소를 떠나 보편타당할 수는 없다. 와인의 맛은 궁극적으로 그 와인을 맛보는 개인의 주관적 조건을 떠나서는 생각될 수 없기 때문이다. 이러한 지적은 '카나리아'산 스파클링 와인의 맛에 대한 『판단력비판』의 설명(§7.1)과 상통한다. 감각 자체는 오로지 주관적 성질에 기인하는 것이기 때문에 결코 객관적 타당성을 갖지 못한다. 장미의 향기가 즐거움을 준다는 명제가 보편타당성을 보장할 수는 없다는 언급(§8.5)도 이와 같은 맥락에서 이해할 수 있다. 요컨대 주관의 감관에 수용된 질료적 자극 자체가 아니라 대상을 수용하기 위한 주관의 보편적 형식, 즉 '공간'이라는 직관 형식에 따른 "경험적 실재성"이 객관적 타당성의 조건이 된다. 주관을 촉발한 표상은 이에 대해 판단이 내려지기 전에는 그 자체로 주관적인 표상에 불과하겠으나, 이 표상이 인식 객관과 관계한다면 인식될 경험 내용을 갖춘다. 요컨대 『순수이성비판』에서든 『판단력비판』에서든, 아니면 그 밖에 그 어느 저작에서든 이 입장은 일관된다.[13] 이론적 인식의 객관성을 보장받기 위해서는 '감각적 직관'을 통해야 한다. 공간이라는 직관 형식에 따라 이 객관적 실재성이 보장된다.

'시간'과 더불어 직관의 형식에 속하는 '공간'에 대한 『순수이성비판』의 언급을 소개한 김에 대상에 대한 경험 및 인식이 성립할 수 있는 보편적인, 즉 '초월론적'인 조건에 대해 좀 더 살필 필요가 있다. 『판단력비판』에서 논리적 판단으로서의 '인식판단'이 어떤 구조와 기능을 갖고 있는지를 이해해야 미감적 판단으로서의 '취미판단'을 분명하게 이해할 수 있는데, 전자에 대한 이해는 『순수이성비판』을 통해서만 가능하기 때문이다. 『순수이성비판』의 "초월론적 논리학"을 시작하면서 칸트는 "내용 없는 사상은 공허하고, 개념 없는 직관들은 맹목적이다"(Ⅲ.75)라는 유명한 말을 남겼다. 이 말을 풀어 보면, '사유(사고)의 결과물인 사상이 공허하지 않으려면 여기에 내용이 담겨야 하고 무언가에 대한 직관이 맹목적이지 않으려면 여기에 개념이 부여되어야 한다'가 될 것이다. 사유를 통해 개념이 부여되며 직관을 통해 내용이 부여된다. 인간에게 사유하는 능력은 바로 '지성'이고 직관하는 능력은 바로 '감성'이다.[14] 인간은 본성적으로 감성적 직관과 지성적 개념이 결합되었을 때 비로소 외부 대상에 대한 하나의 인식에 도달한다. 이 양자의 결합을 위해 '상상력imagination의 종합synthesis'이 요구된다. 감성적 직관에 의해 수용된 다양한 감각 정보들을 상상력이 종합하며 여기에 지성이 개념을 부여한다.

상상력이란 일단 눈앞에 대상이 현존하지 않아도 이에 대한 표상을 갖는 능력으로 이해할 수 있다. 칸트는 상상력을 '재생하는' 상상력(가령 말과 뿔을 결합하여 유니콘을 만들어 내는 인간의 능력)과 '생산하는' 상상력으로 구분하는데, 비판철학에서 관건이 되는 것은 후자이다. 『순수이성비판』에서 칸트는 상상력을 단순히 이미 경험한 것을 '재생하는' 능력만으로 생각해서는 상상력의 종합이 제대로 설명되지 않는다고 말한다. 즉 감성적 직관의 종합은 직관되는 모든 대상들에 적용되는 초월론적 조건에 따라 수행되며 이는 자발적인, 즉 '생산하는' 상상력에 의한 '초월론적 종합'이다. 칸트에게 상상력은 대상을 수용하는 감성과 이에 대해 개념을 부여하는 지성의 매개자이며, 상상력의 주된 역할은 직관의 다양성을 종합하는 일이다. 상상력은 감성의 편에서 지성과의 매개를 가능케 하는 능력이다.[15] 『판단력비판』에서도 상상력은 "생산적이며 자발적"인 것으로 상정된다. 그럼에도 불구하고 두 판단의 양상이 달라지는 것은 바로 상상력에게 '자유'가 확보되는가의 여부와 관련된 차이 때문이다. 물론 칸트의 상상력 개념은 향후 등장하는 낭만주의적 '판타지' 개념에 비해 여전히 지성 편향적이라는 비판이 제기되기는 하지만, 칸트의 상상력 개념은 그의 미학에서 핵심을 이루는 '취미', '천재' 개념을 이해하기 위한 열쇠가 된다.

이제 표상이 맺는 연관의 양상들을 세 층위로 분류할 것이다. §1에서 칸트는 미감적 판단에서의 연관과 논리적 판단에서의 연관, 이렇게 두 양상만을 언급하고 있다. 그러나 이후 논의를 위해 여기에서는 이 두 가지 외에 하나의 연관을 더 구분하겠다. 이후 논의에서도 지속적으로 언급하게 될 이 세 연관들은 다음과 같다.

1) 〈연관1〉: 표상의 **객관적** 연관이 있다. 이 연관은 사물의 성질에 대한 인식과 관련되어 있으며 경험되는 대상의 실재성이 인식의 초월론적 근거에 따라 보장된다. 여기에는 지성의 개념 규정에 따른 객관적 보편타당성이 전제된다.

〈연관1〉에서의 표상이 경험의 내용을 이루는 "실재"로서 "감각"을 뜻한다면, 이와 달리 객관에 대해 아무것도 표시하지 않는, 즉 미감적인 연관이 있다. 이때의 표상은 ―"감각"이 아니라― "감정"과 관계한다. 표상의 이러한 연관은 다시 두 개의 층위로 나뉜다.

2) 〈연관2〉: 주관 각자가 지닌 다종다양한 특수성에 따른 연관이 있다. 오로지 개인의 감각에만 기대는 상황을 뜻하며 이 경우 연관은 그저 **주관적**일 뿐 결코 보편타당성을 기대할 수 없다.

3) 〈연관3〉: 표상이 주관과 연관을 맺으면서도 동시에 보편타당성을 기대할 수 있는, 즉 **주관적 보편타당성**을 갖는 연관이 있다. §1.1만으로는 아직 〈연관2〉와 〈연관3〉의 차이가 선명하게 드러나지 않는다. 사실 여기에서는 〈연관1〉과 〈연관3〉의 구분만으로 이미 충분해 보이지만, 이 사이에서 또 다른 연관 하나가 더 구분된다는 것 정도만 기억해 두면 좋을 것이다.

짧지만, 이렇듯 복잡한 맥락을 내포하고 있는 『판단력비판』의 첫 단락에 대한 설명을 마치기 전에 몇 가지 사항을 더 언급할 필요가 있다. 이것들은 모두 칸트의 미 분석론 전체를 관통하는 중요한 지평들을 제공하기 때문이다.

취미판단에는 반드시 대상에 대한 경험적 표상이 필요하다. 즉 대상을 직접 접촉하는 과정 없이 미감적 판단은 불가능하다. 가령 인간의 상상에 의해 산출된 것인 퀴클롭스에 대한 미감적 판단은 불가능하다. 우리의 눈앞에 퀴클롭스가 실제로 나타나기 전까지는 말이다. 물론 퀴클롭스를 그린 르동Odilon Redon의 작품을 미술관에 가서 직접 감상할 때라면 불가능할 이유는 없다. 다만 과거에 미술관에서 감상했던 기억을 떠올리는 방식으로는 불가능하다. 사물의 고유한 순간적·일회적 실존을 필수 요소로 갖는 취미판단이 근본적으로 '질'의 계기를 우선적으로 고려하는 이유는 바로 이러한 점 때문이다. 다만 취미판단에서는 사물과의 직접적 접촉에서 출발하되 이 접촉을 통해 촉발될 질료적 연관에 매몰되지 않고 주관의 감정 상태에 대한 반성이 수반된다.

논리적 판단의 경우 표상의 객관적 연관(〈연관1〉)이 "지성을 통해" 이루어지는 반면, 미감적 판단의 경우 표상의 주관적 연관(〈연관3〉)이 "상상력을 통해" 이루어진다는 칸트의 언급을 좀 더 살펴보자. 이미 확인된 바와 같이 칸트에게 있어 판단은 그것이 어떠한 것이든 언제나 상상력과 지성이 모두 요구된다. 따라서 〈연관1〉과 〈연관3〉이 각각 지성과 상상력을 필요로 한다는 말은 각각 역할의 비중이 한쪽에 기운다는 것이지 다른 한쪽을 완전히 배제한다는 뜻은 아니다. "미 분석"을 마친 후 "숭고 분석"으로 진입하기 전에 등장하는 "제1분석에 대한 주석"에 따르면 〈연관1〉과 〈연관3〉의 구분은 상상력이 지성에 봉사하는가 아니면 지성이 상상력에 봉사하는가에 따라 이루어진다.

취미판단도 판단인 한에서 "지성과의 연관이 포함"되어 있으며 이 판단에서도 상상력은 당연히 "지성과 결부"되어 있다. 언뜻 이 점이 취미판단에 일정 정도 제약이 생기는 이유로 보일 수 있겠지만, 오히려 이 점이야말로 〈연관3〉이 〈연관2〉처럼 주관적임에도 이와 달리 보편타당성을 확보할 수 있는 근거가 된다. 그러나 판단 내용이 보편타당성을 지니려면 그 내용은 대상에 대한 인식 과정과 모종의 연관을 가져야 한다. 〈연관1〉이 객관적 타당성을 갖는 것은 바로 그런 이유이고 〈연관3〉의 경우 주관적이나마 보편타당성을 확보할 수 있는 것도 바로 이 연관에 따른 판단이 어떤 식으로든 인식과 연관되기 때문이다. §9에 등장하는 "인식 일반" 또한 이 맥락과 결부된 개념이다.

〈연관1〉이 논리적 '판단'과, 〈연관3〉이 미감적 '판단'과 결부되듯이 〈연관2〉도 '판단'과 결부된다. 이를 칸트는 "감관판단"(§8.5)이라고 부른다. 그런데 이 판단도 "감관취미"(§8.2)의 판단이며 넓은 의미에서 취미판단에 속한다.

1.2 표상이 관계하는 방식

[§1.2] 규칙과 목적에 맞는 건축물 하나를 (그 표상종류가 판명하든 아니면 혼연하든 간에) 인식능력과 더불어 파악하는 일과 그 표상을 만족의

감각과 더불어 의식하는 일은 전혀 다르다. 후자에서는 표상이 전적으로 주관과, 그러니까 쾌 혹은 불쾌의 감정이라 불리는 주관의 생명감과 관계한다. 이를 근거로 하는 아주 특수한 구분 및 판정능력이 있다. 이는 인식에 전혀 기여하지 않으면서 주관 안에 주어진 표상을 표상의 능력 전체와, 그러니까 자신의 상태에 대한 감정 중의 심성이 의식하게 되는 그 능력 전체와 맞댈 뿐인 그런 특수한 능력이다. 판단에 주어진 표상이 경험적(따라서 미감적)일 수 있으나 그 표상이 판단 중에 오직 객관과 관계한다면 이 표상을 통해 내려진 판단은 논리적이다. 반면 주어진 표상이 아예 합리적임에도 판단에서 오로지 주관과 (주관의 감정과) 관계한다면 이 표상*은 언제나 미감적이다. (V. 204)

● 역자 보충 표상: Vorländer — "판단"

표상이 연관을 맺는 방식에 따라 인식판단과 취미판단을 구분하려는 칸트의 설명은 계속 이어진다. 이 단락에서 칸트는 '건물'을 예로 든다. 이를 파리의 루브르 궁전 같은 것으로 여겨도 좋다. 여기서 칸트가 강조하고 싶었던 것은 어떤 대상의 표상에 대한 인식판단과 이에 대한 취미판단은 "전혀 다르다"는 점이다. 이 점을 살펴보기 위해 우선 앞에서 설명한(§1.1) '연관'을 다시 언급할 필요가 있을 것 같다. 표상을 "인식능력과 더불어 파악하는 일"은 〈연관1〉에, 그리고 표상을 "만족의 감각과 더불어 의식하는 일"은 〈연관3〉에 (물론 〈연관2〉에도) 해당한다.[16]

〈연관3〉을 적극적으로 받아들인다 하여 〈연관1〉이 주관과 전혀 무관하다고 생각해서는 안 된다. 인식 대상과 연관을 맺기 위해서는 반드시 '주관'의 지성이 적극적으로 작동해야 한다. 〈연관3〉에서 관건이 되는 감정은 쾌 혹은 불쾌에 대한 주관의 느낌이다. 말하자면 주관 밖의 무언가에 대한 인식이 아니라 스스로에 대한 주관의 느낌이다. 따라서 이러한 감정은 자신이 살아 있음을 느끼는 일종의 "생명감"이다. 주어진 표상에 의해 주관이 촉발될 때 자신 속에 생기는 '만족' 혹은 '불만'의 감정을 뜻하는 이 "생명감"은 (〈연관2〉에서 생기는) 그저 수동적인 느낌이 아니다. 〈연관3〉을 통해 주관의 상상력과 지성에 생기가 불어넣어져 이것들이 "활성화"(§9.9)되고 결국 주관 스스로 "강화"(§12.2)된다. 이런 감정은 밖에서 주어진 것이 아니라 "내가 만들어 낸 바"(§2.1)에 의해 분출된다. 나중에 확인되겠지만 이런 측면으로 인해 주관은 스스로 자신의 자유를 느낀다.

〈연관3〉에서 말하는 주관의 감정은 그저 외부 대상과의 접촉으로 유발된 생리학적 반응 같은 것이 아니다. 인간의 감정은 그 자체로 인간이 지닌 고유한 '능력'(능력A)이다. 『판단력비판』의 서론을 끝맺으면서 칸트는 쾌·불쾌의 감정을 심성이 지닌 근본 능력 중 하나라고 명시한 바 있다. 이 능력은 『판단력비판』에서 비로소 본격적으로 다루어진다. 그런데 이 능력은 또한 인간이 지닌 또 다른 '능력', 즉 "아주 특수한 구분 및 판정능력"(능력B)이 동반되었을 때 그 진가가 발휘될 수 있다. 이러한 특수한 능력을 통해 우리는 대상의 표상을 인식 대상과 연관 짓는 것이 아니라 "표상의 능력"(능력C)과 견준다.

능력이란 무언가를 할 수 있는 힘Kraft[力]이며 주관이 지닌 본성적 잠재력을 뜻한다. 능력으로 번역된 독일어 'Vermögen'은 저러한 '힘'을 주관이 지닌 일종의 자산 혹은 재산으로 간주하는 맥락에서 나온 말이다. '힘'과 '능력'을 구분하는 시도도 가능하겠지만 칸트 미학에서는 '표상능력'과 '표상력', '인식능력'과 '인식력', '심성능력'과 '심성력' 등이 각각 서로 구분 없이 사용된다.

다양한 방식으로 등장하는 '능력'이라는 말을 이해하기 위해 우선 저 인용문에 등장하는 "심성"이라는 말에 주목해 보자. 심성에 해당하는 독일어 "Gemüt"는 인간의 심리적·정신적 능력 전반을 가리키며 '기분', '정서', '성정', '성향', '마음' 등으로도 번역이 가능하다. 사실 어떤 번역어를 선택해도 무방하며 다른 한편 어떤 것이든 완전히 만족스럽지는 않다. 우리말의 '심성心性'이란 마음이 지닌 본성을 뜻한다. '심정心情'이란 마음속 생각이나 느낌을 뜻하지만 대체로 지적인 의미보다는 정감情感의 의미가 좀 더 담겨 있는 것으로 받아들여진다. 가령 '예술작품은 인간의 심정에 호소한다'라고 할 때 이에 해당하는 독일어가 바로 'Gemüt'이다. '마음'이라는 번역어도 좋다. 데카르트René Descartes가 신에 의해 창조된 이 세계는 근원적으로 '연장을 갖는[공간을 차지하는] 것res extensa'과 '사유하는 것res cogitans'으로 환원된다고 말할 때 물질적 세계인 전자와 구분되는 후자, 즉 인간의 '정신'에 해당하는 'mens'가 바로 이 심정과 연관된 개념이다. 데카르트가 말한 '사유cogito'는 단지 논리적·지적 사유만을 뜻하는 것이 아니라 감각, 상상, 의지, 희망 등 모든 '의식' 작용을 포괄한다. 칸트가 여기에서 말하는

'의식'과 데카르트의 '코기토'는 같은 맥락에서 이해 가능하다. 어쨌든 'Gemüt'와 'mens'는 상통하는 면이 있고 이를 'mind'로 번역하는 것도 일리가 있다. 칸트가 사용하는 'Gemüt'도 이러한 맥락을 지니고 있다. 다만 '심성의 능력', '심성의 힘', '심성의 상태' 등의 여러 합성어들을 함께 고려할 때 '심성'이라는 번역어가 무난해 보인다. 물론 경우에 따라서는 '심정'이라는 말이 더 적절할 경우도 있고 대부분의 경우 '마음'으로 대체해도 문맥에 큰 지장은 없겠지만 말이다.

칸트가 말하는 심성은 마음속의 지식, 정서, 욕망, 이른바 지知·정情·의意의 본성을 총망라하는 개념이다. 다시 말해 심성은 인간의 인식, 감정 및 욕구의 잠재적 '능력'을 지닌 정신의 총체이다. 이 가운데 인식능력은 인간 심성의 (칸트의 말에 따르면 '이성'의) 이론적 사용능력을, 욕구능력은 그것의 실천적 사용능력을 뜻한다. 『판단력비판』의 성과는 이 두 가지 능력 외에 '쾌·불쾌의 감정'이라는 제3의 '심성능력'을 부각했다는 데에 있다.

칸트는 심성의 능력을 '영혼soul의 능력'이라 부르기도 한다. 이는 독일 계몽주의 시기 강단철학 형성에 중추적 역할을 수행한 '라이프니츠-볼프 학파Leibniz-Wolffsche Schule'의 흔적이라고 볼 수 있다. 감각적인 것이든 지성적인 것이든 간에 여하한 지각 작용을 물질적 실체가 아니라 오직 정신적 실체, 즉 사유하는 인간의 의식에만 한정한 데카르트와 달리 라이프니츠Gottfried Wilhelm Leibniz는 이 세계의 모든 실체가, 그의 말에 따르면 개별적 실체인 '모나드monad'들이 각자 자신의 고유한 조건과 지평에 따라 그때그때 다양한 면모를 표상하는, 즉 자신의 고유성을 표출하는 작용을 지각이라고 보았다. 우리 눈에 전혀 지각 작용을 하지 않는 것 같아 보이는 것들도 사실은 매우 "미세한 지각petite perception"을 수행한다는 것이다. 볼프Christian von Wolff는 지각 작용의 주체를 동물 이상의 존재, 즉 '영혼'을 지닌 존재에 한정하면서 영혼의 지각 작용을 "repraesentatio"라고 하였고 이를 독일어로 "Vorstellung"이라고 번역했는데 우리말로 이것이 '표상'이다. 볼프에 따르면 인간 심성(영혼)의 능력은 크게 인식능력과 욕구능력으로 이루어져 있다.

칸트가 심성능력을 영혼능력이라 부르기도 했다는 점, 그리고 영혼능력의 근본 표징을 표상이라는 지각 작용으로 본 볼프의 견해가 칸트 철학에 영향을 주었을 것이라는 점 등을 감안한다면 "표상의 능력"(능력C)이라는 말이 좀 더 분명해진다. 이는 표상이 갖는 능력이라기보다는 표상이라는 능력이다. 앞서 언급했듯이 표상을 마음속에 형성된 상이라고 이해한다면 결국 "표상의 능력 전체"[17]란 주관이 자신 속에 상을 형성하는, 그리고 이를 다룰 수 있는 인식능력 전반을 뜻한다. 표상은 단지 외부의 촉발로부터만 생기는 것이 아니라 이 과정에서 주관 스스로 산출하는 경우도 있다. 감각적 직관이 전자에 해당한다면 개념적 지성이 후자에 해당한다. 지금 우리의 논의에서 문제가 되는 것은 대상을 접함으로써 생기는 표상이다. 따라서 "표상의 능력"은 감성, 상상력, 지성과 같이 대상에 대한 판단 과정에서 중요한 요소로 언급되는 인간 심성, 즉 인식능력 전반을 뜻한다. 왜냐하면 표상이 연관을 맺는 방식이 어떠하든 거기에는 인식능력 전반이 총동원될 수밖에 없다는 점을 칸트는 전제하고 있기 때문이다.

앞서 언급한 능력 세 가지(A, B, C)의 관계를 재구성하자면 다음과 같다. 주관에게 주어진 표상을 "만족의 감각과 더불어 의식"할 때 그 표상은 "쾌 혹은 불쾌의 감정이라 불리는 주관의 생명감[A]과 관계"한다. "이를 근거로", 즉 [i] 능력A를 근거로 하여 "아주 특수한 구분 및 판정능력[B]"이 제 역량을 발휘하며, 달리 말하면 [ii] 주어진 표상이 능력A와 "관계한다"는 사실을 근거로 하여 능력B에 대한 초월론적 연구의 필요성이 부각된다(§8.1 참조). [문법적으로는 [α] "이[것]welches"이 능력B의 '근거를 이룬다gründet'고 볼 수도 있고 반대로 [β] 능력B가 "이[것]"의 '근거를 이룬다'고 볼 수도 있다. "이[것]"의 의미가 "관계한다"는 사실[ii]이라면 "이[것]"을 "근거"로 보는 게[α] 합당하다. 다만 "이[것]"을 능력A로 본다면[i] 두 해석이 다 가능해진다. 즉 인간에게 근본적으로 능력A가 있기 때문에 능력B가 발휘될 수 있으며 [α], 주어진 표상에서 능력B가 발휘됨으로써 그 표상 특유의 "생명감"("자신의 상태에 대한 감정")이, 즉 능력A의 특유한 발현이 있게 된다[β].] 능력B는 "인식에 전혀 기여하지 않으면서", 즉 "인식능력과 더불어 파악하는 일"에서 벗어난 채 "주관 안에 주어진 표상"을 "표상의 능력 전체[C]"와 "맞댈 뿐"이다. 이때 '맞대다'라는 말은 '무언가에 맞서 자신을 유지한다', 즉 '표상의 능력 전체를 대면하면서 주어진 표상을 견지한다'는 뜻을 갖는다. 이로써 자신을 지키면서 다른 것과 어우러진다는 의미가 강조된다. 능력B로 인해 우리는 주어진 특정 표상을 인간 영혼의 전체 표상능력과 견주고 표상과 능력이 서로 어우러지게 할 수 있다.

능력A는 인간의 근본적 심성능력(감정의 능력)이다. 이 능력으로 인해 주관("심성")은 주어진 특정 표상을 접하면서 "자신의 상태에 대한 감정"을 갖는다. 이러한 "생명감"을 갖게 되었을 때 주관은 능력B를 "의식"하게 된다. 이런 "의식"은 매우 특별한 국면에 이른 주관만이 갖는다. "인식능력과 더불어 파악하는 일"에 몰두할 때에는 통상적 인식의 메커니즘에 비유하자면 '자동화'되어 있다. 반면 특유의 자기 감정을 갖는 국면에서 주관은 그런 흐름에서 벗어나 자신의 능력 전반에 대한 '반성(성찰, 내성內省)'을 수행한다. 능력C가 "아주 특수한" 이유도 이와 무관하지 않다. 그 특별함은 주어진 표상이 주관의 감정과 맺는 관계[5절에서 칸트는 취미판단이 내려질 때 주어진 표상이 감정과 "결속"(§5.1)을 이룬다고 말한다]에 기인한다. 능력C는 특정한 인식을 낳지 않는다. 그런데도 표상을 산출하는 인식능력 전반이, 즉 (표상능력, 표상력, 인식능력, 인식력 등으로 불리는) 상상력과 지성이 온전히 제 역량을 발휘하게 한다.

　그렇다면 아주 특별한 이 능력B란 무엇을 가리킬까? 칸트의 설명에 어느 정도 답이 나와 있다. 그것은 그가 말하는 '판단력'이다. 그러나 "아주 특수한" 판단력, 그러니까 『판단력비판』을 통해 새롭게 조명되는 이른바 "반성하는 판단력"을 뜻한다. 그리고 나중에 칸트는 "순전히 반성적인 미감적 판단력"이 곧 "취미"임을 밝히고 있다(§57.9). 칸트에게 판단력은 원래 지성, 이성은 물론 감성, 상상력 등과 함께 이론이성에 속한다. 다만 『순수이성비판』의 경우 그냥 판단력이라고 되어 있는 반면, 『판단력비판』에서는 바로 저 "반성하는"이라는 단서가 붙게 되며, 이로써 『순수이성비판』에서 말한 판단력은 "규정하는" 판단

력이었다는 점이 밝혀진다.[18] 『판단력비판』은 (보다 정확히는 이 책의 제1
부 "미감적 판단력 비판"은) "반성하는" 판단력에 대한 (보다 정확히는 "순전
히 반성적인 미감적 판단력"에 대한) 비판이며, 결국 "취미의 초월론적 비
판"(§55)이다.

　결국 §1.2은 바로 앞 단락에서 표명했던 내용에 대한 부연 설명으
로 볼 수 있다. 그 내용은 바로 인식판단인지 취미판단인지를 구분할
때 관건이 되는 것은 단지 표상의 종류가 아니라 표상에 대해 주관이
관계를 맺는 방식 내지 태도라는 점이다. 교회이든 궁전이든 병기고
이든, 아니면 정원의 누각이든 간에(§16.4) 건물은 각각 특수한 (가령 예
배나 무기 보관과 같은) '목적'에 따라 건축된 것이며 건축 과정에서 각 건
물이 갖는 고유한 특성에 따른 것이든 건축물 일반에 적용된 것이든
간에 (가령 석재나 목재의 성질에 따른 법칙이든 중력의 법칙이든 간에) 목적
에 맞게, 규칙에 따라 지어진다. 다시 말해 어떤 건물을 판단의 대상
으로 삼든 이 대상의 객관적 성질이 중요한 요소로 고려될 수밖에 없
다. 그럼에도 불구하고 건물이 미감적 판단의 대상인 한에서 표상은
대상(건물)의 목적과 규칙을 분명하게 고려해야 하는 인식판단과는 전
혀 다른 연관 속에 놓인다.

　건물에 대한 미감적 판단에서 중요한 것은 이에 대한 표상이 "판명
한" 것인지 아니면 "혼연한" 것인지의 문제가 아니다. 표상이 판명한
지 아니면 혼연한지에 대해 특정 기준을 설정하고 이를 적용하는 일
과 미감적 판단은 전혀 무관하다. 사실 판명한 표상과 혼연한 표상이
라는 말은 라이프니츠-볼프 학파의 전통에서 보면 매우 보편적인 인

식 유형이었다.[19]

   칸트는 미감적 판단이 이러한 논리적 인식의 기제와는 무관하다는
점을 설명함과 동시에 사실상 저러한 전통에 입각해서는 미학의 고
유한 지평이 설명될 수 없을 것이라는 점을 시사한다. 말하자면 표상
의 종류가 "경험적(따라서 미감적)"인지 아니면 "합리적"인지의 문제가
아니라 이 표상이 객관적 연관을 갖는지 아니면 주관적 연관을 갖는
지가 관건이다. 경험적 표상들, 가령 창밖의 나무를 바라볼 때 주관에
촉발되는 색채, 크기 등의 다종다양한 표상들이 그저 그 주관의 의식
에만 들어 있는 감각질로 머물지 않고 객관적으로 보편타당한 인식판
단의 실재성["경험적 표상의 실재"(§1.1)]을 이룰 수 있다. 즉 감각적 직관
이라 해도 지성의 주도 아래 논리적 판단의 대상이 된다. 반면 경험적
인 것이 전혀 들어 있지 않은, 철두철미 합리적인 (가령 기하학적 도형 같
은 것에 대한) 표상도 주관의 감정과 관계한다면 미감적 판단의 대상이
될 수 있다. 물론 미감적 판단이라 해서 그것이 모두 칸트가 말하는
순수한 취미판단이 되는 것은 아니며, 판단 주관의 감정 또한 반드시
'쾌'인 것도 아니다. 더욱이 "아예 합리적gar rational"인 표상이 미감적으
로 판정될 가능성이 칸트 미학에서 용인될 수 있는지도 의문이다. 실
제로 칸트는 기하학적 원에 대해 사람들이 "지성적 미"를 운운하는 것
에 대해 반대 의사를 표한다(§62.5). 따라서 이 문맥에서는 표상의 '종
류'가 어떠하든 그 표상을 대하는 주관의 '방식'에 따라 논리적 판단과
미감적 판단의 분류가 가능해진다는 점을 설명하는 예시 정도로 받아
들이는 것이 좋겠다.

무관심성

2.1 미감적 테오리아

§2 취미판단을 규정하는 만족에는 일체의 관심이 없다

[§2.1] 우리가 대상 실존의 표상과 결부한 만족을 일컬어 관심이라 한다. 따라서 그러한 것은 욕구능력의 규정 근거로서든 아니면 이 근거와 필연적으로 연관된 것으로서든 언제나 욕구능력과 관계한다. 그런데 '무엇이 아름다운가'라는 물음에서 우리가 알고자 하는 바는 우리에게든 다른 누구에게든 사안의 실존에 무언가가 놓여 있는지, 혹은 놓여 있을 수 있는지가 아니다. 오히려 어떻게 이를 순전한 고찰 (직관 혹은 반성) 중에 판정하는지를 알고자 하는 것이다. 누군가가 나에게 눈앞에 보이는 궁전에서 아름다움을 발견했는지 묻는다면, '그저 눈길을 사로잡기 위해 만들어진 저런 것에 호감이 가지 않는다'라고 대답할 수도 있고, 이로쿼이족 추장처럼 '파리에서는 간이음식점이 제일 만족스럽다'라고 대답할 수도 있고, 루소가 된 양 민중의 고혈을 착취하는 저 무용한 것을 사용하는 고위층의 허영을 비난할 수도 있으며, 더 나아가 나에게는 강한 확신이 있는바, 만일 내가 무인도에 갇혀 세상 사람들에게 되돌아갈 희망조차 없다면, 저런 호화로운 궁전을 마법으로 언제든 원하는 만큼 만들어 낼 수 있다손 쳐도 편안한 오두막 한 채가 있다면 저런 것을 짓겠다고 굳이 애쓸 까닭이 나

에게는 없다. 이런 대답들이 모두 허용되고 수용되겠으나, 지금 이것
이 논점은 아니다. 지금 알고픈 바는 대상에 대한 순전한 표상에 만족
과 더불어 내 안에 뒤따르는 것이 있는지이기에 나는 이러한 표상의
대상이 실존하는지에는 전혀 개의치 않는다. 어떤 대상이 아름답다
고 말하기 위해서, 그리고 내가 취미를 갖고 있음을 입증하기 위해서
관건이 되는 것은 대상의 실존에 내가 의존하는 바가 아니라 나 자신
안에서 이러한 표상으로부터 내가 만들어 낸 바임은 명약관화하다.
미에 대한 그런 판단에 관심이 조금이라도 섞이면 매우 편파적인 것
이 되어 순수한 취미판단일 수 없다는 점에 대해서는 누구나 수긍할
수밖에 없다. 취미의 사안에서 판관 역할을 맡으려면 이 사안의 실존
에 조금도 사로잡혀서는 안 되고 이에 관해서는 아예 개의치 않아야
한다. (V. 204/205)

미감적 판단이든, 아니면 논리적 판단이든 간에 그 대상은 주관에
주어진 표상이다. §1에서는 주어진 표상을 이론적 인식의 대상으로,
그리하여 객관적으로 관계 맺는 판단으로 미감적 판단을 구분하였다.
이제는 표상을 주관의 감정과 관계 맺는 미감적 판단의 그 대상을, 이
로부터 얻는 감정을 각각 분류할 차례다. 이에 대한 본격적 논의는 §3
에서 시작된다.

그에 앞서 우선 "취미판단을 규정하는 만족에는 일체의 관심이 없
다"라는 §2의 표제를 분석해 보자. 여기에서 칸트는 '만족이 취미판단

을 규정한다'고 말하고 있다.[20] 이 말은 '취미판단은 만족을 느끼는 방식으로 이루어진다', 즉 '취미판단을 내릴 때 주관은 만족(혹은 불만족)을 느낀다'라는 뜻이다. 취미판단을 내릴 때 '언제나' 주관의 만족이 (혹은 불만족이) 동반된다는 점에서 만족은 취미판단의 '필요조건'이다. 그렇다고 이것이 곧 '충분조건'은 아니다. 만족 없이 취미판단은 성립할 수 없지만 취미판단의 그 만족은 관심과는 일절 무관하다. 만족이 수반된 판단이 모두 취미판단인 것은 아니다. 취미판단을 규정하는, 그러니까 취미판단을 내릴 때에만 나타나는 만족은 보통의 만족과 구분되는, 아주 특별한 만족이다. 요컨대 "취미판단을 규정하는 만족에는 일체의 관심이 없다"는 표제 자체에 취미판단의 주관이 갖는 감정의 특별함이 내포되어 있다. [칸트는 '관심 없이', '개념 없이', '법칙(규칙) 없이' 등을 자주 언급하는데, 이 말은 단지 '무(沒)관심', '무개념', '무법칙(규칙)' 등을 뜻하는 것이 아니라 관심, 개념, 법칙(규칙) 등을 '떠나서', 그런 것에 '개의치 않고' 등을 뜻한다.]

여기서 '만족'에 해당하는 독일어 'Wohlgefallen'은 '흡족'으로 번역되기도 한다. 'gefallen'이라는 동사 자체가 이미 '만족을 준다'[21]는 뜻을 갖기 때문에 '제대로' 혹은 '잘'이라는 뜻의 접두사 'wohl'의 의미를 강조하기 위해 '흡족'이라는 번역어가 채택되기도 한다. 다만 흡족이라는 말을 사용할 경우 '만족스럽다'에 해당하는 독일어 'gefallen'과의 연관이 언뜻 시선에서 사라질 가능성도 없지 않아서 이 책에서는 '만족'이라는 번역어를 사용한다. '만족'은 즐거움, 기쁨, 마음에 듦과 같이 —'끌리는', '달가운', '홍겨운', '기꺼운'(§3.1)— 대상에 대한 애호 내지 대상으로부터 생겨난 긍정적 감정 전반을 아우른다. 앞서 설명한 바와 같이 취미는 대상에 대한 직접적 접촉 과정에서 생겨나는, 그러나 대상이 주는 직접적 "자극"(§5.1)에 매몰되지 않고 이 자극에 대한 '반성'을 통해 생겨나는 특유의 즐거움을 동반하는 것으로 이해되었다. 칸트가 말하는 취미판단에서의 '무관심적 만족'도 바로 이러한 '반성'의 요소와 더불어 이해되어야 한다. 이 자리에서 '반성'이 뜻하는 바를 상세하게 설명할 수는 없다. 지금까지 논의한 것을 바탕으로 간략하게 설명한다면, '자극'과 '반성'의 차이는 앞서 언급한 표상과 연관의 차이, 즉 〈연관2〉와 〈연관3〉의 차이에 상응한다. 그러니까 취미판단의 주관은 대상과의 직접 접촉을 통해 이로부터 무언가 촉발되는 바가 있지만 그러한 자극에 휘둘리지 않고 오직 자기 자신을 느낀다. 이러한 주관의 내적 감정이 바로 반성의 산물이다.

칸트 미학을 설명하는 가장 중심적인 개념 가운데 하나인 '무관심적disinterested'이라는 말을 처음 적극적으로 사용한 이는 섀프츠베리 The Third Earl of Schaftesbury다. 물론 섀프츠베리가 여전히 형이상학적 전통에 입각해 있다는 점에서 이후 등장하는 취미론자들과 분명한 차이를 보이지만, 그가 제시한 "신에 대한 무관심적 사랑"에 나타난 '무관심성'의 태도, 즉 대상의 본래적 가치에 대한 열광으로 충만하여 자신의 이익 추구는 안중에도 없는 태도는 미학적으로 큰 함의가 있다. 경험론의 태동기에 등장했던 개인주의적 인성론, 가령 "자기보존self-preservation의 욕구"를 신성불가침의 권리로 간주하는 홉스Thomas Hobbes의 인성론만으로는 설명할 수 없는 인간의 초개인적, 보편적 감정에 주목할 때 '무관심성' 개념이 연결된다. 섀프츠베리 이후 '관심'은 기본적으로 자신의 안위를 살피려는 이해타산적 태도를 전제하며, '무관심'은 대상에 대한 '순수한' 열정과 사랑 이외에는 그 어떤 관심도 없다는 문맥으로 이해될 수 있다.

섀프츠베리의 이러한 무관심성의 대의는 칸트에게도 이어진다. 다만 이에 대해 접근하는 관점에 간과할 수 없는 차이가 있다. 이 차이는 바로 섀프츠베리 사상에 잔존하는 형이상학적·존재론적 전통으로부터 칸트가 벗어난 만큼 감지된다. 섀프츠베리에게는 존재자의 참된 면모를 그대로 포착하는 것이 중요했다. 이때 무관심성의 핵심은 주관의 자기이해를 벗어던지고 대상의 존재가 갖는 가치 그 자체에 천착하는 것이었다. 반면 칸트에게는 "사안Sache[대상]의 실존Existenz에 무언가가 놓여 있는지"에 대해 아랑곳하지 않고 "이러한 표상으로부터 내가 만들어 낸 바"가 중요하다. [이 단락에서 칸트는 관심Interesse을 "대상 실존의 표상과 결부한 만족"이라고 말하면서 이와 동시에 —무관심적 만족과 대비하여— "관심과 결부된 만족"이라는 표현을 사용한다. "객관의, 혹은 행위의 현존Dasein에서의 만족"(§4.1)인 관심은 주관과 객관(의 "실존" 혹은 "현존") 사이에 (즉 판단자와 판단될 "사안" 사이에) "놓여 있는" "무언가"다.] 섀프츠베리는 대상에 전념하기 위해 이기적 욕망을 제어하고자 했고, 반면에 칸트는 대상과의 연관을 통해 얻어지는 이해관계로부터 주관의 반성능력을 구제하고자 했다. 18세기 초반 섀프츠베리의 저작들이 소개된 이후 18세기 후반 칸트의 『판단력비판』이 출간될 때까지, 그 사이에 진행되었던 근대 미학사의 진전만큼 양자의 차이가 감지된다.

칸트가 말하는 "순전한mere 고찰"도 이런 맥락에서 이해해야 한다. 칸트는 이를 '순전한 직관' 내지 '순전한 반성'과 동일시하고 있다. 주어진 표상을 "순전한 고찰" 중에 "판정"함으로써 주관에는 "만족"의 감정과 더불어 "순전한 표상"이 "동반"된다. "아름다운 것의 고찰"(§12.2)은 "순전히 관조적"(§5.1)이다. 대상의 아름다움을 판단하는 주관은 "대상의 실존"에 "의존"하지 않고 오히려 그 표상으로부터 무언가를 "만들어 낸"다. 이런 "순전한 표상"에서의 만족을 "관조적 쾌"(VI.212)라고도 부른다. 미감적 반성적 판단 주관이 전념하는 그것은 "순전한 반성적 직관 형식"(§3.1)을 띤다. 즉 여기서 순전한 "직관"과 "반성"은 대비되는 두 선택지라기보다는 미에 대한 관조에서 이루어지는 "반성적 직관"('미감적 반성')으로 이해해야 한다.

대상에 대한 순전한 관조에서 성립하는 이런 고찰이 갖는 '순전함'[22]은 대상의 표상이 갖는 객관적·실재적 연관(〈연관1〉) 및 주관적·질료적 연관(〈연관2〉)에 주관이 결부되어 있지 않음을 뜻한다. 반면 형이상학적·존재론적 전통에서 말하는 관조(성찰, 명상), 이른바 '테오리아theoria'는 대상이 지닌 순수한 실체적 진리에 전념하기 위해 주관의 모든 사적 관심을 배제하는 태도를 요구한다.[23] 순전한 관조이든 '테오리아'든 양자 모두 순수함을 요구하며 그 어떤 이해관심도 철저히 물리친다는 점에서는 공통점을 갖지만 그러한 순수성을 견지하기 위해 주관이 대상에 대해 취하는 관점과 태도에서 큰 차이를 보인다. 후자의 경우 대상에 대한 참된 인식을 위해 주관의 개인적 조건에 관심을 갖지 않는다면, 전자의 경우에는 주관이 갖는 고유한 쾌의 감정을 견지하기 위해 (〈연관1〉에 따른) 대상의 객관적 성질에, 혹은 대상으로부터 주관이 얻는 (즉 〈연관2〉에 따른) 생리적 효과에 관심을 갖지 않는다.

철학적 전통에서 말하는 테오리아와 칸트가 말하는 "순전한 고찰"에서 각각 대상을 바라보는 방식의 연관과 차이에 대해 좀 더 상세히 살펴보기 위해 우선 '직관'이라는 개념에 초점을 맞춰 보겠다. '직관intuitus/intuitio'은 말 그대로 '직접[直]', 그러니까 '매개 없이' 사태를 '본다[觀]'는 뜻이다. 대상에 대한 직접적, 무매개적인 '봄'은 일단 모두 직관이라 불릴 수 있다. 무언가를 '직접 봄'이란 우선 감각적 지각에서 출발한다는 뜻이다. 그러나 전통 철학에서 말하는 직관은 대상과의 감각적·직접적 대면에서 출발하되 거기에 머물지 않고 더 나아가 현상의 배후에 깃든 대상의 진상眞相을 통찰하기에 이르는 고도의 지성적 파악 행위이다. 직관적 앎이 감각에서 출발한다는 점에서 직관은 감각이지만, 궁극적으로는 직관이 결코 감각의 심급에 머물지 않는다는 점에서 그것은 인간이 지닌 '신적인 지성[예지]'이다. (신의 지성과의 유비 관계 내지 신의 계시와 같은 요소를 제외하고는) 그 어떤 전제 없이 대상을 파악하는 방식이라는 점에서 직관은 인간이 도달해야 할 인식의 이상으로 이해되는 경우가 많았다.

근대 인식론은 칸트에 의해 획기적인 국면에 도달한다. 칸트는『순수이성비판』의 서론에서 "우리의 모든 인식이 경험과 함께 시작된다는 것에 대해서는 전혀 의심의 여지가 없다. … 그러나 우리의 인식 모두가 바로 경험으로부터 생겨나는 것은 아니다"(III.27)라고 말한다. 그러니까 대상에 대한 인식이라는 것이 대상을 지각하는 행위 없이,

즉 대상 경험과 무관하게 상정될 수는 없지만, 그렇다고 해서 단순히 이러한 지각만으로는 인식이 형성되는 것도 아니라는 점을 동시에 강조한다. 대상에 대한 경험이 하나의 인식(지식)이 되려면 대상이 주관에게 부여한 것 말고 주관이 갖고 있는 고유한 토대가 전제되어야 한다. 이러한 토대가 있음으로 해서 비로소 대상의 경험도 그것의 인식을 위한 경험으로서 가능해진다. 단순히 감각적 경험만으로는 확보될 수 없는 그 무언가, 인식의 보편타당성 및 필연성을 보증해 줄 그 무언가를 구명하고 입증하는 일이 『순수이성비판』의 과제이다. 칸트에 따르면 인식은 '감성'과 '지성'의 상호 작용을 통해 (그리고 이 양자 사이를 매개하는 상상력의 종합을 통해) 가능하다. 이때 감성은 대상에 의해 촉발되는 바를 수용하는 능력이며 이를 통해 인간에게 직관이 제공된다. 이때의 직관이란 그 어떤 매개 없이 직접 대상에 의해 촉발된 것을 바라본 결과물이다. 이는 철저히 인식능력의 경계 내에서 가능한 직관을 뜻한다. 이런 감각적 직관에 의해 수용된 것에 한에서만 우리의 지성은 유의미한 인식을 수행할 수 있다. 지성의 개념 작용이 없다면 우리에게 수용된 직관은 그 어떤 의미와 방향도 제시되지 않은 그저 '어두운obscura' 것, 즉 '맹목적盲目的인' 것이 되고 만다. 반면 직관되지 않은 바에 대한 사유를 통해 무언가를 인식의 내용물로 삼고 이것의 보편타당성을 주장한다면 (가령 신의 개념에서 신의 현존을 연역한다면) 그것은 이른바 '의미 없는 것'이 된다. 이런 맥락에서 칸트는 "내용 없는 사상은 공허하고, 개념 없는 직관들은 맹목적이다"(Ⅲ.75)라고 말하는 것이다. 결국 『순수이성비판』에서 설명되는 직관과 지성은 철두철미 인간의 인식능력 한계 내의 직관과 지성을 뜻한다. 칸트에 따르면 우리의 본성상 직관은 감성적일 수밖에 없다.

직관에 해당하는 전통적 용어인 'intuitio'나 칸트가 말한 'Anschauung' 모두 대상을 직접 접한다는 점에서는 공통점을 갖는다. 다만 전자는 합리론자들에 의해 궁극적으로는 감각적 한계를 넘어서는 예지를 나타내기 위해서 사용된 반면, 후자는 인간의 감각적 한계를 결코 넘어서지 않는 한도 내에서 경험의 질료를 수용한다는 맥락에서 사용된다. 전통적 테오리아는 전자에서, 칸트가 말하는 순전한 관조는 후자에서 출발한다. 테오리아는 대상과의 완전한 합일을 위해 주관의 모든 사적인 이해관계로부터 벗어난 태도를 뜻하는 반면 순전한 관조는 대상의 표상을 객관적 연관 없이, 또한 대상이 촉발하는 질료적 자극으로부터 벗어난 태도를 뜻한다. 칸트가 이를 '순전한 반성' 혹은 '순전한 직관'이라고도 부르는 것은 바로 이런 이유에서일 것이다.

테오리아의 근본 목표는 '있는 것을 있는 것 그대로 봄'이다. 근대 이전의 전통 철학에서 이런 앎은 예지적인 직관능력을 통해 가능하다는 생각이 지배적이었다. 섀프츠베리의 '무관심성'은 이런 능력을 발휘하기 위해 반드시 필요한 주관의 태도와 분명 관련이 있는 개념이다. 그런데 근대 인식론 철학의 전개 이후 테오리아의 의미가 점차 변화를 겪으면서 대상에 대한 이론적 인식을 위해서는 주관이 대상을 능동적·적극적으로 구성하고 이를 지배해야 한다는 생각이 강해지기 시작했다. 칸트가 말하는 인식은 경험에서 출발하되, 경험을 통해 얻을 수 없는 인식의 정당성은 주관의 선험적 능력에서 찾는다. 그러나 이를 다른 시각에서 살펴보면 칸트가 말하는 인식은 주관이 구성한 틀에 따라 포착된 대상의 내용이지 결코 '있는 그대로의 대상'은 아니다. 칸트 미학에서 논의되는 순전한 관조는 칸트의 이론철학(인식론)에서 논의되는 이론적 인식의 원천적 한계를 수정하고 보완하는 기능을 갖는다. 어떻게 보면 순전한 관조는 근대 인식론이 결국 놓치고 만 '테오리아'의 정신을 계승하는 또 다른 길이 되는 것이다. "순전한 고찰" 또한 관조적인 '봄'이기 때문에 대상에 대한 순전한 포착 내지 대상과 주관의 합일 등을 도모하는 것이라면, 전통 철학의 용어를 고려하여 이를 **미감적 테오리아**라고 부를 수 있다. '미감적 테오리아'는 이론적 판단이 아니라 '관조적' 판단이고, 이론적 관조가 아니라 '미감적' 관조이며, 직접적(감성적) 직관이 아니라 '반성적' 직관이다. 전통 철학에서는 테오리아가 대상에 대한 온전한 관조였다면, 미감적 테오리아는 주관 자신에 대한 관조이고 그렇기 때문에 주관의 '내적 관찰introspection' 이다. 사실 근대 철학에서 미학이라는 학문 분과가 태동한 과정은 이성 편향의 학문이 이룩한 성과의 이면에 자리 잡고 있던 자연의 소외 및 인간 본성의 소외 문제에 대한 대응책(가령 바움가르텐Alexander Gottlieb Baumgarten의 "미학적-논리학적 진리veritas aestheticologica"는 이것의 대표적 사례가 된다)들을 모색하는 일련의 과정이기도 했다.[24] 칸트 미학에서 요구되는 주관의 관조적 태도 또한 바로 이런 맥락에서 이해될 수 있다.

칸트가 직접 언급하지 않은 용어인 '미감적 테오리아'를 여기에서 사용함으로써 칸트 미학이 갖는 특유의 문제의식이 부각될 수 있다. 사실 전통 철학에서 말하는 '테오리아'라는 말이나 칸트가 사용하는

'관조'는 어원상 같은 말이다. 우리가 '명상' 혹은 '숙고'라고 번역하는 라틴어 'contemplatio'나 'meditatio'도 모두 의미상 큰 차이가 없다. 플라톤, 중세 철학은 물론 쇼펜하우어Arthur Schopenhauer의 철학에서도 '미에 대한 직관'은 중요한 주제였다. 하지만 이것과 칸트 미학의 차이는 분명하다. 칸트는 **미**beauty**에 대한 지성적 직관**이 아닌 **미감적**aesthetic **직관**을 말하고 있다. 전자는 감각적인 방식으로 드러난 대상의 객관적 진리를 포착하는 태도를, 후자는 감각적으로 촉발된 표상을 바라보면서 주관의 내면에 형성된 심성 상태에 주목하는 태도를 뜻한다. '초월적transzendent'이라는 전통적 존재 술어와 '초월론적transzendental' 방법론을 구별했던 것처럼, 칸트는 '아름다움'이라는 존재 술어와 '미감적' 방법론을 엄밀히 구별한다. 물론 '미'는 'Schönheit', 그리고 '미감적'은 'ästhetisch'에 해당하기 때문에 우리말의 어법과는 달리 독일어로는 이미 분명하게 구분된다. 하지만 칸트 이전 시대에는 아름다움 혹은 미감적 태도를 다루는 학문이 '아름다운 학문'[25]으로 불리곤 했던 반면, 칸트는 이런 어법을 채택하지 않는다. 칸트 미학은 대상이 지닌 미의 속성을 탐구하는 학문이 아니라 대상으로부터 환기된 감정을 다루는 학문이며 칸트는 바로 후자의 맥락에서 '미감적'이라는 전문 용어를 사용한다.

　"인식능력"의 차원에서 '미감적 테오리아'가 표상의 〈연관3〉으로 설명될 수 있다면, "욕구능력"의 차원에서 이는 바로 '무관심성'으로 설명될 수 있다. 어떻게 설명되든 대상을 바라보는 주관의 태도에 깃든 '순수함'을 강조하는 말이라 할 수 있다. 욕구능력의 의미는 가령 "오로지 개념에 따라, 다시 말해 하나의 목적 표상에 맞게 행하도록 규정된 욕구능력을 의지라 할 수 있다"(§10.2)라는 언급을 통해 가늠할 수 있다. 욕구능력은 인간의 심성 가운데 '의意'에 해당하는 것으로서 인용문의 표현을 빌리면 "목적 표상에 합당하게 행위하려는 심성"이라 할 수 있다. 상위의 인식능력과 하위의 인식능력이 나뉘듯이 상위의 욕구능력과 하위의 욕구능력이 나뉜다. 상위의 욕구능력은 "이성을 통해 규정된 욕구능력"(§4.5)을 뜻한다. 이는 도덕법칙에 대한 표상을 통해 이성이 스스로 부과한 '의무'에 따라 행위하려는, 도덕적 좋음善을 향한 실천이성의 의지이다. 반면 하위의 욕구능력은 대상이 촉발하는 대로 이끌리는, 감각적 쾌적함을 향한 '경향성inclination'이다. 도덕적으로 옳은 일에 대한 이성적 판단과 달리 개인의 안위에 대한 관심에 따라 저러한 판단을 외면하는 일은 일상생활에서 흔히 일어난다. "좋은 것에서의 만족"(§4)과 "쾌적한 것에서의 만족"(§5)은 모두 "우리가 대상 실존의 표상과 결부한 만족"이며 이것들의 경우 관심에 대한 직접적인 규정근거가 되든 아니면 간접적으로 ―그러니까 만족에 도달하는 과정에서 사용되는 도구로서― "이 근거와 필연적으로 연관된 것"이든 간에 욕구능력과 연관을 맺는다. 욕구하는begehren 능력, 혹은 욕망Begierde의 능력이란 '결과(실존, 현존)의 표상(원인)을 갖는 능력'이다(V.9; VI.211). 이성적이든 아니면 정념적이든, 욕구능력은 실존에 "의존"할 수밖에 없다. 정념적 욕구는 감관의 만족을 안기는 실존이 요구되는 반면, 이성적 욕구는 도덕적 선의 실현이 요구된다는 차이는 있겠지만 말이다. 욕구능력과 결부된 관심을 떠나지 않는 만족에는 "실천적"(§3.1) 성격이 들어 있는 반면, "순수한 취미판단", 즉 대상의 실존에 의존함이 없는 미감적 반성판단은 순전한 관조(미감적 테오리아)를 통해 성립한다.

그렇다면 취미판단을 규정하는 근거인 "아름다운 것에서의 만족"(§4.2)의 경우 욕구능력과 일절 연관이 없다는 주장이 도출될 것 같다. 취미판단은 정말로 시종일관 욕구능력과 철두철미 무관할까? 한편으로는 그렇고 다른 한편으로는 그렇지 않다. 순전한 관조자가 갖는 만족은 궁극적으로 욕구능력으로부터 독립적이지만 그렇다고 이 양자가 전혀 무관하다고는 할 수 없다. 미감적 만족과 인식능력의 관계 또한 이와 마찬가지이다. 앞 절에서 설명했듯이 취미판단은 인식능력이 작동함으로써 비로소 성립하지만, 그렇다고 인식판단의 경우처럼 지성이 적극적으로 대상에 대해 특정한 방식의 규정을 부과하는 것이 되어서는 안 된다. 이는 인식능력으로부터 독립적인 고유의 심성능력인 '쾌 혹은 불쾌의 감정'이 발휘되기 위해 반드시 필요한 요건이다. 취미판단의 심리적 근거인 이러한 '감정'은 판단 과정에서 인식능력은 물론 욕구능력이 전혀 작동되지 않은 상태에서는 이루어질 수 없다. 다만 취미판단의 고유성은 대상을 접하는 과정에서 이러한 두 능력의 기능이 미치는 효과로부터 독립된 순수한 감정을 견지할 수 있다는 데에 있다. 그런데 이 말은 곧 취미판단을 내릴 때 언제라도 인식능력은 물론이고 욕구능력의 직접적 영향력 아래에 놓일 수 있다는 가능성을 전제하고 있다. 취미판단을 내리는 자 스스로 오롯이 취미판단을 내리고 있다는 자신의 생각과는 별개로 사실상 인식판단의 요소가 착종되는 경우처럼, 마찬가지로 욕구능력의 효과가 취미판단에 영향을 미치는 경우가 빈번하다. 인식판단이 내려지는 중에, 욕구능력이 영향을 미치는 중에 주관 특유의 반성능력을 통해 취미판단도 동시에 내려질 수 있다. 취미판단은 이론과 실천에 결부된 인간의 다양한 활동과 더불어 내려질 수 있는 것이다. 그렇다면 대부분의 취미판단은 다른 판단 행위와 혼재될 수밖에 없으며 오히려 "순수한 취미판단"이야말로 취미판단들 가운데 아주 드문 특별한 사례이다.

취미판단 과정에서 욕구능력이 연관을 맺는 경우에 대해 칸트는 "눈앞에 보이는 궁전"에 대해 미감적인 판단을 내리는 주관이 갖게 될 관점 및 태도를 네 가지의 사례를 들어 설명한다. "허용"이라는 표현을 썼다 해서 누군가가 칸트에게 그러한 입장 표명을 승인함으로써 비로소 그러한 판단이 가능하다는 뜻을 내포하는 것은 아니다. 일상생활에서 무언가에 대해 취미판단이 내려진다고 이야기될 때 실제로 욕구능력의 영향력 아래에서 이루어지는, 그럼으로써 취미판단의 본래적 근거인 '감정'의 순수함이 견지되지 않는 사례들은 누가 인정했는가와 무관하게 언제나 발생하는 일이기 때문이다. 먼저 언급해 둘 것은 칸트가 여기에서 1인칭 시점("나")에서 말하고는 있지만 이는 취미판단을 내리는 모두에게 해당한다는 것을 전제하고 있다는 점이다. 이러한 측면은 취미판단이 요구하는 "주관적 보편타당성"(§8.3) 내지 감정의 "보편적 전달 가능성"(§9.2)과 맞닿아 있다. 즉 이때의 "나"는 보편적 "나"이다. "나"와 같은 조건에 따라 취미판단을 내리는 주관들은 모두 "나"에 해당한다.

1) 먼저 "그저 눈길을 사로잡기 위해 만들어진 저런 것에 호감이 가

지 않는다"라는 대답이 가능하다. 세인의 시선을 고정시키는 이유가 궁전의 웅장한 규모 때문일 수도 있고 화려한 건축 장식 때문일 수도 있다. 중요한 것은 가령 누군가에게 보라색이 즐거움을 주는 반면 다른 이에게는 칙칙하게 느껴지듯이(§7.1) 그런 웅장함과 화려함을 통해 누군가의 시선을 사로잡으려는 그러한 양식 내지 기법이 제공하는 "매력과 감동"(§13)에 모든 이가 빠져드는 것은 아니라는 점이다. 궁전이 가져다주는 "매력과 감동" 여부에 대해 판단을 내리는 태도의 일단으로 볼 수 있는 첫 번째 관점에서 순수한 취미판단이 내려질 수 없지만 이것 또한 취미판단이다.

2) 가령 카나리아 제도산 스파클링 와인을 애호하는(§7.1) 식도락적 경향에서 궁전이 어떠한지에 대해서는 아랑곳 않는 태도도 있을 수 있다. 파리를 방문한 아메리카 원주민이 열광했다고 전해지는 그릴 구이 음식점["간이음식점rôtisserie"]의 사례 또한 식도락적인 관점으로나마 일종의 취미판단을 내리고 있다고 볼 수 있다. 1)과 2) 모두 "쾌적한 것에서의 만족"(§3)과 깊은 연관이 있으며, 이때 미감적 판단이 내려진다고는 해도 칸트는 이를 명실상부한 취미판단으로 생각하지는 않는다. 이런 차이를 설명하기 위해 칸트는 "감관취미"와 "반성취미"(§8.2)를 구분한다. 즉 1)과 2) 모두 "감관취미"의 판단 대상에 속한다.

3) 이 건축물이 "민중의 고혈을 착취하는" 것으로 간주된다면 이를 볼 때마다 "고위층의 허영"이 연상될 것이고 그 경우 이 궁전에 대한 미감적 판단은 제대로 이루어질 수 없을 것이다. "좋음"이라는 개념에 따라 대상을 판정하는 경우에 해당한다. "착취"와 "허영"을 순수 도덕

적 관점에 따라 비판하든, 아니면 사회 정의의 차원에서 비판하든, 이런 태도에는 "실천적" 관심이 수반되어 있다.

4) 혼자 사는 이에게 저러한 궁전은 사실상 잉여물에 불과하다는 관점이 제시된다. 즉 인간의 생존에 반드시 필요한 것이 아닌 저런 사치스러운 건축물은 필요 없으나 사람들은 단지 타인과의 관계 내지 사회적 고려로 인해, 즉 "사교성"(§7.3)의 성향으로 인해 이러한 사회적 욕망이 그렇듯 불요불급한 것을 원하게 될 수도 있다.

이 네 가지 사례 모두 취미판단에 욕구능력이 (그것이 이성적 욕구이든 감각적 욕구이든 간에) 직접 영향을 미친 경우에 해당한다. 취미판단에 이러한 관심이 "조금이라도 섞이면" 그 판단은 방금 살펴본 사례에 해당하든 아니든 간에 특정한 관점에 치우치게 될 것이며 이러한 "편파적" 태도에서는 순수한 취미판단이 내려질 수 없다. "모든 관심은 취미판단을 망치며 판단의 공정성을 앗아 간다"(§13.1)는 것이 칸트의 생각이다. 그렇다고 해서 칸트가 순수하지 않은 취미판단을 무조건 배격한 것은 아니다. 어찌 보면 칸트는 취미판단에 관심이, 혹은 개념이 결부되는 현실을 단지 부정하기보다는 이를 불가피한 것으로 여겼는지도 모른다. 이 책에서 본격적으로 다루어지지는 않지만 §22 이후 '숭고', '연역' 등의 주제와 관련하여 이 문제는 좀 더 본격화되며, 궁극적으로 칸트의 생각은 미에 대한 경험이 도덕성의 고양을 위한 도야의 장을 제공할 것이라는 진단과 전망으로 확장될 것이다.

흥미롭게도 칸트는 이 사례들을 모두 저 궁전에 대한 표상으로부터 '불만족'을 갖게 된 경우로 서술하고 있다. 이러한 불만족이 이른바 '불쾌의 감정'을 뜻하는 것일 수 있다. 그러나 여기에서 핵심은 비록 욕구능력이 판단자에게 생겨나는 순간조차도 욕구능력으로부터 독립된 마음 상태가 전제되어야 엄밀한 의미에서 "아름다운 것에서의 만족"이 생긴다는 점이다. 이러한 만족을 위해서는 대상에 대한 "순전한 표상"이 욕구능력에 의해, 즉 대상의 실존과 결부된 만족으로 인해 방해받지 않아야 한다. 즉 "사안의 실존에 조금도 사로잡혀서는 안 되고 이에 관해서는 아예 개의치 않아야 한다." 인간의 취미능력은 저 "순전한 표상"으로부터 판단자 스스로 "만들어 낸 바"하고만 연관을 맺을 때 발휘된다. 순수한 취미판단은 "일체의 관심에서 분리되었다는 의식"(§6)을 전제하며 또한 욕구능력과의 연관을 떠났을 때 비로소 이루어진다. 이렇게 전제되고 요구되는 주관의 태도를 칸트는 '반성'이라고 부른다. 미감적 '반성'은 결코 실천적이지 않은, 순전히 반성적인 미감적 직관을 요구한다.

그렇다면 저런 사례들[1)-4)]을 "허용"하지 않는 "순수한 취미판단"에서 관건은 무엇인가? 이와 관련해서 칸트가 "지금 알고픈 바는 대상에 대한 순전한 내 안의 표상에 뒤따르는 만족이 있는지ob die bloße Vorstellung des Gegenstandes in mir mit Wohlgefallen begleitet sei"다. 취미판단은 주관의 감정(만족) 없이는 성립할 수 없는 미감적 판단이지만, 대상에 대한 그 미감적 관조는 반드시 "반성적 직관"(§3.1)이어야 한다. 그런 반성에 취미판단 특유의 감정(만족)이 수반된다. 그런데 이 감정은 표상에 자동적으로 뒤따르게 된 것이 아니다. 오히려 "나 자신 안의 그 표상에서 내가 만들어 낸 바was ich aus dieser Vorstellung in mir selbst mache"다. 요컨대 미감적 반성은 나에게 표상을 안긴 그 대상의 실존에 "의존"하지 않고, 즉 주어진 표상을 다른 연관[1)-4)]에 놓지 않고 그 표상을 "순전한" 것으로 바라보면서 이로부터 특유의 감정을 산출한다.

칸트는 "아름다운 것에서의 만족"을 "순수한 무관심적 만족"으로, 그리고 나중에는 "무관심적이면서 자유로운 만족"(§5.2)으로 부른다. 이를 설명하기 위해 그는 관심과 결부된 만족을 앞서 말한 대로 크게 두 개의 유형으로 나누어 비교한다.

2.2 무관심적 만족

[§2.2] 그런데 이렇듯 지극히 중요한 진술을 해명하기 위해서는 취미판단 중의 순수한 무관심적* 만족을 관심과 결부된 만족과 대조하는 일보다 더 나은 것이 없다. 지금 논의되는 것들과 다른 종류의 관심은 더 이상 없다는 점을 확신한다면 말이다. (V.205)

- 만족의 대상에 대한 판단이 철저히 무관심적인데도 매우 관심을 끌 수 있다. 다시 말해 그런 판단은 그 어떤 관심도 근거로 삼지 않음에도 관심을 산출하는데, 순수한 도덕적 판단들이 모두 그러하다. 반면 취미판단 자체를 근거로 해서는 결코 그 어떤 관심도 나오지 않는다. 공동체에서만은 취미를 갖는다는 것이 관심을 끄는데 그 근거에 대해서는 나중에 소개하겠다.

칸트는 "아름다운 것에서의 만족"을 "순수한 무관심적 만족"으로, 그리고 나중에는 "무관심적이면서 자유로운 만족"(§5.2)으로 부른다.

이를 설명하기 위해 그는 관심과 결부된 만족을 앞서 말한 대로 크게 두 개의 유형으로 나누어 비교 고찰한다.

🪶 각주: 무관심성과 관심

취미판단의 근거가 되는 "아름다운 것에서의 만족"은 무관심적 만족이며 이것과 대비되는, 즉 관심과 결부된 만족은 모두 "쾌적한 것에서의 만족" 내지 "좋은 것에서의 만족"에 속할 것이라는 §2.2의 설명을 바탕으로 칸트는 '무관심적'이라는 말을 둘러싼 복잡한 정황을 각주에서 서술한다. 이 각주는 철저히 각주로서의 기능을 할 뿐이다. 즉 미 분석론의 주제를 넘어서는 사안에 대해 매우 단편적인 방식으로 시사점을 던지고 있을 뿐이다.

'순수한' 취미판단과 관심은 철저히 분리되어야 한다. 이것이 칸트의 취미판단론이 지닌 기본 전제이다. 그러나 취미판단과 관심이 어떤 방식으로든 결부될 수밖에 없는 또 다른 지평들이 있다. 우선 1) 공동체의 구성원임을 자각하는 개인이 취미를 갖는다면, 그러니까 공동체의 지평에 의거하여 주관이 취미판단을 내리는 것이라면, 칸트가 볼 때 이미 그 판단에는 관심이 결부된다. 칸트가 보기에 취미가 관심과 결부되는 현상은 공동체의 구성원으로서의 인간이 지닌 "사교성"(§7.3)의 성향 때문이다. §2.1의 "무인도"의 사례가 이런 측면과 연관이 있다. 무관심적 만족의 대상인 미에 대해 인간은 공동체의 구성원인 한에서는 "경험적 관심"(§41)을 갖는다. 2) 다른 한편으로 그 어떤 관심도 근거로 삼지 않는 또 다른 유형의 판단으로서 칸트는 "순수한 도덕적 판단"을 든다. 이는 도덕성의 견지에서 어떤 행위를 판정할 때 판단자 개인의 사적 이해와는 전혀 무관하다. 이는 앞서 섀프츠베리가 처음 제시한 무관심성의 맥락과도 통한다. 순수한 도덕적 판단은 감각(경향성)의 관심을 떠나 법칙의 표상에 따른다는 점에서는 "일체의 관심이 없다"(V.81)고, 즉 '일체의 사상이 없다'고 할 수 있으나 그 법칙에 대한, 법칙의 실현에 대한 관심은 야기한다. 즉 도덕적 주체는 덕성의 완전함에 대한, 도덕적 완성에 대한 일종의 목적 표상을 갖는다. 도덕적 주체의 개별 판단에는 그 어떤 관심이 개입되지 않지만 적어도 이 주체는 도덕성의 완전한 실현에 대한 표상을, 이른바 '최고선의 이상'을 도모한다. 반면 순수한 취미판단은 관심을 근거로 삼지 않음은 물론 그로부터 관심이 야기되지도 않는다. 1)의 경우이든 2)의 경우이든, 이런 것들이 취미판단에 결부된다면 이는 순수한 취미판단이 될 수 없다.

3
감각적 관심

3.1 쾌와 쾌적함

§3 쾌적한 것에서의 만족에는 관심이 결부된다

[§3.1] 쾌적한 것은 감각 중인 감관에 만족스럽다. 여기서 '감각'이라

는 말이 갖는 이중적 의미로 인해 자주 발생하는 혼동에 대해 언급하면서 이에 대해 주의를 환기하고자 한다. (사람들이 말하고 생각하는) 만족은 모두 그 자체로 (쾌의) 감각이다. 따라서 만족스러운 것은 그것이 만족스럽다는 바로 그 점에서 모두 쾌적하다(상이한 정도에 따라, 혹은 쾌적한 다른 감각들과의 연관에 따라 끌린다, 달갑다, 흥겹다, 기껍다 등이 된다). 그러나 이 점을 받아들인다면 경향성을 규정하는 감관 인상, 의지를 규정하는 이성 원칙, 판단력을 규정하는 순전한 반성적 직관 형식 등은 쾌의 감정에 미치는 결과의 면에서 매한가지다. 감정에 미치는 결과란 곧 그 감정 상태에 대한 감각 중의 쾌적일 테니 말이다. 그렇지만 우리 능력들의 모든 작업이 결국에는 실천적인 것을 목표로 하여 이것에 집결되는 까닭에, 사물을, 사물의 가치를 평가할 때 우리가 요망할 수 있는 것이라곤 이 사물이 약속하는 쾌락으로 인해 성립하는 것뿐이다. 결국 사물에서 쾌락에 도달한 방식은 전혀 중요치 않고 여기서는 수단의 선택에서만 구분되기 때문에, 사람들은 서로서로 아둔하다거나 무지하다고 책망할지언정 비열하다거나 사악하다고 책망하지는 않을 터, 그 누구든 각자 사안을 보는 방식에 따라 쾌락이라는 목표를 향해 달려가니 말이다. (V.205/206)

관심과 결부된 만족의 유형으로서 칸트는 우선 하위의 욕구능력인 경향성에 따라 주관이 느끼는 만족을 논한다. 이것이 바로 "쾌적한 것에서의 만족"이다. '쾌적하다' 함은 즐거움[快]이라는 과녁에 도달된[適]

심적 상태, 따라서 자신의 성향 내지 성정에 잘 맞는 상태를 뜻하는 광범위한 의미의 용어이다. 쾌적함이란 사실 칸트가 '쾌'라고 부르는 상태와 상치되는 말이 아니다. 따라서 흔히 '만족'이라고 말할 때 이것은 곧 쾌를 뜻하며 쾌적이라는 말과 굳이 구별되지는 않는다. 그러나 칸트는 여기에서 '쾌적함'의 의미를 분명하게 한정한다. 즉 쾌적함이란 "감각을 통해 감관에 만족을 주는 것"을 뜻한다. 반면 좋음에 깃든 만족에서나 아름다움에 깃든 만족에서의 쾌도 있다. 칸트가 '쾌Lust'와 '쾌적함Annehmlichkeit'을 구별하는 근거는 무엇일까? 여기에서 설명되는 만족의 세 유형은 주관이 어떤 관점과 태도를 견지하는가에 따라 분류된다.

쾌적함은 감각기관을 통해 생기는 만족을 뜻한다. 만족을 주는 대상에 대한 형용어구는 헤아릴 수 없이 많다. 칸트는 만족의 강도와 수준에 따라 "끌린다, 달갑다, 흥겹다, 기껍다"[26] 등과 같은 사례들을 제시하였다. 그런데 쾌적함이 갖는 특징은 즐거움의 감정에 도달한 경로, 조건 등과는 무관하게 오직 이 감정에 도달했다는 결과에만, 즉 "쾌의 감정에 미치는 결과"에만 매몰되어 버린다는 데에 있다. 이 "결과"에만 매몰되면 쾌라는 감정 상태에 도달했을 때 감각기관을 어느 정도 자극했는가에만 주목하게 된다. 이렇게 되면 "경향성을 규정하는 감관 인상, 의지를 규정하는 이성 원칙, 판단력을 규정하는 순전한 반성적 직관 형식 등은 쾌의 감정에 미치는 결과의 면에서 매한가지"가 된다. 과정이 어떻든 주관의 마음에 유발된 만족감에, 즉 "쾌적"이라는 일종의 "결과"에, 다시 말해 그런 "실천적인 것"에 "목표Ziel"

를 둔다면, 추구되는 그 결과를 효과적으로 성취하기 위해 적절한 "수단Mittel"을 찾는 데 혈안이 될 것이며, 그 수단의 적절성 여부에 따라 그 사람의 영리함 혹은 아둔함을 판정할 수 있을 따름이다. 하지만 주관의 만족을 단지 그런 "쾌적"이라는 잣대로 가늠해서는 안 된다고 칸트는 역설한다. 심중의 유쾌함이 있다 할 때 이에 "도달한 방식"이 무엇인가, 거기에 관심이 결부되어 있는가, 그렇지 않은가가 관건이기 때문이다.

행위의 도덕적 동기를 따지는 이성적 의지가 인간의 행위에 대한 판단 문제에 적용되는 도덕판단의 경우라면 실천이성에 의해 표상된, 행위의 마땅한 동기인 도덕법칙("이성 원칙")이 쾌라는 결과보다 우선한다. 도덕판단이 좋음에 대한 개념(법칙)에 따라 대상을 판정하는 "실천적"(§5.1) 인식판단인 한에서 표상의 〈연관1〉에 놓인다. 본래적 취미능력은 반성적 판단력을 발휘함으로써 표상의 〈연관2〉로부터 벗어나 〈연관3〉을 견지한다. 즉 대상의 자극으로 인해 촉발된 인상印象 자체에 매몰되지 않는다. 반면 인간의 감각적 성향에 내맡기게 될 경우 인간의 자발성은 모두 논외의 것이 된다. 이렇듯 "수동적으로"(§4.4) 주어진 즐거움에만 매몰됨으로써 얻어지는 쾌의 감정을 칸트는 "쾌락[희열감gratification]"이라는 말로 바꿔 부른다. 결국 쾌적함은 오직 쾌락이라는 결과만을 주시하는 태도와 직결되는 심적 상태이다. 쾌적함을 추구할 경우 오직 감각적 만족이라는 "실천적인 것"을 지향하는 데에 머물게 된다. "그 누구든 각자 사안을 보는 방식에 따라 쾌락이라는 목표를 향해 달려가니 말이다."

쾌락이라는 효과의 측면에 매몰되는 것이 "경향성", 그러니까 감각적 욕구의 특징이라면, "의지"나 "판단력"으로부터 얻어지는 쾌의 경우에도 이런 특징이 나타나는가? 결코 그렇지는 않다. "의지"나 "판단력"의 심급에서는 결코 감각적 쾌적함을 통해 만족을 얻을 수 없다. 물론 이 심급에 놓인 사람이 감각적 쾌적함을 전혀 느낄 수 없다는 것은 아니다. 저 세 심급에 따른 만족을 한 인간이 '동시에' 지닐 수 있다. 주관이 어떤 태도를 취하는가에 따라 완전히 다른 종류의 만족을 느낄 수 있다. 미감적 만족에 도달하기 위한 방식이 바로 "순전한 반성적 직관 형식"이다.

'쾌Lust', '쾌적한angenehm'(혹은 쾌적함Annehmlichkeit), '쾌락Vergnügen' 등을 우리말로 번역할 때 '쾌'라는 말이 모두 들어 있기 때문에 혼란스러운 것만은 아니다. 사실 칸트가 즐거움과 관련된 용어를 사용하되 이것의 감각적(직접적) 차원과 반성적 차원을 구분하다 보니 생길 수밖에 없는 불가피한 혼란이기도 하다. 따라서 칸트는 이참에 "'감각'이라는 말이 갖는 이중적 의미로 인해 자주 발생하는 혼동에 대해 언급하면서 이에 대해 주의를 환기"함으로써 취미판단 고유의 근거인 '쾌 혹은 불쾌의 감정'을 보다 분명히 하기를 원했던 것이다.

3.2 감각과 인식

[§3.2] 쾌 혹은 불쾌의 감정이 '감각'이라는 규정으로 불린다 해도 이 표현은 (수용적 인식능력인 감관을 통한) 사물 표상이 감각이라 불릴 때와

는 전혀 다른 의미를 갖는다. 후자의 경우 표상은 객관과 관계하지만, 전자의 경우 표상은 오로지 주관과 관계하며 결코 그 어떤 인식에도, 주관이 자기 자신을 인식하도록 하는 인식에도 기여하는 바가 없기 때문이다. (V.206)

"쾌·불쾌의 감정"도 물론 "감각"이다. 생리적 측면에서만, 다시 말해 인간의 감각기관에 미치는 영향 내지 효과의 측면에서만 본다면 그렇다. (『실천이성비판』까지도 "쾌 혹은 불쾌의 감정"은 그런 쾌적함 혹은 불쾌함과 동일시되었다.) 칸트에게 미감적 반성을 통한 쾌감과 감각적 쾌적은 분명코 구분되지만, 이 둘 모두 주어진 표상이 "오로지 주관과 관계"한다는 점에서, 또한 "그 어떤 [⋯] 인식에도 기여하는 바가 없"다는 점에서 공통점을 갖는다. 우리는 전자를 표상의 〈연관3〉이라고, 후자를 표상의 〈연관2〉라고 설명하였다. 반면 주어진 표상이 "객관과 관계"하는 측면에 따를 때, 즉 "수용적 인식능력"인 감성의 조건에 따라 얻어진 "사물 표상"을 '자발적(능동적)' 인식능력인 지성의 조건에 따라 통일시킬 때 그 표상을 가져다준 "감각"은 특정한 인식에 "기여"한다. 결국 표상을 처리하는 방식이 어떠한가, 표상에 대해 주관이 어떤 태도를 갖는가가 관건이 된다. 〈연관2〉에 해당하는, 순전히 감각적인 쾌적함은 결코 취미판단의 근거가 될 수 없다.

3.3 감각과 감정

> **[§3.3]** 다만 앞의 설명에 따라 감각이라는 말을 감관의 객관적 표상으로 이해한다. 그리고 오해를 불식하기 위해 언제나 순전히 주관적일 수밖에 없는, 대상에 대한 그 어떤 표상도 갖지 못하는 감각을 부를 때 '감정'이라는 관용어를 사용하고자 한다. 초원의 녹색이 대상에 대한 감관 지각으로서는 객관적 감각에 속한다. 반면 이 녹색의 쾌적함은 대상의 그 어떤 것도 표상되도록 하지 않는 주관적 감각에, 말하자면 대상이 (인식 대상이 아니라) 만족의 객관으로 간주되도록 하는 감정에 속한다. (V.206)

순수한 취미판단의 근거가 되는 미감적 감정은 주관의 반성적 태도에서 나오는 독특한 쾌이다. 이는 대상에 의해 촉발된 생리적 효과로서의 쾌적함과는 다르다. 다만 양자는 모두 쾌 혹은 불쾌의 감정이라는 이름으로 광범위하게 구분 없이 사용된다. 물론 칸트는 양자를 분명하게 구분하는 데까지 나아가지만, 일단은 "감관의 객관적 표상"으로서의 감각, 그러니까 특정한 인식을 낳는 감각과 구분할 필요가 있다. 우선은 표상의 주관적 연관과 객관적 연관을 제대로 구분하지 못하고 이 차이점에 대해 흔히 범하는 "오해를 불식하기 위해" 전자와 관련된 감각을 가리키는 "관용어"로서 "감정"이라는 말이 등장한다. 감정feeling도 넓게 보면 감각sensation이다. 다만 칸트는 대상에 의해 촉발된 표상이되 이것이 대상에 대한 그 어떤 객관적 연관도 갖지 못하는, 순전한 "주관적 감각"을 감정이라 부르자는 것이다. 가령 "초원의 녹색"은 인식판단을 위한 표상이 될 수 있다. 이 점에서 이것은 인식의 질료로서 "객관적 감각"에 속한다. 반면 이 녹색은 사물 표상으로서가 아니라 순전히 "만족의 객관"으로 받아들여질 수 있다. 하지만 초원이라는 대상으로 인해 주관 내에 형성된 이 감정이 모두 "녹색의 쾌적함"과 같은 식으로 이해되어서는 안 된다. 이는 이른바 〈연관2〉에 상응하는 표상이다. 여기에서 칸트는 이를 〈연관3〉의 측면과 구분하지 않은 채 두 연관의 '공통점'만을 언급하고 있다. 말하자면 양자모두 "대상에 대한 그 어떤 인식도 아닌 것"이며 이 점에서 〈연관1〉과 대립된다.

3.4 감각과 관심

[§3.4] 여하튼 내가 대상의 쾌적함을 소명하는 판단이 이 대상에서의 관심을 표하고 있다는 사실은 다음과 같은 이유에서 분명하다. 즉 감각을 통한 이 판단은 그 대상에 대한 욕구를 유발하며, 따라서 그 만족은 대상에 대한 순전한 판단을 전제하기보다는 그러한 객관이 촉발한 나의 상태와 이 대상의 실존이 맺는 관계를 전제한다. 그렇기에 쾌적한 것에 관해서는 이것이 '만족스럽다'고만 말하지 않고 '쾌락을 준다'고 말한다. 객관에 순전한 찬성을 바치기보다는 오히려 이를 통해 경향성이 생겨나는 것이다. 지극히 쾌적한 것에는 객관의 성질에 대한 판단이 속하지 않기 때문에, 언제나 향락만을 좇는 이들은 (이 말

> 이 강렬한 쾌락을 나타내는 만큼) 그 어떤 판단에서든 이로부터 기꺼이 벗
> 어나려 한다. (V.206/207)

　쾌, 쾌적함, 쾌락, 감각, 감정 등등. 수많은 어휘들이 어지럽게 등장
하지만 §3에서 칸트가 말하고자 하는 바는 분명하다. "쾌적한 것에서
의 만족에는 관심이 결부된다"라는 표제를 통해 알 수 있듯이 감각 편
향의 쾌에 기반을 둔 만족에서 무관심을 기대할 수 없다. 대상에 의해
촉발된 표상이 오로지 생리적 효과 면에서만 주관에게 영향을 미칠
때, 즉 주관이 "대상들에 대한 욕구"를 갖게 될 때의 마음 상태가 바로
쾌적함이다. 이 상태는 칸트가 보기에 대상에 대한 관심을 전제한다.
칸트는 관심을 "우리가 대상 실존의 표상과 결부한 만족"(§2.1)이라고
정의하였다. 쾌적한 것에서의 만족은 "객관이 촉발한 나의 상태와 이
대상의 실존이 맺는 관계를 전제한다".

　여기에서 한 가지 의문이 생긴다. 쾌적함의 감각이란 앞의 설명에
비추어 본다면 분명 '주관적' 감정이다. 이 감각은 관심을 전제한다.
그런데 칸트의 설명에 따르면 이 관심에는 ("실존의 표상"이라는 표현을
통해 그 강도가 희석된 느낌일지언정) 대상의 '실존'이 밀접히 연관되어 있
다. 쾌적한 것에 대한 판단에서 나타나는 표상의 연관은 분명 '주관적'
이다. 그럼에도 쾌적함의 상태는 대상의 실존과 밀접한 연관을 갖는
다. 이런 모순을 어떻게 이해해야 할까? 칸트의 대답은 이렇다. "지극
히 쾌적한 것에는 객관의 성질Beschaffenheit에 대한 판단이 속하지 않기

때문에", 쾌적감이 대상의 실존과 결부되었더라도 이른바 표상의 〈연관1〉과는 다르다. 〈연관1〉에서도 대상의 질료적 측면이 주관에게 촉발되지만 "경험적 표상의 실재"(§1.1)가 확보됨으로써 객관적으로 타당한 인식이 가능해진다. 이때는 "대상에 대한 순전한 판단", 즉 인식판단이 내려진다.[이는 "취미의 순전한 판단"(§17.6)과 구분되어야 한다.] 〈연관2〉에서는 대상의 질료적 자극에 휘둘리면서 주관의 생리적 효과에만 머물게 된다. 이때 대상에 의해 "촉발"된 주관의 "상태"에 의존하며 "대상에 대한 순전한 판단", 즉 "객관적 성질에 대한 판단"은 이루어질 수 없고 오히려 판단에서 "벗어나"게 된다. 〈연관3〉에서 성립하는 순수한 취미판단, 즉 "대상의 현존에 상관하지 않고 대상의 성질만을 쾌 혹은 불쾌의 감정과 결속"(§5.1)하는 판단은 "미가 대상의 성질인 양"(§6.1), 혹은 "미가 사물의 속성Eigenschaft인 양"(§7.2) 내려진다. 하지만 이는 대상의 아름다움이 "마치 개념에 따라 규정된 대상 성질인 양"(§9.7) 간주하는 것일 뿐 미가 실제로 "대상의 성질에 대한 개념"(§11.1)일 수는 없다. (이에 대해서는 두 번째 계기에 따른 분석에서 자세히 논한다.)

쾌적함에 따른 만족을 느낄 때의 심적 활동도 분명 일종의 판단이다. 즉 이 내용의 타당성 여부에 대해 어떠한 판정이 내려질 수 있다. 넓은 의미에서 이것 또한 미감적 판단이고 취미판단이다. 적어도 초원의 녹색을 인식판단의 질료로 취하지 않고 그것이 주관에 미치는 정감적 요소에 주목하는 한에서는 말이다. 그러나 칸트는 결국 최종 심급에서는 초원의 녹색이 가져다주는 쾌적함과 관련한 판단을 본연의 취미판단에 포함하지 않는다. 엄밀한 의미에서는 취미판단이 아닌 이런 미감적 판단을 칸트는 "감관판단"(§8.5)이라고 부른다. 인식판단과 취미판단의 구분에 이어 이제 본연의 취미판단과 "감관판단"의 구분이 이루어진다. 후자의 구분에서 가장 중요한 기준은 대상에 대한 '경향성'에 휘둘리는지의 여부이다. 이런 차별성을 염두에 둔 채 칸트는 쾌적함에 깃든 만족과 아름다움에 깃든 만족을 구분할 용어를 찾았다. 쾌적한 것에 관해서는 이것이 '만족스럽다'고만 말하지 않고 '쾌락을 준다gratify'고 말한다. 생생한 쾌적감에 대한 경향성에만 휘둘리다 보면 언제나 쾌라는 결과만을 추구하게 되고, 그렇게 되면 이 결과에 도달할 수단과 방법의 타당성 내지 정당성 여부에 대해서는 눈과 귀를 닫고 오직 저 결과에만 매몰된다. 그 귀결은 다음과 같다. "언제나 향락만을 좇는 이들은 (이 말이 강렬한 쾌락을 나타내는 만큼) 그 어떤 판단에서든 이로부터 기꺼이 벗어나려 한다." 물론 "감관판단"도 엄연히 판단으로서 타당성에 대한 권리를 갖는다. 그런데 감각 편향의 태도에는 언제라도 더 큰 쾌락을 위해, 향락을 위해 판단을 중지할 가능성이 잠재되어 있다. 이것이 표상의 〈연관2〉가 지닌 양면성이다.

반성적 태도에 입각한 미감적 판단만이 미감적 테오리아에 상응한다. 이런 태도는 대상에 대한 감각 편향의 관심을 넘어서서 이에 대해 "순전한 찬성approval"만을 나타낸다. 이는 대상에게 주관이 나타내 보이는 "호의"(§5.2)이다. 나중에 설명되겠지만 주관의 이러한 찬성의 태도는 미감적 판단의 심리적 근거로서의 감정이 갖는 보편성에 대한 요구를 함축한다. 이는 미 분석론의 두 번째 계기 분석(§§6-9)에서 본격적으로 설명된다. 여기에서는 이러한 찬성의 태도가 단지 "감관판단"과의 대비를 위해 잠깐 등장한 것으로 보면 될 것이다.

이성적 만족

4.1 이성과 목적

§4 좋은 것에서의 만족에는 관심이 결부된다

[§4.1] 좋은 것은 이성을 매개로 하여 순전한 개념을 통해 만족스럽다. 이 가운데 무언가를 위해 좋은, 수단으로서 만족스러운 (유용한) 것도 있고 그 자체로 좋은, 그것만으로 만족스러운 것도 있다. 이 둘에는 언제나 목적 개념이, 그럼으로써 이성과 의욕함(최소한 가능한 한도에서)의 관련이, 따라서 객관의, 혹은 행위의 현존에서의 만족이, 다시 말해 어떤 관심이 들어 있다. (V.207)

감각적 만족에 대한 설명을 마친 후 칸트는 이제 "이성을 매개로 하여" 생겨나는 만족에 대해 설명한다. 이런 과정을 통해 만족을 느낄 때 그러한 만족을 안기는 대상을 "좋다"라고 말한다. 무언가를 의욕하는 인간의 심성인 욕구능력에는 대상이 안기는 자극에 이끌리는 수동적 측면만 있는 것이 아니다. 주관의 표상을 실현하려는 능동적 측면도 있다. 물론 대상으로부터 촉발된 감각적 자극을 동력으로 하여 주관의 표상을 실현하는 경우가 있을 수 있다. 그러나 이를 욕구능력의 능동적 측면에 해당하는 것으로 볼 수는 없다. 칸트에 따르면 무언가를 하고자 하는 마음[意]은 그 마음의 동력이 감각적인가 아니면 이성적인가에 따라 수동적 욕구와 능동적 욕구로 구분된다. 전자는 경향성이라 불리고 후자는 (이성적) 의지라 불린다. 후자의 경우에도 주관이 도모한 바의 실현은, 즉 "객관의, 혹은 행위의 현존"은 분명 쾌감을 불러일으킨다. 이것이 바로 좋음에 깃든 만족이다.

좋음에는 크게 두 가지 양상이 있다. 그 자체로 좋은 것인 경우와 그것을 수단으로 하여 결국 좋은 것을 달성토록 하는 경우가 바로 그것이다. 전자를 "그 자체로 좋은" 것이라 하고, 후자를 "무언가를 위해 좋은", 즉 "유용한" 것이라 한다. 반면 "단적으로 모든 의도에서 좋음"은 "도덕적 좋음"(§4.5)에 해당한다. 그 어떤 조건에 대한 고려도 없이, 오직 마땅히 그러해야 하는, 그런 무조건적인 좋음은 도덕적 표상의 국면에서만 논의될 수 있다. 가령 상거래 질서를 잘 지키고 납세의 의무를 성실히 지키는 상인이 있을 때 그 사람을 '도덕적'이라고 상찬할 만하다. 그러나 칸트가 보기에 이 사람은 훌륭한 상인일 수는 있겠지만 아직 이 사람을 도덕적이라고 단정할 수 없다. 겉으로 나타난 그의 행위들이 도덕적 의무에 부합한다고 할 수는 있겠지만,[27] 그의 '의도'가, 즉 그 행위의 동기가 정말로 도덕적 의무 자체에서 나온 것인지, 아니면 시장 질서와 법규를 잘 지키고 선행을 베푸는 것이 궁극적으로 '이윤 창출'이라는 목표 실현에 유용할 것이라는 이해타산에서 나온 행동인지 단정할 수 없기 때문이다. 이렇듯 무조건적 좋음은 도덕적 선이라는 규정하에서 이해되어야 하며 이 외의 경우는 모두 무언가의 실현을 위한 수단으로서 좋은 것이다.

그런데 "직접적으로" 좋든 아니면 "간접적으로" 좋든 간에(§4.3), 이러한 좋음은 인간 심성 가운데 "이성을 통해 규정된 욕구능력"(§4.5)의 대상이다. 따라서 이때의 만족은 대상의 감각적 자극에 이끌림으로써 생겨나지 않고 "순전한 개념을 통해" 생긴다. 이성과 욕구의 연관에 따른 개념은 곧 "목적"을 뜻한다. 도덕적 행위의 동기 자체가 만족을 가져다준다고 할 수는 없겠지만, 이러한 도덕적 의무의 표상은 결국 그러한 목적의 실현에 대한 기대와 어떤 방식으로든 연계되어 있을 것이다. 도덕적 좋음(옳음)을 향한 의지로서의 이성적 욕구능력의 경우에도 무언가를 갈망하고 이에 대한 의욕을 갖는다는 점에서는 감각적 좋음(쾌적함)에 대한 경향성으로서의 욕구능력에서와 마찬가지로 "대상 실존의 표상"(§2.1)과 결부되어 있다.

4.2 아름다움에 깃든 만족의 사례들

[§4.2] 대상에서 좋음을 발견하기 위해서 나는 언제나 그것이 어떤 사물이어야 하는지에 대해, 다시 말해 사물의 개념에 대해 알아야 한다. 무언가에서 미를 발견하기 위해서는 그럴 필요가 없다. 꽃, 자유로운 선형, 그 어떤 의도도 없이 서로 얽힌 이른바 잎사귀 문양 등은 아무것도 의미하는 바가 없고 규정된 개념에 의존하는 바가 없지만 그

> 럼에도 만족을 준다. 아름다운 것에서의 만족은 한 대상에 대한 어떤
> (그것이 무엇인지에 대해서는 비규정적인) 개념에 이르는 반성에 의존할 수
> 밖에 없으며 이로 인해 전적으로 감각에 의거하는 쾌적한 것과도 구
> 분된다. (V.207)

  '좋음에 깃든 만족'은 필연적으로 목적의 개념과 결부되어 있다는
점에서 관심을 수반한다. 즉 이성적 욕구능력을 발휘하는 주관은 대
상에 대한 개념을 전제하고 있다. 물론 감각적 쾌적함으로 인한 감정
의 경우에도 눈앞에 대상이 실존한다는 사실이 전제되었지만 이 감정
과 더불어 "객관의 성질에 대한 판단"(§3.4)이 내려지지는 않기 때문에
이 경우 목적의 개념과 결부되지는 않는다. 그러나 감각적 쾌적함이
든 이성적 좋음이든 간에 양자 모두의 경우 주관에게 생긴 만족에 관
심이 결부되어 있다는 공통점이 있다. 차이가 있다면 그것은 전자의
경우 감각적 관심이, 후자의 경우 이성적 관심이 개입된다는 점에서
나온다. 대상에 의해 주어진 표상과 주관의 연관의 관점에서 이를 비
교한다면 전자의 경우 표상의 〈연관2〉가, 후자의 경우 표상의 〈연관
1〉이 각각 연결된다.

  반면 아름다움에 깃든 만족은 저 두 만족의 경우와 각각 다른 이유
에서 차별화된다. 한편으로 미감적 만족은 이성적 만족의 경우와는
달리 "규정된 개념에 의존하는 바가 없"다. 이성적 만족의 대상은 직
접적 좋음과 간접적 좋음으로 나뉘는데 이 경우 직접적이든 간접적이

든 간에 모두 개념에 따른 만족이 생기지만, 미감적 만족의 경우 특정 개념이 전제되지 않는다. 미감적 만족은 감각적으로 쾌적한 만족과 마찬가지로 대상의 표상이 주관에게 "직접적으로 만족을 준다"(§4.3). 이 점에서 미감적 만족은 쾌적한 감각의 만족과 같은 편에 서며 이와 동시에 개념이 매개된 이성적 만족과 구분된다. 다른 한편으로 미감적 만족은 대상에 의해 유발된 생리적 자극에 이끌리는 일이 없다는 점에서 순전히 감각적인 만족과 구분되며 이성적 만족과 같은 편에 선다. 그러나 미감적 만족은 "반성에 의존"한다는 점에서 "전적으로 감각에 의거하는 쾌적한 것"에서의 만족과 구분된다. '반성'과 '직접적' 만족은 서로 모순되지 않는다. 칸트가 이 문맥에서 직접성을 언급할 때에는 거기에 개념의 매개가 없다는 의미이지 대상에 대한 반성이 없다는 의미가 아니다. 이성적 만족의 경우 그것이 현존하는 사물 내지 행위에 대한 판단과 결부되어 있고 이때에는 "언제나" 특정 대상에 대한 특정 개념이 전제되기 마련이다. 이 경우에는 선재하는 보편 개념(범주)에 의거하여 특수한 사례(대상)를 규정하는 판단 작용이 이루어진다. 이와는 달리 순수한 취미판단은 "순전한 반성적 직관 형식"(§3.1)에 따른다. 이른바 반성하는 판단력은 아직 특정 개념이 주어지지 않은 상황에서 대상을 접할 때 작동하는 인식능력이다. 따라서 취미판단은 "규정된 개념에 의존하는 바가 없"다.

섬세하게 살펴야 할 측면이 하나 더 남았다. 미감적 만족이 특정 개념과는 무관한 반성판단의 심리적 근거지만 이 만족은 "한 대상에 대한 어떤 (그것이 무엇인지에 대해서는 비규정적인 [즉 아직 결정되지 않은]) 개념에 이르는 반성에 의존"한다. 그렇다면 반성판단에도 개념이 있는 것이 아닌가? '비규정적이되 어떤 개념'이라 하면 그것이 무엇인지 특정할 수 없는 것이라는 말일 뿐 규정되지 않은 무언가가 있다는 점을 배제하지는 않기 때문이다. 바로 이 점은 미 분석론의 세 번째 계기에서 등장하는 '합목적성' 개념과 연관성을 갖는다. 취미판단에 개념이 결부되는가의 문제는 궁극적으로 '취미판단의 이율배반'이라는 주제 하에서 본격적으로 검토된다. 또한 미감적 판단력비판에서 논의되는 '주관적 합목적성'과 목적론적 판단력비판에서 논의되는 '객관적 합목적성'의 관계에 대한 포괄적 비교 분석도 필요하다. 현재의 논의 수준에서 일단 정리하자면 미감적 만족은 그것이 무엇인지 분명하게 규정되어 있는 개념에 근거를 두지 않는다. 즉 "규정된 개념의 조건 아래 대상을 아름답다고 소명하는 취미판단은 순수하지 않다"(§16).

규정된 특정 개념에 얽매이지 않는다는 점에서 아름다움은 '자유롭다'. 즉 미감적 만족의 대상은 "자유로운 미"(§16.1)이다. 꽃은 칸트가 예로 들고 있는 전형적인 자유미이다. 들판 여기저기 피어 있는 꽃들은 절대로 서로 똑같을 수 없다. 모든 개별 사물들은 각각 어떤 측면에서든 서로 구별되는 특징을 갖는다. 우리가 이를 '꽃'이라는, 혹은 '장미'라는 보편 개념(범주)으로 분류할 수는 있지만 이러한 인식판단의 관점과는 달리 오로지 지금 내가 바라보는 저 들판에 핀 꽃 한 송이는 언제나 다른 모든 것들과 구별되는 고유함을 지닌 채 온전히 그 자체로 피어 있다. 칸트가 말하는 "자유로운 자연미"(§16.2)는 바로 이러한 고유한 개체성에 대한 미감적 테오리아와 밀접한 연관이 있다.

꽃, 그리고 "여러 조류(앵무새, 벌새, 극락조), 바다의 수많은 갑각류들은 그 자체가 미이며 목적에 관한 개념에 따라 규정된 그 어떤 대상도 이에 속하지 않으면서 자유로이 그 자체로 만족스럽다"(§16.2). 하지만 가능성 면에서 볼 때 이러한 미 규정은 비단 저것들뿐만 아니라 궁극적으로 자연의 모든 존재자들에도 해당한다. 물론 미 규정은 자연에만 해당하지는 않는다. 예술에서도, 혹은 인간이 제작한 산물로서의 기예에서도 이러한 자유미를 찾을 수 있다. 규정된 설계도 없이 그려진, 특정한 규칙을 찾을 수 없는 무정형의 도안과 장식들이 그 사례로 제시된다. 예술사 혹은 양식사의 문맥에 따를 때 여기에서 칸트가 말하는 도안 내지 장식은 가령 로코코 양식의 특징을 대변하는 '로카유 rocaille' 기법, 풍경 정원의 '아름다운 무질서beau désordre' 혹은 '연출된 무질서Sharavadgi' 기법 등을 연상케 한다. §16에서는 "그리스풍 선형"이, "주석"에서는 "영국풍" 혹은 "바로크식"(V.242)이 언급된다. 이것들은 모두 미의 (객관적) 질서와 규칙을 추구하는 (신)고전주의적 예술관과 대척점에 서 있는 경향에 해당한다.

4.3 쾌적함과 좋음

[§4.3] 물론 여러모로 쾌적함은 좋음과 매한가지인 듯 보인다. 모든 (특히 지속적인) 쾌락은 그 자체로 좋다고 말하는 사람들도 있다. 지속적으로 쾌적하면 이는 곧 좋음과 매한가지라는 것이다. 그렇지만 이런 말에 오류와 혼동이 있음을 곧장 알아차릴 수 있으니, 이 두 표현

은 본래 그 개념상 서로 혼동될 리 없기 때문이다. 쾌적한 것 자체는 오직 감관과의 관계에서만 대상으로 표상되는데 이것이 의지의 대상으로서도 좋다고 불리려면 무엇보다도 목적 개념을 통해 이성 원리 아래에 놓여야 한다. 하지만 쾌락을 주는 것을 내가 좋다고 한다면 이것과 만족의 관계는 완전히 달라지는데, 이는 다음과 같은 점을 살펴 알 수 있다. 좋은 것에서는 순전히 그것이 간접적으로 좋은가 아니면 직접적으로 좋은가가 (즉 유용한가 아니면 그 자체로 좋은가) 언제나 관건이 되는 반면 쾌적한 것은 언제든 직접적으로 만족스럽다는 의미를 갖는 까닭에 이 말에서는 결코 저런 것이 관건은 아니다. (내가 아름답다고 하는 것에서도 저런 것은 관건이 되지 않는다.) (V.207/208)

감각적 만족 및 이성적 만족과 구분되는 미감적 만족의 특징 및 그 대표적 사례를 제시한 후 칸트는 관심을 수반한 만족과 관련하여 흔히 발생하는 "오류와 혼동"을 지적하고 이를 바로잡으려 한다. 그것은 바로 "여러 면에서 쾌적함은 좋음과 매한가지인 듯 보인다"는 사실과 관련이 있다. 물론 이때 이야기되는 좋음은 간접적이고 도구적인 좋음, 즉 유용성을 뜻한다. 만약 즐거움의 문제를 생리적 효과의 면에서만 바라본다면 지금까지 논의한 이 두 유형의 만족은 물론 심지어는 미감적 만족까지도 모두 동일한 쾌감으로 여겨질 수 있다는 점은 이미 언급한 바 있다. 다만 앞서도 언급했듯이 미감적 만족이 대상에 대한 반성을 통해 생기는 것인 만큼 그것은 결코 단순한 생리적 효과를 통해 얻어지지 않으며 그런 한에서 저 세 가지 유형이 혼동될 우려는 없어진다. 감각적 쾌락이 순간적으로 강렬했다가 이내 사라지는 게 아니라 지속적으로 만끽할 강도와 매력을 지니는 것이라면 통상적으로 우리는 그것을 좋다고 여기곤 한다. 성능 좋은 자동안마기를 즐겨 사용하는 이에게 이 안마기가 제공하는 쾌적함을 떠올려 보자. 사람들은 "지속적으로 쾌적하면 이는 곧 좋음과 매한가지"라는 데에 대체로 동의할 것이다.

그렇지만 칸트에 따르면 "지속적으로 쾌적하"다고 해서 이것을 무조건 좋다고 여길 수는 없다. 만일 이것이 동일시되면 관심을 수반하는 만족의 두 유형의 구별은 애초에 불가능하다. 칸트가 보기에 이것은 단지 동일시해서는 안 된다는 당위의 차원에서 주장되는 것이 아니다. 감각적 쾌락을 안기는 것이 동시에 좋은 것으로 불릴 때, 이 쾌적함의 맥락은 다른 차원에 놓인다. 즉 쾌적함과 좋음이 동시에 복합적으로 작용할 경우 결국 이것은 좋음의 규정이 적용되는 것으로 보아야 한다는 것이다. 여전히 칸트의 설명이 확실하게 와닿지 않을 수 있다. 한 가지 사례를 들어 보겠다. 와인 애호가가 있다고 하자. 그리고 그의 주변에 고급 와인을 수집하는 취미가 있을 뿐 정작 자신은 술을 마시지 못하는 와인 수집가가 있다고 하자. 그런데 저 와인 애호가가 이 와인 수집가와 일부러 친하게 지내려 한다. 이 수집가가 선물할지 모를 고가의 와인을 기대하며 말이다. 이때 와인 애호가가 와인 수집가에게 접근하는 행위의 가장 근본적인 동기는 무엇인가? 와인의 쾌적함에 이끌림인가, 아니면 쾌적한 와인을 취득하려는 목적인가? 칸트의 답은 후자이다. 애초에 출발점이 와인이 제공하는 쾌적함 이었다고 해도 이러한 쾌락을 달성하겠다는 특정 목적에 따라 일련의 행위가 규정되었다면 이 경우엔 이미 도구적 좋음의 표상이 최종 심급이 되었다고 보아야 한다는 것이다. 여기에는 이성에 따른 목적 연관이 작동하며 이런 상황은 궁극적으로 좋음의 문제로 보아야 한다는 것이 칸트의 입장이다. 이런 상황에서 양자를 절대적으로 가르는 것은 쉬운 일이 아니다. 다만 칸트가 말하고자 한 바는 쾌적함에 좋음이 결부되면 이를 순전히 쾌적함이라고 볼 수 없으며, 직접적 만족에 개념이 매개되면 더 이상 그 만족의 직접적 구조는 유지될 수 없다는 점이다. 이것만큼은 칸트에게는 분명한 사실이다. 이러한 논법은 미감적 만족에 이성적 관심이 개입되는 경우(§16)에도 적용된다.

4.4 쾌적함과 목적

[§4.4] 일상 어법에서도 쾌적함과 좋음은 구별된다. 향신료 및 각종 첨가물로 취미를 더한 요리를 사람들은 쾌적하다고 말함에 주저함이 없으면서도 이것이 좋지는 않다는 점 또한 인정하는데, 왜냐하면 직접적으로 감관에 안락한 것도 간접적으로는, 다시 말해 저 너머의 결과를 내다보는 이성에 따라 고찰해 볼 때는 불만스럽기 때문이다. 건강의 판정에서도 이런 차이는 인지된다. 건강이란 건강을 유지한 이는 누구나 (최소한 소극적으로는, 다시 말해 모든 신체적 고통에서 벗어나면) 직접적으로 쾌적하다. 그러나 '건강이란 좋은 것이다'라고 말하기 위

해서는 더 나아가 이성을 통하여 건강을 목적에 비추어 살펴야 하기에 결국 이 말은 '건강이란 우리의 어떤 활동이든 이에 마음이 가도록 해 주는 상태다'가 된다. 끝으로 행복에 관해서는 누구의 삶에서든 쾌적성의 (분량 면에서든 지속 면에서든) 최대치야말로 참된 좋음이요 심지어는 최고의 좋음이라 불릴 수 있으리라 믿는다. 하지만 이성은 이에도 맞선다. 쾌적성에는 향유가 따른다. 그런데 향유만을 도모한다면, 우리에게 이를 선사한 수단에 관해, 자연의 자비로움으로 인한 수동적인 향유인지 아니면 자발성 내지 자기활동을 통한 향유인지에 관해 면밀하게 따지는 것은 어리석은 일이 될 테다. 그저 향유하기 위해 (그리고 이 의도에 맞게 아주 열심히) 사는 자의 실존 그 자체에 가치가 있다는 주장을 이성으로서는 결코 수긍할 수 없다. 설사 이자가 자신과 똑같이 향유만을 추구하는 다른 이에게 향유를 촉진하는 최선의 수단이 된다 해도, 심지어 공감하면서 온갖 쾌락을 함께했다는 점을 이유로 든다 해도 말이다. 향유를 고려함 없이, 더없이 자유롭게, 자연이 선사하는 대로, 수동적으로 얻는 바에 의존함 없이, 그렇게 인간이 행하는 바에 의해서만 그의 현존은 한 인격의 실존으로서 절대적 가치를 부여받는다. 쾌적함으로만 가득한 행복은 결코 무조건적 좋음* 일 수 없다. (V.208/209)

* 향유함에 있어 구속성이 있다면 이는 명백히 부조리하다. 따라서 단지 향유함을 목적으로 삼는 행위에 구속성이 있다는 생각 또한 마찬가지로 부조리하다. 향유함이 제아무리 영적으로 고도화(세련화)된 것이라도, 설사 그것이 신비주의적인, 이른바 천상의 것이라 해도 그러하다.

일상적인 판단 상황에서는 쾌적함과 좋음의 문제가, 그러니까 감각적 관심과 이성적 관심이 언제나 뒤섞여 있다고 해도 과언이 아니다. 사실 순수한 취미판단의 심리적 근거인 무관심적 만족의 요소 또한 이러한 관심을 수반한 상황 속에서 주관의 반성을 통해 견지해야 하는 것일지도 모른다. 즉 순수한 미감적 테오리아의 상황과 그렇지 않은 상황이 별도로 존재한다기보다는 하나의 상황에서 인식판단의 태도와는 다른 취미판단 본연의 태도를 취해야 한다는 것이다. 즉 표상의 종류상의 차이가 아니라 표상에 대한 주관의 태도상 드러나는 차이가 관건이다.

이렇듯 복잡한 설명을 차치하고서라도, 일상적으로 쾌적함과 좋음은 서로 구별된다. 이 말은 양자가 종적으로 철두철미 다르다는 점이 통념을 통해서도 확인된다는 뜻이다. 물론 그럼에도 현실적으로 양자가 뒤섞여 있는 것 또한 사실이다. 미각["혀, 입천장, 목구멍의 취미"(§7.1.)]을 돋우는 쾌적한 음식이 몸에 좋지 않은 경우는 허다하다. 아픈 데없이 건강하다는 것은 그 자체로 쾌적한 일이지만 이러한 건강을 토대로 우리가 무언가 도모하는 바를 달성할 수 있다면 나의 건강은 도모하는 일의 달성을 위한 수단으로서 좋은 것이기도 하다. 어떤 이에게는 최대의 행복이 (그것이 개인의 안녕이든 공공의 복리이든 간에) 가장 좋은 것이겠지만, 도덕적 이성의 관점을 견지하는 이에게 쾌적의 증대가 그 자체로 좋은 것이 될 리가 없다.[28] 동일한 현상에 대해 상반된 시각이 적용될 수 있으며 좋음의 경우에도 유용성과 도덕성이라는 상이한 관점이 있다. 쾌적함에 대한 관심은 궁극적으로 "분량 면에서든 지속 면에서든" 최대 내지 최고의 감각적 쾌락을 향한다. 이 경우 언제나 생리적 효과에, 즉 대상으로부터 제공되는 자극에 수동적으로 이끌린다. 반면 도덕적 이성의 동기는 그러한 자극의 요소로부터 자유롭다. "더없이 자유롭게in voller Freiheit", 즉 경향성의 관심으로부터 완전히 벗어난 상태에서 도덕적 좋음을 지향하는 이성적 의지는 오직 옳은 것을 "절대적 가치"로, 즉 "무조건적 좋음"으로 여긴다.

각주: 향락은 이성과 무관하다

설령 감각적 향유가 고상하고, 세련되고, 신비롭게 (가령 신적 자연과 하나가 됨으로써 지극한 즐거움을 느끼는 식으로) 여겨질지라도 이것은 경향성에 따른 규정일 뿐 이성적 판단에 따른 구속성을 지니는 것일 수 없다. 칸트에게 감각적으로 느껴야 할 의무(구속성)라든가 도덕적인 행위로의 이끌림(경향성)과 같은 말은 성립할 수 없다.[29] 쾌적함과 도구적 좋음의 뒤섞임이면 몰라도 쾌적함과 도덕적 좋음의 뒤섞임은 칸트에게 용인되지 않는다.

4.5 이성과 관심

[§4.5] 그러나 쾌적함과 좋음의 이런 상이성에도 불구하고 양자는 언제나 그 대상에서의 관심과 결부된다는 공통점을 갖는데, 이는 비단 쾌적함(§3), 그리고 이를 위한 어떤 수단으로서 만족스러운 간접적 좋음(유용함)뿐만 아니라, 단적으로 모든 의도에서의 좋음, 말하자면 최

고의 관심을 수반하는 도덕적 좋음에도 해당한다. 왜냐하면 좋음이
란 의지의 (다시 말해 이성을 통해 규정된 욕구능력의) 객관이기 때문이다.
무언가를 의욕한다는 것은 그 현존에서 만족을 갖는다는, 다시 말해
이 현존에서 관심을 취한다는 것과 같은 말이다. (V.209)

지금까지 제시된 복잡한 설명은 뒤로하고, 결국 칸트가 결론적으로
제시하는 바를 확인하자면 다음과 같다. "쾌적함과 좋음의 이런 상이
성에도 불구하고 양자는 언제나 그 대상에서의 관심이 결부된다는 점
에서 공통점이 있다." 이 점은 감각적 쾌적함, 유용함, 그리고 도덕적
좋음 모두에 해당한다. 바로 이런 공통점으로 인해 이것들과 미감적
만족이 구별된다.

5
세 가지 종류의 만족

5.1 취미판단은 관조적이다

§5 종별로 상이한 세 방식의 만족을 비교함

[§5.1] 쾌적한 것과 좋은 것은 욕구능력과 관계하며 그런 한에서 전자
는 (자극을 통해) 정념적으로 제약된 만족을, 후자는 순수한 실천적 만

족을 수반하는데, 이런 만족은 순전히 대상의 표상을 통해서만이 아니라 주관과 대상 실존의 결합까지 표상해야만 성립한다. 대상만이 아니라 대상의 실존까지 만족스럽다. 그런 까닭에* 취미판단은 순전히 관조적이다. 다시 말해 대상의 현존에 상관하지 않고 대상의 성질만을 쾌 혹은 불쾌의 감정과 결속하는 판단이다. 이 관조가 개념을 지향하는 일은 결코 없다. 취미판단은 (이론적으로서도 실천적으로서도**) 인식판단이 아니며, 따라서 개념에 근거를 두지도 개념을 목적으로 삼지도 않기 때문이다. (V.209)

- • 역자 보충 그런 까닭에(Daher): Rosenkranz — "반면(Dagegen)"
- •• 역자 보충 이론적으로서도 실천적으로서도: A — "이론적인"

§5에서 칸트는 앞에서 논의한 내용을 정리한다. 일단 쾌적함은 대상으로부터 촉발된 감각적 자극에 따른 만족을, 그리고 좋음은 순전히 도덕적인 차원에서의 만족을 수반한다는 점에서 차별화되지만 양자 모두 욕구능력에 부응한다는 공통점을 갖는다. 쾌적한 것이든 좋은 것이든 간에 이것들은 모두 관심을 수반한다. 그러니까 "주관과 대상 실존의 결합까지 표상해야만" 만족이 생긴다. "관심은 모두 욕망을 전제하거나 산출한다"(§5.2). 즉 대상의 실존이 주는 만족에는 항상 욕망이 전제되어 있다. 반면 취미판단은 "대상의 현존에 상관하지 않고 대상의 성질만을 쾌 혹은 불쾌의 감정과 결속하는 판단이다." 따라서 "순전히 대상의 표상을 통해서", 그러니까 대상에 대한 "개념에 근거

를 두지도 않고 개념을 목적으로 삼지도 않"는 순전한 관조(반성)를 통해서 판단이 이루어진다. 대상의 현존(실존)에 의존함 없이 오직 대상의 성질(속성)만을 주관의 감정과 '결속한다zusammenhalten'는 말은 곧 '표상을 주관의 표상능력과 맞댄다gegen … halten'(§1.2)는 말과 통한다. 주관의 이 능력은 주관의 자기 감정 속에서 의식하게 된 것(§1.2)이라는 점을 고려하면, 결국 취미판단에서의 관조가 "반성에 의존"(§4.2)한다는 칸트의 주장을 다시 한번 확인할 수 있다. 취미판단은 대상의 개념에 근거를 두고 대상의 객관적 성질을 포착하는 "이론적" 인식판단도, 인간의 실천 행위 내지 그 결과가 원래 그것이 목적으로 삼았던 대상의 개념을 제대로 실현하였는지에 대해 판정하는 "실천적" 인식판단도 아니다. 취미판단의 이러한 고유한 방식을 §2.1에서 미감적 테오리아라고 부른 바 있다. 미감적 판단에서의 관조는 "개념을 지향하지 않는다"라는 근본 특징을 갖는다. "순전한 고찰" 속에서 아름다운 대상을 "판정"(§2.1)하는 행위를 뜻하는 이 관조는 "고요한 관조"(§28.9)라고도 불린다.

5.2 주관의 호의와 미감적 자유

[§5.2] 쾌적한 것, 아름다운 것, 좋은 것은 표상이 쾌 혹은 불쾌의 감정과 맺는 상이한 세 연관을 나타내며 이 감정과의 관계에 따라 우리는 대상들 혹은 표상종류들을 구분한다. 이것들 각각의 흡족함을 나타내는 표현들도 같을 수 없다. 쾌적하면 누군가에게 쾌락을 준다. 아

름다우면 누군가에게 순전히 만족스럽다. 좋으면 평가받고 인가받음으로써, 누군가에 의해 객관적 가치가 정립된다. 쾌적한 것은 이성이 없는 동물에게도 적용된다. 미는 오직 인간에게만, 다시 말해 동물적이되 그럼에도 이성적인 존재에게만, 다시 말해 (가령 정령처럼) 순전히 이성적인 존재로 있지 않고 동시에 동물적이기도 한 그런 존재에게만 적용된다. 좋은 것은 이성적 존재 모두에 적용된다. 이런 명제에 대한 완전한 입증과 해명은 오직 다음과 같이 이루어질 수 있다. 만족을 망라하는 이러한 세 방식 가운데 유독 취미의, 아름다운 것에서의 만족만이 무관심적이면서 자유로운 만족이라고 말할 수 있다. 감관의 관심이든 이성의 관심이든 그 어떤 관심도 찬성을 강제하지 않기* 때문이다. 이 세 가지 만족들은 각각 경향성, 호의, 존경과 관계가 있다. 실로 호의는 유일한 자유로운 만족이다. 경향성의 대상, 그리고 욕구를 위해 이성법칙이 우리에게 부과한 대상은 그로부터 쾌의 대상을 우리 스스로 만들어 낼 자유를 허용하지 않는다. 관심은 모두 욕망을 전제하거나 산출한다. 혹은 관심이 찬성의 규정 근거라면 그 대상에 대한 판단을 더 이상 자유롭게 두지 않는다. (V.209/210)

• 역자 보충 감관의 관심이든 이성의 관심이든 그 어떤 관심도 찬성을 강제하지 않기:
  A – "감관의 관심이든 이성의 관심이든 관심은 찬성을 강제하기(abzwingt)"

이제 대상의 표상으로부터 인간이 얻는 세 가지 종류의 만족을 다각적으로 비교한다. "쾌적한 것, 아름다운 것, 좋은 것은 표상이 쾌 혹은 불쾌의 감정과 맺는 상이한 세 연관을 나타내며 이 감정과의 관계에 따라 우리는 대상들 혹은 표상종류들을 구분한다." 이 인용문을 통해 다시 한번 분명해진 사실이 있다. 칸트가 만족이라고 부르는 심적 상태는 일단 즐거움, 쾌 혹은 쾌감이라는 말이 뜻하는 바와 크게 다르지 않다는 점이 그것이다. 여러 차례 설명했듯이 단지 주관에게 생긴 효과 내지 결과로서 이 감정을 바라본다면, 적어도 외적인 양상으로는 구분이 어려울 수 있다. 따라서 칸트는 주어진 표상이 주관과 관계하는가, 아니면 객관과 관계하는가(§1), 판단을 내릴 때 관심이 수반되는가, 아니면 관심을 떠나는가(§2)와 같은 기준을 통해, 그리고 이를 바탕으로 좀 더 세분화된 척도들을 통해 저 세 종류의 만족이 지닌 양상을 구분하고자 했던 것이다. 그런 면에서 단지 표상의 종류가 아니라 표상을 대하는 방식, 즉 표상에 대한 주관의 태도가 차별성을 갖는 가장 중요한 요소라고 말한 바 있다. "종류"라고 번역된 독일어 "Art"는 '방식' 혹은 '성질' 등으로도 번역이 가능하다(이에 대해서는 §1.1. 해설 참조). 이러한 의미가 모두 함축된 말로 볼 수 있는 것이다. 저 인용문에 따르면 여기에서 구분되는 세 종류의 만족에 각각 상이한 종류의 표상이 상응한다고 생각할 수 있다. 그리고 실제로 칸트는 그런 관점에서 서술하고 있다. 하지만 이미 설명한 바와 같이 문맥에 따라서 주관이 표상을 대하는 '방식'이 강조될 경우와 주관에게 주어지는 표상의 '종류'가 강조될 경우가 구분될 뿐 사실은 칸트가 보기에 주관의 상이한 태도가 표상의 상이성과 모종의 연관을 갖고 있는 것은 분명하다. 이러한 통찰은 "합목적성"(§10) 개념과 밀접한 연관이 있다. 이른바 '주관적' 합목적성과 '객관적' 합목적성도 이런 두 가지 문맥의 구분과 무관하지 않다.

따라서 저 세 가지 경우를 통해 표명되는 주관의 "흡족함complacen-tia",[30] 즉 즐거움의 감정이 각각 다를 수밖에 없다. 쾌적함을 통해 사람들은 "쾌락"을 갖게 되며, 좋음이 지닌 "객관적"인, 즉 모든 이성적 존재자에게 타당한 "가치"로 인해 "평가"받고 "인가"받는다. 반면 아름다움은 "순전히 만족스럽다". 이런 서술에 이어 칸트는 엄밀한 학문적 분석의 결과는 아니지만 통념에 의거해 다음과 같은 설명을 한다. 쾌적함에서는 이성의 잣대가 적용되지 않는다. 좋음에서는 순전히 그 잣대만이 적용된다. 반면 아름다움은 동물적이면서도 또한 동시에 이성적인 인간에게만 적용된다. 진선미眞善美가 원래 문제 되지 않는 감각적 존재(동물)는 미의 고유한 가치에 주목하지 못한다. 진선미가 원래 하나로 인지되는 예지적 존재(정령 혹은 신)도 미의 고유한 가치에 주목할 필요가 없다. 어차피 예지를 지닌 존재에게는 진선미가 모두 하나로 인식될 테니 말이다.

이런 구분들을 통해 칸트는 "아름다운 것에서의 만족만이 무관심적이면서 자유로운 만족"이라는 점에 주목한다. "취미판단 중의 순수한 무관심적 만족"(§2.2)은 이미 언급한 바 있다. 여기에서 칸트는 더 나아가 미감적 만족의 경우 "자유로운" 만족이며 이 점은 "감관의 만족"이나 "이성의 만족"을 통해서는 결코 기대할 수 없다는 점을 강조한다. 감각적 경향성과 관련한 온갖 자의와 무질서를 진정한 자유로 이해하지 않는 것은 어느 정도 수긍이 간다. 그러나 "이성의 관심"이 수반된 좋음의 표상을, 특히 도덕적 이성의 표상에 자유라는 규정을 부여하지 않는 칸트의 태도는 고개를 갸웃하게 만든다. 감각적 만족의 경우 대상이 부여하는 자극에 대한 주관의 "경향성"이, 이성적 만족의 경우 대상의 "객관적 가치"에 대한 주관의 "존경respect"이 상응하는 반면, 미감적 만족에는 주관의 "호의favor"가 상응한다고 말한다. "존경"과 "호의", 양자의 차이에는 자유라는 규정의 적용 여부가 달려 있다.

칸트가 생각한 "자유"는 근본적으로 '자발성', '원인성' 등을 토대로 한다. 우리에게 인식되는 각종 자연 현상은 언제나 변화무쌍하며 그 변화의 원인은 그것의 외부에 있는 것으로 여겨진다. 가령 비의 원인은 구름(저기압)이고, 강물이 범람한 원인은 비(홍수)이다. 우리의 인식 능력의 경계 밖에 놓인 존재(본질), 즉 자연 자체 혹은 외부 사물 자체를 논할 때에는 그러한 인과론적 구조 너머의 예지적 세계의 존재자를 가리킨다. 이는 '절대적 자발성' 내지 '자기원인성'을 갖는 자유로운 존재자이다. 즉 순수이성적인 존재자는 자유롭다. 물론 인식능력으로는 이 자유를 포착할 수 없다. 감성을 통해 수용될 수 없고 따라서 지성에 의해 개념화되지 않는다. 즉 자유 개념은 이성의 이론적 사용으로 접근할 수 있는 한계 너머에 있다. 이 개념은 이성의 실천적 사용을 통해 적극적으로 '표상'된다. 인간은 자유를 욕구하고 갈망한다. 이를 욕망하는 심성으로 인해, 실천이성에 의해 저러한 자유 규정이 인간에게 긍정적으로 포착된다. 그렇다면 이성에 의해 표상되는 자유는 구체적으로 무엇인가? 『실천이성비판』의 서문에 등장하는 한 구절을 소개하면 "자유는 도덕법칙의 존재 근거ratio essendi이며 도덕법칙은 자유의 인식 근거ratio cognoscendi이다"(V.4). 즉 자유는 도덕법칙으로 존재하며 도덕법칙을 통해 자유는 인식된다. 이때의 인식은 통상적 대상에 대한 인식이 아니라 이성에게 주어진 단적인 사실, 즉 도덕법칙에 대한 표상을 뜻한다. 이 법칙을 표상하는 과정에서 주관은 이에 대한 "존경"의 감정을 갖게 된다. 그 이유는 바로 이러하다. 도덕법칙은 순수이성의 규정이다. 그러나 이를 표상하는 인간은 이성뿐만 아니라 감각적 경향성을 지닌 이중적 존재이다. 따라서 도덕성은 마땅한 것이지만 인간은 이를 온전히 감당할 수 없다. 즉 인간은 도덕법칙에 대한 "존경"의 감정을 바탕으로, 이 법칙을 당위 내지 의무로 받아들이며 이를 실현할 내적 근거로서 이성적 의지를 품는다.

"존경"의 감정은 도덕법칙이 이성이 부인할 수 없는 사실이라는 점을 인정하는 데서 생긴다. 이 감정은 대상의 규정 아래에 주관이 포섭된 것일 뿐 그곳에 주관의 자발적인 "찬성"[31]의 계기가 들어설 여지는 없다. 말하자면 이성적 만족에서는 "쾌의 대상을 만들어 낼 자유"가 허용되지 않는다. 감각적 만족에서, 즉 대상의 자극에 이끌리는 심적 상태에서 이러한 자유가 허용되지 않는 것은 재론의 여지가 없다. 관심을 수반하는 만족의 두 유형에서는 대상에 대한 주관의 "찬성"이 이루어질 수 없다. 이는 강요한다고 얻어지는 것도 아니다. 또한 경향성이나 도덕법칙을 근거로 그것이 얻어졌다고 주장한다면 그 판단에서 자유는 이미 사라졌다고 볼 수 있다.

반면 "오직 호의만이 자유로운 만족"이다. "호의"에 해당하는 독일어 "Gunst"는 이 외에도 '총애', '편애', '은혜', 그리고 더 나아가 대상에 대한 이런 마음을 외적으로 표시하는 행위 등의 의미를 지니고 있다. 즉 대상에게 주관이 보일 수 있는 가장 우호적인 태도를 뜻한다. 이는 대상을 온전하게 대상 그대로 받아들이되 자발적으로 대상을 승인하고 동의하는, 대상에 대한 "순전한 찬성"(§3.4)을 표하는 행위이다.[32] 호의의 태도를 지닌 주관에게는 "쾌의 대상을 만들어 낼 자유"의 여지가 생긴다. 즉 취미판단의 대상은 "표상으로부터 내가 만들어 낸 바"(§2.1)이며, 이를 온전히 관조함으로써, 그 표상을 통해 미감적 만족을 얻음으로써 주관은 "자신이 철저히 자유롭다"고 느낀다(§6). 이 점이 이른바 예지계의 존재에 대한 자유 규정과는 다른 심급에서 칸트가 말하는 미학적 자유 본연의 규정이다. 윤리학적 자유는 경향성을 극복한 주관 스스로 자신의 이성에 따라 법칙을 제정했다는 의미에서 칸트가 말하는 의지의 '자율'을 뜻하는 반면, 미학적 자유는 대상에 대한 반성을 통해 주관이 느끼는 자유로움을 뜻한다. §1.2에서 말한 "주관의 생명감"은 바로 대상으로부터 촉발된 자극에 휘둘리지 않고 자신의 마음 상태를 내적으로 살피는, 즉 반성하는 주관이 느끼는 자유인 것이다.

5.3 경향성의 취미와 이성의 취미

[§5.3] 쾌적한 것에 놓인 경향성의 관심과 관련하여 '시장이 반찬이다', 그리고 '식욕이 왕성한 사람에게는 먹을 수 있는 것이라면 그 무엇이든 다 맛있다'는 말이 있듯이 이러한 만족에서는 취미에 따른 선

택이 전혀 입증되지 않는다. 이러한 욕망이 충족된 경우에만 누가 취미를 지녔는지를 구분할 수 있다. '덕성 없는 습속(품행)', '선의 없는 예의', '신실함 없는 반듯함' 등도 마찬가지다. 윤리법칙에 대해 말하자면 행해져야 하는 바에 관해서는 객관적으로 더 이상 자유로운 선택의 여지가 없기 때문이다. 자신의 행실 중의 (혹은 타인의 것에 대한 판정 중의) 취미를 내보이는 일과 자신의 도덕적 사고방식을 드러내는 일은 전혀 다르다. 계율을 지닌 도덕적 사고방식은 욕망을 낳지만, 윤리적 취미는 만족의 대상과 유희할 뿐 그것에 매여 있지 않기 때문이다. (V.210)

관심을 수반하는 만족의 두 종류로부터 미감적 만족을 구분함으로써 칸트는 순수한 취미판단을 통해 얻을 수 있는 미감적인 자유 본연의 규정을 제시하였다. 그 이후 등장하는 이 단락은 문맥을 짚어 내기가 그리 수월하지는 않다. 다소 급작스럽게 다른 주제로 넘어가는 듯한 느낌을 주며 그나마 다루어지는 주제가 정확히 무엇을 가리키는지가 분명하게 파악되지 않기 때문이다.

§5.3에서는 감각적 만족과 이성적 만족이 취미판단과 갖는 차이와 연관에 대해 설명하고 있다. 지금까지 우리는 취미판단을 엄격한 의미로 받아들였다. 즉 그것을 순수한 미감적 판단으로서 쾌적함에 깃든 만족이나 좋음에 깃든 만족과는 전혀 무관한 것으로 이해하였다. 그러나 §1 앞의 각주에 대한 해설을 통해 밝힌 바와 같이 취미라는 용

어는 매우 넓은 함의를 지녔다. 따라서 취미는 엄밀한 의미의 미에 대한 판단에서만이 아니라 매우 다양한 대상에 대한 판단에서도 사용되어 온 전통이 있었고 이는 칸트의 시대에도 마찬가지였다. 따라서 칸트는 어떤 식으로든 자신이 생각하는 본래적 취미 외에도 다양한 맥락에서 사용되는 취미의 개념을 조망할 필요를 느꼈을 것이다. 이 단락에는 관심을 수반한 만족들과 관련하여 취미의 문제가 간략히 서술되어 있다. 이를 각각 '경향성의 취미'와 '이성의 취미'라고 부를 수 있겠다.

'경향성의 취미'에 대하여 칸트는 특히 식욕의 관점에서 논하고 있다. 매우 굶주린 이, 혹은 —좀 극단적인 사례지만— 무엇이든 게걸스럽게 먹어 치우는 식욕을 지닌 이에게서 음식의 풍미와 이에 대한 선호의 상관관계를 논하는 것은 무의미하다. 그 음식의 종류가 무엇이든 눈앞에 보이는 순서대로 먹어 치우고자 할 것이기 때문이다. 결국 이럴 경우 "취미에 따른 선택이 전혀 입증되지 않는다". 이때 칸트가 말하는 것은 식도락적 취향이 아니라 그저 음식에 대한 순전한 경향성으로서의 식욕일 뿐이다. 그리고 나서 칸트는 "이러한 욕망이 충족된 경우에만 누가 취미를 지녔는지를 구분할 수 있다"라고 말한다. 그렇다면 이때 그가 말하는 취미란 무엇일까? 순수한 미감적 반성취미를 뜻하는 것일까?

일단 게걸스러운 식욕을 취미와 결부시킬 수 없다는 점은 분명하다. 게걸스럽게 욕망을 채우는 태도에서 벗어남으로써 비로소 각자의 "취미에 따른 선택"의 양상이 나타난다. 카나리아 제도산 스파클링 와인이 혀, 입천장, 목구멍에 닿는 순간의 쾌적함을 잊지 못하는 이가 있다(§7.1). 이 사람은 특별한 날에는 큰돈을 들여서라도 이 와인을 구매하려고 할 것이다. 이런 미각적(식도락적) 취향 이외에도 다양한 사례들이 발견된다. 장미의 향기에 취해 쾌적한 심적 상태에 놓이는 경험(§8.5)은 많은 이들에게 익숙하다. 향수를 고를 때는 각자의 후각적 섬세함이 발휘된다. 청각 면에서 관악기의 음색을 현악기의 음색보다 선호할 수도 있고, 시각 면에서도 보라색을 다른 색보다 선호할 수도 있다(§7.1). 이러한 취향을 칸트는 "감관취미"(§8.2)라고 부른다. 물론 이것은 미 판정능력으로서의 취미와 다르다. 다만 경향성의 지배 사슬에서 벗어났다는 점에서, 나름의 자유의사에 따라 선택할 여지가 있다는 점에서, 그런 만큼 세련된 경향성에 따른 만족을 추구한다는 점에서 '취미'라는 이름이 부여되고 있는 것이다. 칸트가 이 용어를 긍정적으로 보았든 그렇지 않았든 당대의 언어습관에서는 이런 어법이 매우 익숙했을 것이다.

칸트에 따르면 "마찬가지"로 '이성의 취미'의 문제를 논할 수 있다. 일단 도덕법칙에 대한 표상이 전제된 상황에서는 이에 대한 구속성이 규정되어 있기 때문에 "자유로운 선택의 여지가 없"다. 법칙을 준수하지 않을 수는 있다. 다만 부도덕한 행위의 경우에도 바로 그 법칙의 객관적 가치에 따라 평가받고 인정받는다. 물론 이 경우엔 그 가치의 훼손에 대한 비난의 방식으로 평가되겠지만 말이다. 설사 법칙을 준수했을 경우에도 그 양상은 단순하지 않다. 의지의 자율에 따른 것이 아니라 마지못해, 남들의 시선을 의식해서, 혹은 경제적 이득이나 사회적 지위를 위해 법칙에 걸맞은 처신을 한 경우, 즉 "덕성 없는 습속(품행), 선의 없는 예의, 신실함 없는 단정함" 등을 생각해 보자. 칸트가 보기에 이는 전혀 도덕성과 무관한, 설사 외면상으로는 이와 구분되기 어렵더라도 도덕성의 동기에서 출발하지 않은 행위들이다. 앞에서 게걸스러운 식욕의 경우와 "마찬가지"로 의지의 자율과는 완전히 무관한, 철두철미 경향성에 따른 사이비 도덕 행위이다.

법칙에 대한 존경의 감정에 따라, 순수한 이성의 표상에 따라, 자신 속의 초감성적 능력에 대한 신뢰에 따라, 행위의 도덕적 동기에 따라 주관이 행위한 경우는 어떠한가? 엄밀한 의미의 도덕적 행위는 도덕적 신조를 실현하는 행위이며 이는 인간의 자유의지와 결부되어 있다.[33] 그러나 칸트는 지금 이러한 도덕적 자유를 말하고 있는 것이 아니다. 도덕적 자유는 인간의 경향성을 극복하고 스스로 이성의 입법을 수행했다는, 즉 법칙 제정의 원인이 자신에게서 비롯한다는 의미를 갖는다. 그러나 미감적 자유는 그 어떤 규정으로부터도 벗어나 있다는 느낌을 전제한다. 도덕적 행위에는 '계율'이 존재한다. 경향성의 측면에서 이것은 직접적 강제이자 억압의 기제가 될 것이고 실천이성의 측면에서는 이에 대한 존경의 감정에 따라 도출되는 구속성, 즉 의무의 원동력이 될 것이다. 바로 이 의무의 표상이 바로 이 법칙을 실현하겠다는 '욕망', 즉 도덕적인 의지를 낳는다. 도덕성에서의 최종 심급은 바로 행위의 동기이지 겉으로 드러나는 행위의 양상이나 그것의 결과가 아니다.

그런데 칸트는 여기에서 도덕적이든 아니든 간에 인간의 행위에 대한 판정에서 취미의 사안이 발생한다는 점을 지적하고 있다. 즉 도덕의 최종 심급은 아닐지라도 겉으로 드러나는 행위에 대해 평가할 때 동원되는 인간의 능력을 "윤리적 취미"라고 부른다. 여기에서 '윤리적'이라는 말은 '도덕적'이라는 말과 명확히 구분되지 않으며, 다만 후자에 비해 전자에는 좀 더 관습적 행위의 측면이 강조되어 있다.[34] 일단 "윤리적 취미"는 도덕적 행위에 대한 감식안 정도로 이해할 수 있으며 '도덕적 취미'라고 말해도 무방하다. "윤리적 취미"의 대상은 인간의 행위이다. 이 행위를 접함으로써, 즉 이 행위에 대한 표상을 통해 만족 혹은 불만족을 느낀다. 이때 관건은 인식판단처럼 이 대상들의 객관적 규정에 주목하지도, 감관판단처럼 이 대상이 직접적으로 제공하는 자극에 이끌리지도 않은 채 그것들과 '유희한다'는 점이다. 아무튼 도덕취미도 엄연히 취미인지라 구체적 사례가 있어야 하고 그것에 따른 감정이 심리적 근거가 되는 판정능력이어야 한다. "경향성의 관심"과 결부된다면 "취미에 따른 선택이 전혀 정당화되지 않는다". "이성의 관심"(§5.2)과 결부될 때도 이와 "마찬가지"다. "무관심적이면서 자유로운 만족"에서 입증되는 "자유로운 선택"은 "욕망"을 떠나야 가능하듯이 "윤리적 취미"는 "덕성"과 같은 "도덕적 사고방식"을 떠나야만 가능하다.

　사실 이러한 취미 관념을 칸트가 적극적으로 사용하지는 않는다. 적어도 『판단력비판』 이후 취미는 철두철미 그것이 지닌 본연의 맥락에 따른다면, §1이 시작되기 전 각주에 나타나 있듯이 대상의 아름다움을 판정하는 능력으로 제한된다. 즉 도덕과 취미의 연관이 배제된다. 그런데도 막상 본문에 이런 표현이 등장하는 것은 근대 취미론의 전통과 무관하지 않을 것이다. 앞서 취미에 대해 설명할 때 언급했듯이 칸트 이전의 전통에서 취미의 판정 대상은 아름다움에 한정되지 않았다. 아니 오히려 아름다움보다는 도덕을 비롯한 각종의 다양한 가치들이 모두 포함되어 있었다. 요컨대 여기에서 칸트가 도덕취미를 적극적으로 개진한다기보다는, 그것을 윤리학적 자유와 미학적 자유가 갖는 차이를 설명하는 과정에서 감관취미와 상응하는 개념으로 제시했다고 볼 수 있다.

물론 도덕과 취미를 단순히 서로 동떨어진 것으로만 볼 수는 없다. '취미의 도야'라는 주제와 관련해서 도덕적 감정과 미감적 감수성의 연관으로부터 칸트는 시선을 떼지 않기 때문이다. 실제로 이 말은 칸트 당대까지 도덕적 품성의 도야와 관련해서, 즉 구체적으로 벌어지는 일련의 도덕적 상황에서 개별 인간들 스스로 행위의 준칙을 선택할 능력과 관련하여 사용되기도 하였다. §41("미에서의 경험적 관심에 관하여")에서 §42("미에서의 지성적 관심에 관하여")로 넘어가는 국면에서 칸트는 "취미는 우리의 판정능력이 감관의 향유로부터 도덕 감정으로 이행함을 드러낼 것"이라고 말한다. 즉 취미는 경향성이 아니라 의무로, 감각적 욕망이 아니라 의지의 자율로 인간이 기꺼이 이행하게끔 이끈다. 이는 미 분석론의 지평을 넘어선 주제이므로 여기서는 이 정도로 만족하겠다.

6

질의 계기에 따른 미 분석

'질'의 계기는 있음과 없음의 문제와 관련된다. 따라서 취미판단에서 대상은 반드시 판단자 앞에 '있다'[긍정]. 그러나 취미판단은 대상에서의 관심 '없이'[부정] 주어진 표상에 대한 반성을 전제한다. 쾌적한 것 내지 좋은 것에서의 만족'은' 순수한 미감적 만족이 '아니다'[제한적 있음]. 다섯 개의 절(§§ 1-5)을 통해 칸트는 '무관심적 만족'이 취미판단의 심리적 근거가 된다는 점을 다음과 같이 밝힌다.

첫 번째 계기로부터 도출된 미의 해명:

일체의 관심이 없는, 대상 혹은 표상종류에 대한, 만족 혹은 불만에 의한 판정능력을 취미라 한다. 그러한 만족의 대상을 아름답다고 한다. (V.211)

취미판단의 조건 2: 주관적 보편성

— 양의 계기에 따른 분석 (§§6-9)

취미란

개념에 의거함 없이도 대상의 아름다움에 대해

보편적인 판정을 내리는 능력이다.

미감적 보편성 I

취미판단의 두 번째 계기: 양

§6 아름다운 것은 개념 없이 보편적 만족의 객관으로 표상된다

[§6] 이 해명은 '아름다운 것이란 일체의 관심이 없는 만족의 대상이다'라는 앞선 해명으로부터 도출될 수 있다. 대상에서의 만족 자체만 있을 뿐 일체의 관심이 없다는 점을 의식한 자라면 그것에 모든 이가 만족할 근거가 들어 있다고 판정하지 않을 수 없기 때문이다. 말하자면 이 만족은 주관의 경향성에 (혹은 숙고된 그 어떤 관심에도) 근거를 두지 않으며, 오히려 판단자는 대상에 표하는 만족에 관해서 자신이 철저히 자유롭다고 느끼는 까닭에 만족의 근거로 자신의 주관만이 의거할 사적 조건은 발견되지 않는 것이다. 그러니까 이러한 만족에는 다른 모든 이에게도 전제가 될 수 있는 바가 근거로 놓여 있다고 여길 수밖에 없다. 따라서 판단자는 다른 이들도 모두 비슷한 만족을 가질 것이라 요망할 근거를 지녔다고 믿는다. 따라서 아름다운 것에 대한 판단자는 마치 미가 대상의 성질인 양, 이것이 (객관의 개념을 통해 그 객관의 인식이 이루어지는) 논리적 판단인 양 논할 것이다. 이것이 오직 미감적인 판단이며 대상의 표상과 주관의 관계만을 지닐 뿐임에도 말이다. 판단하는 모든 이에게 이 판단이 타당함을 전제할 수 있다는 점에서는 논리적 판단과 유사성을 갖는 까닭에 그러하다. 그렇다고 해

서 그 보편성이 개념으로부터 나올 수는 없다. 개념으로부터 쾌 혹은 불쾌의 감정으로 이행하는 일은 있을 수 없기 때문이다. (이에 대한 예외로서 순수한 실천적 법칙이 있으나 이 법칙은 순수한 취미판단과는 결부되지 않는 관심을 수반한다.) 따라서 일체의 관심에서 분리되었다는 의식과 함께하는 취미판단에는 모든 이에 타당하리라는 청구가 객관에 세워진 보편성 없이도 따라올 것임에 틀림없다. 다시 말해 취미판단에는 주관적 보편성에 대한 청구가 결부될 수밖에 없다. (V.211/212)

  미 분석론, 정확히 말하자면 취미판단 분석론에서 "일체의 관심이 없는 만족"이 미감적 판단의 첫 번째 조건으로 제시되었다. 미 분석론은 반드시 '질'의 계기에서부터 시작되어야 한다. 그 이유는 '양'의 계기에 따른 분석 내용이 저 첫 번째 분석으로부터 '도출'되기 때문이다. 무관심적 만족의 대상은 만족의 "사적 조건", 즉 "주관의 경향성"이 배제되기 때문에 "모든 이가 만족할 근거"를 지닌다. 무관심적 만족에는 "다른 모든 이에게도 전제가 될 수 있는 바가 근거로 놓여 있다고 여길 수밖에 없"으며 "판단자는 대상에 표하는 만족에 관해서 자신이 철저히 자유롭다고 느끼는 까닭"에 그러하다. 하지만 칸트의 논지에 대해 좀 더 세심히 살펴볼 필요가 있다. 이것만으로는 첫 번째 계기의 분석 결과와의 연관성이 정확하게 입증되는 것 같지 않기 때문이다. 관심이 발동하지 않았다면 모든 이의 마음에 드는 것일까? 감각적 만족의 대상으로 바라보지 않으면 그 대상에 대해 모든 이가 만족을 느낄 것이라고 전제할 수 있을까? 무엇보다 그런 만족을 갖게 되면 정말로 스스로의 자유를 느끼게 되는 것일까?

"주관의 경향성"이란 감각 편향의 주관성을 뜻한다. 칸트는 이것을 만족의 "사적 조건"이라고 부르고 있다. 이런 조건으로부터 "자유롭다"는 느낌이 곧 "다른 모든 이에게도 전제가 될 수 있는" 조건, 즉 '보편성'의 조건을 제공한다. 이를 통해 알 수 있듯이 사적 조건과 보편적 조건의 구분 기준은 개인의 감각적 관심 유무이다. 각 개인이 지니고 있는 경향성의 조건에서만 벗어나면 모든 이에게 두루 적용될 만한 조건이 구비된다고 칸트는 말하고 있다. 두 번째 계기의 분석을 통해 앞으로 설명되겠지만, 칸트가 보기에 개인마다의 감각적 관심이라는 조건은 철두철미 사적이기 때문에 그 어떤 보편성을 담보하지 못한다. §1.1의 설명을 상기해 보자. 각 개인의 감관적 수용의 조건에 따른 이러한 특수성은 주어진 표상의 〈연관2〉에 해당한다. 만약 감관을 통해 주어진 표상을 논리적 인식의 조건에 맞게 다룸으로써 이 표상의 객관적 실재성을 포착할 수 있다면 이는 표상의 〈연관1〉에 해당한다. 칸트가 보기에 후자는 보편성을 지닌다. 그렇다면 미감적 만족에 해당하는 〈연관3〉의 경우는 어떠한가? 주관적인가? 그렇다. 사적인가? 그렇지 않다. 그렇다면 보편적인가? 그렇다! 그렇다면 〈연관1〉과 똑같은 보편성을 갖는가? 그렇지 않다. 결국 순수한 미감적 만족이 따르는 조건은 주관적 보편성이라는 것이며, 이를 설명하는 것이 두 번째 계기 분석의 핵심 과제이다. 나아가 이 두 번째 계기에 따른 분석이 미 판단 분석 전체의 관건이다. 실제로 미감적 판단의 조건에 해당하는 거의 모든 규정들이 '양'의 계기에 따른 분석 과정에서 설명된다. 언뜻 보기에는 세 번째 계기('목적 없는 합목적성')와 네 번째 계기('주관적 필연성')의 분석은, 특히 후자는 더더욱 두 번째 분석 내용의 반복인 듯 보인다. 그러나 뒤따르는 두 계기들은 '미감적 판단력'은 물론 '목적론적 판단력'과의 연관을 파악하기 위한 시각을 제공한다.

　미감적 반성의 만족과 관련해서 '간주된다'라든가 '느껴진다'와 같은 말이 등장하는데 이는 만족의 조건에 대한 결정 심급이 '주관적'이라는 점을 분명히 나타내고 있다. 보편적이라는 느낌, 자신이 자유롭다는 느낌이 그 근거가 된다. 또한 "다른 모든 이"라고 말할 때 '모든 이'는 모든 판단자들을 뜻한다. 무차별적으로 모든 이가 아니라, 미감적 만족을 갖게 될 조건하에서 취미판단을 내리는 '모든 이'를 뜻한다. 물론 논리적 인식판단을 내리는 자도 인식의 보편적 조건을 충족하는 판단 행위를 한다는 전제가 놓여 있는 것 아닌가 하는 의문이 제기될 법하다. 이러한 문제 제기는 타당하다. 어떤 판단이든 이것이 제대로 내려지기 위해서는 의당 그 판단의 조건이 제대로 충족되어야 하기 때문이다. 그러나 칸트는 단지 각각의 조건을 반드시 준수해야 한다는 말을 하고 있는 것이 아니다. 오히려 미감적 만족의 조건에 맞게 판단을 내릴 때에만 취미판단 특유의 주관적 보편성의 요건이 적용된다. 칸트에 따르면 논리적 판단과 미감적 판단을 가르는 결정적 차이는 객관적 조건의 유무이다. 전자는 이 조건을 충족한다. 전자는 바로 개념에 의거하기 때문이다. 반면 후자는 이 조건을 충족하지 못하기 때문에 주관적이고, 그래서 미감적이다. 요컨대 "무엇을 아름답다 하는지를 개념에 따라 규정할 객관적 취미 규칙은 있을 수 없다"(§17.1).

우리가 다른 이의 마음속으로 들어갈 수는 없지만, 취미판단의 이러한 조건에 맞게 판단을 내린 자라면 똑같은 조건에 맞게 판단을 내리는 "다른 이들도 모두 비슷한 만족을 가질 것이라 요망할 근거를 지녔다고 여긴다". 이런 조건에서 보편성을 요구하는 주관의 태도를 설명하는 여러 단어들이 등장한다.[35] 이 가운데 제일 먼저 등장한 것이 '요망要望하다'이다. 우리말로 이것은 어떤 것이 반드시 이루어질 것을 학수고대한다는 뜻을 갖는다. '요망하다'에 해당하는 독일어 'zumuten'은 타인이 그것을 이룰 '용기Mut'를 가지라고 종용하는 태도에 전접두어 'zu'가 첨가된 형태를 띤다. 이때 'zu'는 '너무나 지나친too' 상황을, 혹은 '용기'를 부여할 '방향성toward'을 함축하고 있다. 이 용어는 대체로 무언가가 이루어질 것에 대한 주관의 강력한, 다만 객관적 근거는 없는 요구를 뜻한다. 이 문맥에서 '요망'이란 만족의 보편적 근거가 확보되었다는 주관적 확신을 뜻한다.

그런데 미감적 판단의 조건으로서 주관적 보편성은 우리에게 좀 더 크고 넓은 시야를 요구한다. 왜냐하면 주관적 보편성의 조건을 통해 "판단자는 마치 미가 대상의 성질인 양, 이것이 (객관의 개념을 통해 그 객관의 인식이 이루어지는) 논리적 판단인 양 논할 것"이라고 칸트가 말하고 있기 때문이다. 이 말은 보편성에 대한 확신이 주관적 지평에 있음에도 보편성을 지닌다면, 다시 말해 "판단하는 모든 이에게 이 판단이 타당함을 전제할 수 있다"면 주관은 자신이 내리는 그 판단이 "논리적 판단과 유사"하다고 여기고 있음에 틀림없다는 의미를 갖는다.

직설법이 아닌 '마치 –인 양'이라는 접속법(가정법)의 형태를 띠고는 있지만 적어도 우리에게 이 주관적 보편성이 이른바 객관적 보편성과 '유사성'을 갖고 있다는 것을 간과하지 말라는 요구가 전제되어 있다. 앞서 "순전한 고찰"(§2.1)이 언급되었는데, 이러한 '미감적 테오리아'를 통해 쾌의 감정을 얻게 된다는 통찰은 아름다운 대상(자연 혹은 예술)이 주관의 심성 상태와 어떤 식으로든 '조율'되어 있으리라는 기대 내지 요구를 전제하지 않고는 설명되기 어렵다. 즉 동일한 종류의 표상이라도 표상을 대하는 방식에 따라 전혀 다른 판단의 양상이 나올 수는 있지만, 그렇다고 해서 칸트가 특정 방식의 판단 태도에 적합한 특정 종류의 표상이 있다는 것까지 부정한 것은 아니다. 다만 미감적 판단의 경우 이에 적합한 종류의 표상이 무엇인지 객관적으로, 그러니까 개념에 의거한 채 규정할 수는 없을 따름이다. 사실 칸트 미학에서 가장 중요한 개념으로 볼 수 있는 "합목적성"(§10)도 '취미판단의 주관과 아름다운 대상의 조율 상태'라는 주제하에 다루어질 수 있다. 미감적 판단이 논리적 판단과 유사성을 갖는다는 말은 전자의 조건으로서의 "주관적 합목적성"(§11.2)이 후자의 한계 지점에서 요청되는 "객관적 합목적성"(§15.1)과 모종의 유사성을 갖는다는 뜻이다.[36] 네 번째 계기에 따른 분석에서 이른바 "공통감"을 논할 때에도 "인식의 보편적 전달 가능성"(§21)이 언급되는데 이 또한 미감적·주관적 보편성에서 직접 도출되는 결론이다. 취미판단에서는 "대상의 표상과 주관의 관계만을 지닐 뿐"인데도 만족의 보편성에 대한 요구가 정당화된다.

"그렇다고 해서 그 보편성이 개념으로부터 나올 수는 없다." 아름다움에 깃든 만족은 쾌적함에 깃든 만족의 경우처럼 결코 개념에 의거하지 않는다. 좋음에 깃든 만족은 개념에 의거한다는 점에서 예외가된다. 그러나 오직 미감적 만족만이 "일체의 관심에서 분리되었다는의식과 함께", 그러니까 "쾌적한 것과 좋은 것에 해당하는 모든 것에서 벗어난 후에 남아 있는 만족에 대한 순전한 의식으로써"(§8.7) 생겨난다. 요컨대 취미판단에는 "객관에 세워진 보편성 없이도" 보편성에대한 요구가, 그러니까 "주관적 보편성에 대한 청구"가 결부된다. 이런 맥락에서 칸트는 이 절의 표제를 "아름다움은 개념 없이 보편적 만족의 객관으로 표상된다"라고 적고 있다.

7

미감적 보편성 II

7.1 감관취미는 사적 감정에 토대를 둔다

§7 위에서 말한 표징에 따라 아름다운 것을 쾌적한 것과, 그리고 좋은 것과
　비교함

[§7.1] 쾌적한 것에 관해 사적 감정에 근거하여 대상이 자신에게 만족
스럽다고 말하는 판단이 오직 개인에게만 국한된다는 점에 대해서는
누구나 수긍할 것이다. 그렇기 때문에 이러한 판단을 내리는 자는 '가

나리아 제도산産 스파클링 와인은 쾌적하다'는 자신의 언급을 다른 이가 바꾸어 '그것은 나에게 쾌적하다'고 말했어야 한다고 지적해도 이에 불만이 없을 것이다. 이런 일은 혀, 입천장, 목구멍 등의 취미는 물론 눈이나 귀에 쾌적한 그 누구의 취미에도 해당한다. 어떤 이에게 보라색은 온화하고 친근하지만, 다른 이에게는 칙칙하고 생기가 없다. 관악기의 음색을 좋아하는 이가 있지만, 현악기의 음색을 좋아하는 이도 있다. 마치 다른 이들의 판단이 우리의 판단과 논리적으로 대립하는 양 저 판단을 틀렸다고 힐난하려는 의도에서 논쟁하는 것은 어리석다. 결국 쾌적한 것에 대해서는 '누구나 자신만의 (감관의) 취미를 갖는다'는 원칙이 통용된다. (V.212)

§7의 표제는 "위에서 말한 표징에 따라 아름다운 것을 쾌적한 것과, 그리고 좋은 것과 비교함"이다. 이 "표징"은 "주관적 보편성"을 뜻한다. §6에 언급된 "주관의 경향성", "사적 조건"은 쾌적함과, "객관에 세워진 보편성"은 좋음과, 그리고 "주관적 보편성"은 아름다움과 각각 연결된다. 질의 계기에 따른 분석에서 세 가지 종류의 만족을 비교했던 §5의 역할을 양의 계기에 따른 분석에서는 §7과 §8이 맡아서 세 가지 만족의 근거를 '사적', '주관적', '객관적', '보편적' 등과 같은 표징에 입각해 비교 분석한다.

쾌적함에 깃든 만족의 경우 오로지 개인적인 조건에 의거한다. 즉 판단자가 지니는 감정은 오로지 판단자 "개인"의, 즉 개별 인격체의 것이 된다. 카나리아 제도산 스파클링 와인, 보라색, 관악기 혹은 현악기의 음색이 안기는 "자극"(§5.1)이나 "매력"(§7.2)은 분명 쾌적함을 불러일으키지만 이는 오로지 "나에게"만 쾌적하다는 것 또한 판단자는 당연히 수긍한다. 말하자면 "쾌적이 그에게는 중차대하겠으나 이에 대해 그 누구도 상관할 일이 아니다"(§7.2). "누구나 자신만의 (감관의) 취미를 지녔다"라는 경구[37]는 바로 쾌적함에 대한 판단에 들어맞는다. 이 경구는 "취미(맛)에 대해서는 논쟁하지 않는다De gustibus non est disputandum"라는 격언을 상기시킨다.

쾌적함에 대한 판단을 마치 논리적인 판단인 양 생각해서 객관적 조건을 상정하여 이에 대해 논쟁해서는 안 된다. 여기에서 말하는 '어리석음'이란 '1+2는 5이다'와 같은 논리적 거짓이나 '둥근 삼각형'과 같이 논리적으로 모순됨을 뜻하는 것이 아니다. 논리적으로 검증할 방법 자체가 없는 것을 두고 벌이는 논쟁 자체가 무의미하다senseless는 뜻이다. 과학의 발달로 가령 와인의 맛을 결정하는 객관적 근거에 대한 검증이 어느 정도 가능해지고 있으며 언젠가는 이에 대한 결정적인 근거가 제시될지도 모른다. 인간의 미각 능력을 결정하는 신경생리학적 근거에 대해서도 많은 연구가 이루어졌고, 앞으로는 지금보다 더 많은 연구 성과가 나올 수도 있다. 그러나 설사 칸트가 현재의 상황을 목격했다 해도, 심지어 현재의 수준보다 더 진보한 과학적 성과를 목격했다 해도 자신의 입장을 바꿀 것 같지는 않다. 이러한 성과가 '상당히' 많은 것을 설명해 줄 수는 있더라도 완벽하게 설명해 줄 수는 없을 것이라고 그는 생각했을 것이다. 칸트가 보기에 감각적 표상의 주관적 연관에 대해서 상당 수준의 경험적, 실제적 합의가 이루어질 수는 있겠지만 결코 그것이 보편성을 담보하는 것일 수는 없다. §1.1에서 설명한 표상의 〈연관2〉는 개념에 근거하지 않으며, 그 어떤 보편성도 담보하지 못한다. 요컨대 감관취미는 오직 사적인 감정에만 토대를 두는 까닭에 이에 대한 논쟁 자체가 무의미하다.

7.2 아름다움에 깃든 만족은 보편적이다

[§7.2] 아름다운 것에서는 상황이 전혀 다르다. 자신의 취미를 자부하는 자가 '이 대상(우리가 바라보는 건물, 저 사람이 입고 있는 의복, 공연장에서 우리가 듣는 음악, 판정받기 위해 제출된 시詩 등)이 나에게 아름답다'는 말로 자신의 취미를 정당화했다고 여긴다면 이는 (정반대로) 우스운 일이 될 테다. 그저 자신에게만 만족스러운 것을 그가 아름답다고 말해서는 안 되었으니 말이다. 매력과 쾌적이 그에게는 중차대하겠으나 이에 대해 그 누구도 상관할 일이 아니다. 반면 그가 무언가가 아름답다는 것을 내세운다면, 그는 다른 이들에게 똑같은 만족을 요망한 셈이다. 이때 그의 판단은 단지 자신에게만이 아니라 모든 이에게 해당하며 이때 마치 미가 사물의 속성인 양 언급되는 것이다. 이런 까닭에 '그 사안이 아름답다'고 말할 때 만족에 대한 자신의 판단에 대해 다른 이들이 합의하는 경우를 그가 여러 차례 발견했다는 이유로 다른 이들이 합의할 것을 감안하고 있다기보다는, 오히려 판단자가 그들에게 이를 요구하는 것이다. 판단자는 자신과 다른 판단을 내리는 이

들을 책망하고 이들이 몰취미하다고 말하면서 그들이 취미를 지니고 있기를 갈망한다. 그렇게 보면 '누구나 특수한 취미를 지녔다'는 말은 불가능하다. 누구나 찬동하리라고 의당 청구할 그런 취미 내지 미감적 판단은 없다는 말이 되기 때문이다. (V.212/213)

반면 아름다움에서 생기는 만족의 근거는 쾌적함의 경우와는 "전혀 다르다". 대상의 아름다움 여부를 판별하는 취미를 언급하면서 이것이 오직 "나에게" 있는 능력임을 주장하는 것이 오히려 "우스운 일이 될 테다". 자신의 체형에 맞는 옷을, 집안 분위기에 맞는 가구를, 파티의 분위기에 어울리는 음악을 고르는 능력이 남다른 자는 분명히 있지만 그 선별력을 미에 대한 감식안이라고 여긴다면, 게다가 이 능력을 발휘함으로써 이것이 오직 자신에게만 있다는 것이 입증되었다고 여긴다면, 이런 주장 역시 무의미한 일이 된다. 칸트에 따르면 "그저 자신에게만 만족스러운 것"은 쾌적함과 결부된 대상이기 때문이다. 물론 아름다운 것에 대한 판단에서도 반드시 갖추어야 할 요건이 있다. "우리가 바라보는 건물, 저 사람이 입고 있는 의복, 공연장에서 우리가 듣는 음악, 판정받기 위해 제출된 시詩"와 같은 사례들에서 보듯이 우리가 주목해야 할 것에는 반드시 대상에 대한 직관이 전제되어야 하며 이를 통해 표상의 주관적 연관이 확보되어야 한다. 그저 건물, 의복, 음악, 시에 대한 기억이나 상상이 아니라 지금 이 순간 '이'

건물, '이' 음악 등을 직접 대면해야 한다. 이 점은 쾌적함의 정황과 다르지 않다. 그렇지만 결정적 차이는 대상의 자극과 매력에 곧장 이끌리는가, 아니면 대상이 촉발한 표상에 대해 반성적 태도를 견지하는가에 있다.

아름다움에 깃든 나의 만족은 "다른 이들에게 똑같은 만족을 요망"할 근거가 된다. 나의 판단은 모든 이를 위한 것이며 나의 판단을 통해 언표된 아름다움은 "사물의 속성인 양" 간주된다. 이런 근거에 대한 본격적인 설명은 §9에서 시작된다. 여기에서는 그러한 "요망"의 양상에 대한 설명이 이루어진다. 아름다움에 깃든 나의 만족이 표명될 때 여기에는 이미 "자신의 판단에 대해 다른 이들이 합의할 것을 감안하고 있다". 여기에서 "합의"에 해당하는 독일어 "Einstimmung"은 누군가의 의견에 동의하거나 다른 이들이 연주할 때 그 음에 맞추어 같은 음을 연주하는 일을 뜻한다. 'Stimmung'은 사람들의 목소리(여론), 음악의 선율(가락)이나 음조, 어떤 소리 내지는 어떤 상황이 우리에게 제공하는 정취와 분위기(기분) 등을 나타내는 말이다. 여기에 내가 함께함으로써 '하나ein'가 된다. 이것이 'Einstimmung'이다. 사실 'Stimmung' 자체가 음악에서 말하는 '조율'이라는 의미도 지닌다.[38] 판단을 통한 만족의 보편성을 설명하는 단어는 앞으로 다양한 버전으로 제시될 것이다.[39]

실제 경험에 따른다면, 누군가가 입고 있는 옷이라든가, 누군가가 낭송하는 시에 대해 평할 때에 순수한 취미판단을 내렸음에도 (혹은 내렸음에 틀림없다 생각됨에도) 다른 이들이 이에 동의하지 않을 수도 있다. 미감적 판단자가 다른 이에게 동의를 요구한다는 것은 과거에 같은 조건에서 누군가의 동의를 "여러 차례 발견"했기 때문은 아니다. 그럼에도 미감적 판단자는 "자신과 다른 판단을 내리는 이들을 책망"한다. "이들이 몰취미하다"는 이유를 들면서 말이다. 하지만 미감적 판단자는 동시에 그들이 결코 몰취미할 수는 없으며 그들도 의당 "취미를 지니고 있기를 갈망한다". 올바른 취미판단은 "누구나 찬동하리라고 의당 청구할" 조건을 구비하고 있다. 따라서 "모든 이가 특수한 취미를 갖는다"라는 말이 맞으려면 이때의 취미는 "(감관의) 취미"(§7.1)일 수밖에 없다.

7.3 경험적 일반성과 초월론적 보편성

[§7.3] 물론 쾌적한 것에 대한 판정에서도 사람들이 일치하는 경우를 보게 되지만, 이 경우 취미들 중에, 그것도 한낱 감각기관으로서가 아니라 쾌적한 것에 대해 판정하는 능력인 그런 취미들 중에 누군가의 것은 거절되고 다른 누군가의 것은 승인된다. 그래서 (어떤 감관이 되었든 그에 따른 향유의) 쾌적함으로 손님 모두 만족을 느끼도록 그들을 즐겁게 할 줄 아는 자에게 '취미를 지녔'고 말한다면 이때의 보편성은 그저 상대적으로만 받아들여진 것이다. 여기에는 (경험적인 모든 것이 그러하듯) 일반적 규칙이 있을 뿐, 아름다운 것에 대한 취미판단이 감행하고 청구하는 보편적 규칙은 없다. 이때의 판단은 경험적 규칙에 따른 사교성과 관계가 있다. 좋은 것에 관한 판단은 의당 누구에게나 청

> 구할 타당성을 갖는다. 그러나 좋은 것은 오직 보편적 만족의 객관인 개념을 통해 표상되지만, 쾌적한 것과 아름다운 것에서는 결코 그런 일이 없다. (V.213)

　　실제 경험에 따른다면, 쾌적함에 깃든 만족에서도 사람들의 의견이 "일치"하는 경우를 목격한다. "일치"에 해당하는 독일어 "Einhellig-keit"는 가령 의사결정 과정에서 '만장일치'에 도달하는 경우에도 사용되는 말이다. 그렇다면 감각적 경향성의 경우에도 보편적 만족에 도달할 수 있는 것 아닐까? 물론 게걸스러운 욕망의 심급이 아니라 그 너머의 심급, 즉 취미에 따른 자유로운 선택이 가능한 단계에 해당되겠지만 말이다. 단지 색채, 소리, 맛, 냄새, 감촉 등을 수용하는 "감각기관" 너머의 감관[40]으로서, 혹은 엄연히 쾌적함의 기준과 척도를 "판정하는 능력"으로서 취미를 제시할 수도 있다. 이런 능력을 지닌 자는 "즐겁게 할 줄 아는 자"이며 그를 가리켜 "취미를 지녔다"라고 말할 수도 있다. 가령 요식업gastronomy에서 손님에게 식도락적 즐거움을 제공하기 위해 요구되는 감식안을 당시에는 취미라고 불렀다고 한다. 또한 '미슐랭가이드Guide Michelin' 같은 책자에서 제공하는 별점에 관심을 갖는 만큼 이러한 종류의 취미에 대한 신뢰는 생겨난다. 취미론을 대표하는 철학자 흄David Hume에 따르면, 취미는 훈육과 도야를 통해 형성되는 전문적인 감식안이며 그러한 전문성은 취미의 공동체 안에서 다른 이들의 승인과 인정을 통해 확립된다.

하지만 칸트는 "여기에는 (경험적인 모든 것이 그러하듯) 일반적 규칙이 있을 뿐, 아름다운 것에 대한 취미판단이 감행하고 청구하는 보편적 규칙은 없다"라고 말한다. 여기에서 칸트는 실제 경험을 통해 종종 발견되는 '만장일치'의 조건을 '일반성generality'으로 규정하면서 이를 미감적 반성에 따른 만족의 '보편성universality'과 구분한다. 'general'과 'universal' 모두 '일반적', '보편적', '전반적', '총체적' 등의 뜻을 갖는 라틴어 'generalis', 'universalis'에 대응한다. 당연히 칸트도 이런 "경험적인 규칙"의 효용과 설득력은 인정한다. 그러나 엄밀히 말해서 이런 "일반적 규칙"은 "상대적으로만" 보편적인 규칙일 따름이다. 여기서 칸트는 경험적 일반성에 머문 전자와 초월론적 보편타당성에 해당하는 후자를 구별하고 있는 것이다.

'일반성'을 최대치로 갖는 감각적 쾌적함의 정반대의 극에 놓인 것으로서 좋음에 깃든 만족도 보편적 근거를 갖는다. 다만 이때의 보편성은 개념을 근거로 삼는 반면, 미감적 만족의 경우 이런 개념에 의거하지 않은 채 보편성을 담보한다.

미감적 보편성에 대한 요구

8.1 미감적 판단의 능력

§8 취미판단 중에 만족의 보편성은 오직 주관적으로 표상된다

[§8.1] 취미판단 중에 만날 수 있는, 미감적 판단의 특수한 보편성 규정은 논리학자로서는 아닐지라도 이러한 보편성의 근원을 발견하기 위해서 적지 않은 노고를 기울이는 초월론 철학자로서는 주목할 만하다. 이러한 분석이 없었다면 알려지지 않았을 우리 인식능력의 속성 하나를 들춰내기도 하니 말이다. (V.213)

취미 개념이 쾌적함을 '판정하는 능력'으로서도 사용되는 현실에서 칸트는 단지 단어의 외적 형태가 아니라 진정 취미다운 취미를 오직 미 판정능력에 국한했다. 이러한 취미는 인식능력 가운데 "아주 특수한"(§1.2) 능력인 반성적 판단력이 관장한다. 인간의 심성능력, 그리고 인식능력의 선험적 원리를 탐구하는 '초월론적 철학자' 칸트는 취미판단의 "특수한 규정"인 주관적 보편성의 "근원"을 밝히는 데에 총력을 기울인다. 초월론적 탐구의 대상인 이 "속성"은 만족의 주관적 보편성을 가능케 하는 인식능력의 성격을 뜻한다.

8.2 감관취미와 반성취미

[§8.2] 무엇보다도 전적으로 확신하는 바는 (아름다운 것에 대한) 취미판단이 내려지면 그 대상에서의 만족이 누구에게나, 게다가 개념에 근거를 두지 않으면서 (여기에 근거를 둔다면 좋은 것에서의 만족이 될 테니 말이다) 간청된다는 점이다. 우리가 무언가를 아름답다고 소명하는 판단에서는 본질적으로 보편타당성에 대한 이러한 청구가 있기 때문에 이러한 판단을 내릴 때 보편타당성을 생각하지 않았다면 그 누구도 아름답다고 말할 엄두를 내지 못했을 것이다. 개념 없이 만족스러운 것을 모두 쾌적한 것으로 친다면 그 누구든 이것에 관한 자신의 취미판단을 고집할 수 있도록 허용하되 그 판단에 다른 이들이 합의하리라 요망할 수는 없겠으나, 미에 대한 취미판단에서는 언제나 그렇게 요망할 수 있다. 전자의 취미는 감관취미, 후자의 취미는 반성취미라 부를 수 있다. 전자는 순전히 사적인 판단을, 후자는 이른바 공통타당한(공적인) 판단을 내리는데, 이 모두 대상의 표상이 쾌 혹은 불쾌의 감정과 맺는 관계에 따를 뿐인 (실천적이지 않은) 미감적 판단들이다. 다만 감관취미에서는 (무언가에서의 쾌 혹은 불쾌에 대한) 판단이 보편적으로 타당하지는 않다는 점을 경험이 일러 줄 것이며 (실제로 이러한 판단에서 일치가 구해지는 일이 매우 광범위하게 발견되기는 해도) 다른 이의 합의를 간청하는 일을 누구든 스스로 삼가겠으나, 반성취미에서는 (아름다운 것에 대한) 판단이 누구에게나 보편적으로 타당해야 한다는 청구가 거부됨을 경험이 자주 일러 주는데도 다른 이의 합의를 보편적으로 요구할 수 있는 판단을 표상하는 일이 놀랍게도 가능함을 (실제

> 로 반성취미는 이를 요구한다) 깨달을 수 있다. 취미판단이 있을 때마다 사실상 모든 이에게 저러한 합의를 요망하지만, 그런 청구의 가능성을 두고 판단자들의 논쟁이 벌어지지는 않으며 이 능력의 올바른 적용과 관련한 특수한 사례들에 대해서만큼은 협의에 이르지 못한다.
> (V.213/214)

　§7에서 설명된 미감적 보편성의 양상이 여기에서 다시 한번 언급된다. 아름다움에 깃든 만족의 경우 개념에 의거하지 않으면서도 "보편타당성universal validity"에 대한 청구가 가능하다. 이제 '청구하다', '요망하다' 외에 "간청하다ansinnen"라는 말도 등장한다. 이런 말은 객관적·논리적·개념적 토대 없이 보편성을 요구한다는 뜻을 갖는다. 따라서 "반성취미"에 "공적" 토대가 확보되었다 해도 이는 "공통타당성commom validity"(§8.3)에 해당하며 이는 결코 "객관적으로 공통타당한objektiv-gemeingültig"(§8.5) 판단을 내릴 수는 없다. 즉 주관적으로 보편타당할 뿐 객관적으로 보편타당한 판단을 내릴 수는 없다.

　개념에도 의거하지 않은 상황에서 이러한 보편타당성마저 상정되지 않을 경우 그때 주관에게 생기는 만족의 종류는 쾌적함밖에 남지 않게 된다. 이런 경우라면 "누구나 고집을 부릴 수 있되 자신의 취미판단에 대해 다른 이들이 합의하리라 요망할 수는 없"다. 물론 "실제로 이러한 판단들에서 일치가 구해지는 일이 매우 광범위하게 발견"된다. 그러나 그렇다고 해서 타인의 동의를 청구할 초월철학적 근거는 없다. 감관취미에 따른 판단은 "순전히 사적인 판단"이기 때문이다.

반면 "반성취미"의 문제에서 만족의 보편성에 대한 청구가 "거부" 되는 경우가 실제 경험상으로는 빈번하다 해도 이를 요구하는 판단의 가능성을 충분히 생각할 수 있고 그런 판단에는 실제로 그런 요구가 상정되어 있다. 취미 본연의 능력이 구체적인 사안마다 제대로 사용되고 있는지에 대해 "합의"에 도달하는 경우를 실제로 목격하기는 매우 어렵고 사실상 불가능한 것처럼 보인다. 취미판단을 내린다고 할 때에는 보편적 동의를 청구할 가능성 여부에 대한 논쟁이 일어나지는 않는다. 여기서 '논쟁하지 않는다'는 것은 보편타당성이 확보되어 있기 때문이다. 즉 "감관취미"의 경우 보편타당성이 확보되지 않기 때문에 논쟁 자체가 불가능한 반면, "반성취미"의 경우 판단의 토대로 확보된 보편타당성으로 인해, 다만 주관적인 공통타당성으로 인해 판단 가능성에 대한 논쟁을 할 필요가 없다. 취미 개념을 느슨하게 이해하면 양자 모두 취미판단의 능력을 뜻하지만, §8에서 칸트가 말하는 취미판단은 반성적 판단력에 의한 취미판단, 즉 "반성취미"의 판단이다.

8.3 주관적(미감적) 보편타당성과 객관적(논리적) 보편타당성의 비교 1

[§8.3] 이때 주목할 것은 개념(비록 경험적인 것에 불과할지라도)에 근거를 두지 않는 보편성이 결코 논리적이지 않고 미감적이라는, 다시 말해 판단의 객관적 양이 아니라 오직 주관적 양만을 갖는다는 점이다. 공통타당성이라고 표현할 수 있는 후자는 표상이 인식능력과 맺는 관

계가 아니라 주관의 쾌 혹은 불쾌의 감정과 맺는 관계에 따른 타당성이다. (물론 쾌 혹은 불쾌의 감정을 판단의 논리적 양을 표기하기 위해 이용할 수도 있는데, 이 경우 오직 객관적 보편타당성이 적용될 뿐이고, 이는 언제나 미감적인, 즉 순전히 주관적인 것과 구분된다.) (V.214/215)

반성취미의 근거인 공통타당성을 설명한 후 이제 보편타당성을 조건으로 삼는 두 판단의 양상을 비교한다. 칸트는 이를 위해 유념해야 할 사항을 우선 제시한다. 보편성이 개념에 근거를 두지 않는다고 할 때 이것은 미감적인 보편성일 수밖에 없으며 따라서 이러한 보편성의 적용 영역은 "판단의 객관적 양이 아니라 오직 주관적 양"이라는 점이 바로 그것이다. 여기에서 처음으로 '양'이라는 계기가 언급된다. '질'은 있음과 없음의 문제이다. 취미판단의 대상은 목전에 놓여 '있다'. 이것이 바로 미감적 직관의 필요조건이다. 이 점만큼은 경험적인 보편성, 즉 공통타당성을 근거로 삼는 감관취미의 경우도 마찬가지이다. 즉 넓은 의미에서는 감관취미의 판단도 미감적 판단이다. 그러나 엄밀한 의미의 취미판단이 감관적 취미판단과 다른 점은 대상에 대한 관심 없이 주어진 표상에 대한 반성을 전제한다는 데에 있다. 이것이 바로 미감적 '반성'의 필요조건이다. 반면 "양"은 얼마나 있는가, 그러니까 '하나(단일)'인가, '여럿(다수)'인가, '모두(전체)'인가의 문제이다. 보편성은 '모두'와 결부된다. 그런데 칸트에 따르면 미감적 판단과 논리적 판단이 갖는 보편성은 그 성격이 각각 다르다. 전자가 "주관적 양" 혹은 "미감적 양"(§8.5)의 문제라면 후자는 "객관적 양" 혹은 "논리적 양"의 문제라는 것이다.

8.4 주관적(미감적) 보편타당성과 객관적(논리적) 보편타당성의 비교 2

[§8.4] 객관적으로 보편타당한 판단은 언제나 주관적이기도 하다. 다시 말해 주어진* 개념에 포함된 모든 것에 대한 판단에 타당성이 있다면 이 개념을 통해 대상을 표상하는 모든 이에게도 타당하다. 그런데 주관적인, 다시 말해 미감적인 보편타당성은 그 어떤 개념에도 근거를 두지 않으며 논리적 판단과는 전혀 무관하다. 이런 종류의 판단은 전혀 객관으로 나아가는 바가 없기 때문이다. 바로 그렇기 때문에 이 판단에 첨부되는 미감적 보편성은 특수한 방식을 갖는데, 논리적 영역에서만 고찰되는 객관 개념과는 결합되지 않는 '미'라는 술어가 판단자의 전 영역으로 확장되기 때문이다. (V.215)

• 역자 보충 주어진(gegeben): Vorländer — "제시된(angegeben)"

주관적 타당함과 객관적 타당함의 관계를 설명하면서 칸트는 양자의 관계에 대해 다음과 같이 말한다. "객관적으로 보편타당한 판단은 언제나 주관적이기도 하다. 다시 말해 이 판단이 주어진 하나의 개념에 포함된 모든 것에 대해 타당하다면 이 개념을 통해 한 대상을 표상하는 모든 이에게도 타당하다." 한마디로, 객관적인 것은 주관적이기도 하다. 『순수이성비판』에 등장하는 한 구절을 소개하면 다음과 같다. "진리란 객관과의 합치에 입각해 있으며, 따라서 지성이 내리는 모든 판단은 이 객관에 대해 한목소리를 낼 수밖에 없다"(Ⅲ.532). 여기에서 말하는 "객관과의 합치"란 우리의 논의의 지평에서 보면 대상의 개념에 따른 "근거나 원칙"(§8.6)이 상정되었을 때 가능하다. 이런 것이 상정된 한에서는 그 어떤 주관의 판단이든 객관과의 일치가 구해진다. 따라서 객관적 보편타당성이 주어지면 이 사안과 관련된 모든 주관에게 이 진리가 적용된다. '코페르니쿠스적 전환'이 이루어진 초월론 철학의 지평에서 이른바 '객관성'은 주관과 무관하게 외부에 존재하는 사물을 뜻하는 것이 아니다. 주관의 조건이 곧 대상의 조건이 되며 그런 한에서 객관성이 확보된다. 단 이 객관성은 대상에 대한 개념을 토대로 한 규정에 따르며 이 규정은 그 개념에 따른 조건하에서 모든 주관에게 적용된다.

객관적인 것은 주관적이지만 그 역은 성립하지 않는다. "주관적인, 다시 말해 미감적인 보편타당성은 그 어떤 개념에도 근거를 두지 않으며 결코 논리적 판단에 귀착할 수 없다. 이런 종류의 판단은 전혀 객관으로 나아가는 바가 없기 때문이다." 대상(객관)의 개념에 의거함 없이 확보되는 "미감적인 보편성"은 객관적(논리적) 보편성과 구분되는 것으로서 엄연히 보편성의 한 부분을 차지한다. 그것도 "특수한 방식"의 보편성이다. 왜냐하면 "논리적 영역에서만 고찰되는 객관 개념과는 결합되지 않는 '미'라는 술어가 판단자의 전 영역으로 확장되기 때문이다." "쾌적한 것에 대한 판단"은 저러한 "미감적 양"과 무관하다(§8.5). §6에서 설명한 바와 같이 "모든 이"에게 청구한다고 할 때 이

'모두'는 '취미판단을 내리는 자라면 모두'라는 뜻이다. 이런 맥락에서 보면 미감적 판단의 "주관적 양"(§8.3)은 개념에 의거하지 않은 채 판단을 내리는 자 모두에게 적용되는 크기, 즉 일종의 단위 내지 척도이다. 언뜻 "객관적 양"(§8.3)의 경우에도 마찬가지로 보인다. 후자의 양상은 전자에서도 확인되기 때문이다. 하지만 개념에 의거한다는 것은 그런 판단을 내리지 않는 이에게도 적용된다는 뜻을 갖는다. 가령 '만유인력의 법칙'은 이와 관련된 판단을 내리지 않은 이에게도 잠재적으로 적용된다. 그러나 아름다움의 문제에 있어서는 이에 대해 판단을 내리는 자에 한하여 누구에게나 그로 인한 만족의 보편성을 요구받는다.

8.5 단칭판단으로서의 취미판단

[§8.5] 논리적 양에 관해서 보면 모든 취미판단은 개별적 판단이다. 말하자면 나는 개념을 통하지 않으면서 대상에서 직접 나의 쾌 혹은 불쾌의 감정을 견지하는 까닭에 이 판단은 객관적으로 공통타당한 판단의 양을 가질 수 없다. 물론 취미판단의 객관에 대한 개별적 표상이 이러한 판단을 규정하는 조건들에 따라 비교됨으로써 하나의 개념으로 전이된다면 취미판단은 논리적, 보편적 판단이 될 수 있는데, 가령 내가 바라보는 '이' 장미는 취미판단에 의해 아름답다고 설명되는 반면 다수의 개별 장미들을 비교하여 '무릇 장미는 아름답다'는 판단을 내린다면 이는 단지 미감적 판단이 아니라 미감적인 것에 근거

를 둔 논리적 판단이라고 할 수 있다. '(향기로운*) 이 장미는 쾌적하다'
는 판단 또한 미감적이고 개별적이지만 이는 취미판단이 아니라 감
관판단이다. 이 둘의 차이점은 다음과 같다. 취미판단은 보편성의, 다
시 말해 모든 이에 대한 타당성의 미감적 양을 수반하는 반면 쾌적한
것에 대한 판단에서는 이를 만날 수 없다. 좋은 것에 대한 판단만이
대상에서의 만족을 규정하면서도 미감적이지 않은 논리적 보편성을
갖는다. 좋은 것에 대한 판단은 객관의 인식이라는 점에서 객관에 타
당하며 그렇기에 누구에게나 타당하다. (V.215)

• 역자 보충 향기로운: 원래 "사용 중인(im Gebrauche)"으로 되어 있는 것을 에르트만
(Erdmann)에 따라 "향기로운(im Geruch)"으로 바꾸었다.

"양"의 계기를 '하나', '여럿', '모두'라고 이해할 때 이는 사실 "논리
적 양"의 관점에서 본 것이다. 이 관점에 따른다면 취미판단은 ―감관
취미의 판단이든 반성취미의 판단이든 간에― 모두 "개별적 판단", 즉
'단칭판단singular judgement'이다. 문장의 형식을 살펴보자면 '이 장미는 쾌
적하다', 혹은 '이 장미는 아름답다'가 된다. 칸트가 여기서 말하는 판
단의 개별성은 우선 단지 주어의 단수성만을 뜻한다. 말하자면 취미
판단은 미감적 직관의 필요조건으로서 대상의 유일무이한 현존성, 질
적 고유성을 함축하는 '이것'에 대한 판단이다. 그런데 취미판단이 단
칭판단으로 이해되는 것은 엄연히 "논리적 양"의 관점에 따를 때이다.
그렇다면, "미감적 양"의 관점에서는 어떠한가? §7에서 확인한 바와

같이 쾌적함은 '나에게만' 타당한 반면, 아름다움은 '나'에게 타당할 뿐만 아니라 '모든 이'에게도 타당해야 한다. 즉 감관취미의 판단은 미감적으로 보아도 단칭적인 반면, 반성취미의 판단은 미감적으로 보편적이다.

이제 "내가 바라보는 이 장미"의 사례를 통해 칸트의 논변을 조망해 보자.

〈A〉'내가 바라보는 이 장미의 향기는 쾌적하다': 미감적 판단이자 '감관판단'이며, 오직 사적 감정에 토대를 둔다. 실제 경험을 통해 보편성이 확인될 수는 있지만, 이는 엄밀히 말한다면 여러 사례들의 비교를 통해 도출된 '공통타당성'이다. 논리적 관점에서나 미감적 관점에서나 단칭적이다.

〈B〉'내가 바라보는 이 장미는 아름답다': 미감적 판단이자 순수한 취미판단이며, 사적 감정의 토대를 넘어선다. 실제 경험을 통해 보편성이 거부될 수는 있지만, '보편타당성'에 대한 요구를 전제한다는 점에 대해서는 논쟁의 여지가 없다. 논리적 관점에서는 단칭적이지만 미감적 관점에서는 모든 판단자들에게 적용된다(전칭적이다).

여기에서 칸트가 직접 제시하고 있지 않지만 만약 장미와 관련한 인식판단을 생각해 본다면 다음과 같다.

〈C〉'내가 바라보는 이 꽃은 장미이다': 가령 '장미는 장미목 장미과 장미

속에 속하는 쌍떡잎식물이다'와 같은 판단에 의거하여 눈앞의 이 꽃을 규정하는 이론적 판단이다. 이는 철두철미 논리적인 판단이며 문장 형식은 단칭적이지만 이 판단의 내용은 이 꽃을 바라보고 있지 않은 자에게까지 적용된다(전칭적이다).

이런 판단 유형들은 서로 결합될 수 있다. 특히 여기에서 칸트가 주목하는 경우는 다음과 같다.

〈D〉 '무릇 장미는 (혹은 모든 장미는) 아름답다': 취미판단을 통해 접하는 "객관에 대한 개별적 표상"들의 일반화를 통해, 즉 "다수의 개별 장미들을 비교하여" "하나의 개념으로 전이"된 조건하에서 내려지는 판단이다. 이는 "논리적, 보편적 판단"이다. 또한 '무릇 장미는 …'이라든가 '모든 장미는 …'과 같은 문장 형식을 전제로 하는 전칭판단이다. 물론 '아름답다'라는 술어를 내포하고 있다는 점에서는 여전히 미감적 판단으로 보이지만, "쾌 혹은 불쾌의 감정을 판단의 논리적 양을 표하기 위해 이용"(§8.3)한 까닭에 이제 더 이상 미감적 판단이 아니다. 정확히 말하자면 "미감적인 것에 근거를 둔 논리적 판단"이다. 물론 '무릇 장미의 향기라는 것은 쾌적하다'도 생각할 수 있다. 이 또한 논리적인 인식판단으로 '전이'되었다고 보아야 한다.

§8.2에서 "미감적"이라고 말하면서 이를 "실천적이지 않은"이라는 말과 등치시키고 있는데, 이 말을 오해해서는 안 된다. 감관판단이든

순수한 취미판단이든 간에 미감적 판단 자체는 이론적 인식판단이 아니다. 즉 대상에 대한 개념(가령 장미의 정의)에 따라 대상을 규정하는 기술적 판단이 아니다. 그런데 미감적 판단 자체는 또한 실천적 인식판단도 아니다. 즉 (유용성이든 도덕성이든 간에) 대상의 목적(의 개념)에 따라 대상을 규정하는 평가적 판단이 아니다.

　"미감적인 것에 근거를 둔 논리적 판단"인 〈D〉는 칸트가 분류한 판단 유형에 따른다면 (감관판단이든 순수한 취미판단이든 간에) 미감적 판단이 아니다. 그러니까 논리적 판단, 즉 인식판단이다. 그렇다면 이 판단은 이론적 판단일까? 그렇지 않다. 적어도 장미의 분류적 정의에 아름다움이라는 정감적 가치가, 그러니까 비논리적인 술어가 부여될 수는 없을 것이기 때문이다. 결국 이 판단은 실천적(논리적) 인식판단, 그러니까 좋음에 대한 판단일 수밖에 없다. 물론 이 판단이 순전히 선善에 대한 판단은 아닐 수 있겠지만, 어쨌든 미감적 판단의 심급을 넘어서는 판단 상황으로 전이되었다는 것이 칸트의 분석이다. 칸트의 이러한 입장은 쾌적함과 좋음의 착종 상황에 대한 그의 설명(§§4.3-4.4)에서도 드러난 바 있다. 그렇다면 〈D〉를 단순히 〈B+C〉로 보아서는 안 된다. 사실 이런 착종의 상황, 더 정확히 말하면 일상 현실에서 언제나 발견되는 일반적 상황을 적절히 설명하는 일이 그리 간단치는 않다. 칸트는 순수한 미 판단과 순수한 선 판단이 결합된 경우를 이른바 "응용된 취미판단"(§16.8)이라고 말한다. 또한 이 상황은 "미의 이상"(§17)이라는 주제와 직결되어 있다. 세 번째 계기에 따른 분석에서 이 문제는 다시 한번 논의될 것이다.

8.6 보편적 목소리

> **[§8.6]** 객관을 순전히 개념에 따라 판정하면 미의 표상은 모두 사라진다. 따라서 무언가가 아름답다는 것을 승인할 때 이를 강요할 규칙이란 존재하지 않는다. 의복 한 벌, 건물 한 채, 꽃 한 송이가 아름다운지에 대해 어떤 근거나 원칙으로도 그렇게 판단하라고 구슬릴 수는 없다. 그 만족이 마치 감각에 따른 것인 양 자신의 시각으로만 대상을 바라보려 한다. 그러나 이 대상을 아름답다고 말하는 경우 스스로 일종의 보편적 목소리를 갖게 되었다고 여기면서 그 누구든 동참할 것을 청구하는 반면, 사적 감각은 모두 그저 자신에게만, 자신의 만족에 대해서만 결정적일 테다. (V.215/216)

"객관을 순전히 개념에 따라 판정하면 미의 표상은 모두 사라진다"라는 말은 매우 흥미롭다. 개념이 판단의 근거가 된다면 미감적 판단의 여지가 전혀 생기지 않는다. "무언가가 아름답다는 것을 승인할 때 이를 강요할 규칙이란 존재하지 않는다." 즉 미감적 판단에서 개념은 그 어떤 타당성("근거나 원칙")도 제공하지 않는다. 물론 개념에 의거하되 미의 표상이 이와 뒤섞여 있는 경우, 즉 "미감적인 것에 근거를 둔 논리적 판단"의 경우에는 미감적인 표상은 견지된다. 그러나 보편타당성의 조건이 개념으로 전이되는 만큼 이 표상은 점차 사라진다. 단칭판단으로서의 취미판단에서 (감관판단이든 반성적 미 판단이든 간에) 대상에 의해 주어지는 표상은 오로지 주관적 연관 속에만 놓인다. 그래서 "그 만족이 마치 감각에 따른 것인 양 자신의 시각으로만 대상을 바라보려 한다". 그렇지만 순수한 취미판단의 경우 주관의 감정은 그저 사적인 차원에 머물지 않고 그 자체로 "보편적 목소리"임을, 즉 자신의 판단에 "그 누구든 동참할 것을 청구"한다.

8.7 미감적 판단에 대한 보편적 동의의 청구

[§8.7] 이제 주목할 점은 다음과 같다. 취미의 판단은 개념의 매개가 없는 만족과 관련한 보편적 목소리, 그러니까 누구에게든 타당한 것으로 간주될 미감적 판단의 가능성 말고는 그 어떤 것도 요청하지 않는다. 취미판단 자체가 모두의 합의를 요청하는 것은 아니다. (왜냐하면 이런 요청은 오직 근거를 제시할 수 있는 논리적, 보편적 판단만이 행하는 것이기 때문이다.) 취미판단은 누구에게든 이 합의가 규칙의 사례일 것을 간청할 뿐인데, 이때 누구든* 개념에 의해서가 아니라 다른 이의 동참에 의해 이것이 확증되기를 기대한다. 따라서 이러한 보편적 목소리는 전적으로 이념이다. (보편적 목소리가 의거하는 이 이념에 대해서는 아직 논하지 않는다.) 취미판단을 내렸다고 여기는 이가 실제로 이 이념에 맞게 판단했는지는 불확실하지만, 판단자는 자신이 이념과 연관을 맺고 있는 한에서 자신의 판단이 취미판단이어야 한다는 점을 '미'라는 표현으로 고지한다. 판단자는 쾌적한 것과 좋은 것에 해당하는 모든 것에서 벗어난 후에 남아 있는 만족에 대한 순전한 의식으로써 이를 스스로 확신한다. 이 모든 것들로 인해 그는 누구나 찬동하리라 고

대한다. 즉 이런 조건 아래에서는 누구든 자신에게 그러한 권리가 있음을 청구한다. 이러한 조건에 반하여 오류를 범함으로써 잘못된 취미판단을 내리지만 않는다면 말이다.** (V.216)

• 역자 보충 누구든: C − "취미판단은"
•• 역자 보충 이러한 조건에 반하여 오류를 범함으로써 잘못된 취미판단을 내리지만 않는다면 말이다: A − "그러나 이러한 조건에 반하여 오류를 범함으로써 잘못된 취미판단을 내리곤 한다"

　순수한 취미판단의 '주관적 보편성'에 대한 설명을 마무리하면서 칸트는 독자들이 주목해야 할 점을 하나 제시한다. 지금껏 '요망하다', '청구하다', '간청하다' 등의 표현을 통해 미감적 보편성을 여러 방식으로 설명했는데, 이러한 주관적 보편성 요구의 대상에 대해 정확히 한정할 필요가 있다는 것이다. 이를 위해 칸트는 『실천이성비판』에서 도덕적(객관적) 보편타당성⁴¹을 증언하는 용어였던 '요청하다postulieren'를 『판단력비판』에서도 사용한다. 이 용어로써 취미판단을 통해 요청되는 것과 그렇지 않은 것을 분명하게 구별한다. "취미판단 자체가 모두의 합의를 요청하는 것은 아니다." 이 판단이 논리적(객관적) 보편타당성에 근거를 두지 않기 때문이다. 실제 경험에서는 물론 잘못된 판단이 내려지며 설사 제대로 된 판단을 내렸을 경우라도 이에 대한 보편적 동의가 확인되지 않을 수도 있다. 요청되는 것은 오직 이 판단 자체의 '가능성'이다. "쾌적한 것과 좋은 것에 해당하는 모든 것에서 벗어난 후에 남아 있는 만족에 대한 순전한 의식"이라는 조건을 충족했다면, 취미판단의 "이념"과 연관을 맺고 있다면, "순전한 고찰"(§2.1)이야말로 미감적 반성판단의 가능성을 보장한다.

취미판단을 내리는 주관은 다른 주관에게 이미 "보편적 목소리"를 감히 요구할 권리를 획득하며, 따라서 "누구나 찬동하리라 고대한다". "이때 누구든 개념에 의해서가 아니라 다른 이의 동참에 의해 이것이 확증되기를 기대한다." 취미판단의 보편성을 담보하는 근거는 개념이 아니다. §9에서부터 설명되기 시작하겠지만, 그 근거는 주관의 특별한 심성 상태로부터 찾아진다. 그런데 주관의 그러한 특정 상태가 보편적 동의의 토대가 된다는 사고에는 주관과 대상이 서로 조율되어 있어야 한다는 관점과 태도가 반영되어 있다. 취미판단의 세 번째 계기에서 등장하는 "합목적성"이 바로 이러한 태도에 부응하는 개념이다. 또한 네 번째 계기에서 등장하는 "공통감의 이념"에도 이러한 조화의 관점이 투영되어 있다. 이에 대한 설명은 차후에 이루어지겠지만, 여기에서는 판단자가 "미라는 표현"을 사용할 때 이미 그는 "보편적 목소리"에 비유된 "이념"과 연관을 맺고 있다는 사실을 기억해 두면 좋을 것이다.

미감적 보편성의 가능 근거

9.1 판정과 판단

§9 '취미판단에서 쾌의 감정이 대상의 판정에 선행하는지, 아니면 후자가 전자에 선행하는지'에 대한 연구

[§9.1] 이 과제의 해명이야말로 취미 비판을 위한 열쇠이므로 그 어떤 주목이든 가치가 있다. (V.216)

미 분석론의 두 번째 계기와 관련하여 지금까지는 취미판단에서 보편적 동의가 요구되는 양상이 설명되었다. 이제 그러한 동의가 요구되는 근거가 언급된다. 물론 이 근거에 대한 해명은 여러 심급을 통해, 그러니까 여기 외에도 세 번째 계기와 네 번째 계기에서, 더 나아가 미 분석론 이후 등장하는 '연역론'(§§30-54) 및 '변증론'(§§55-59)에서 각각 이루어진다.

취미판단에서 감정이 선행하는지, 아니면 판정이 선행하는지의 문제는 바로 이 근거를 해명하기 위한 화두일 뿐만 아니라 칸트에 따르면 "취미 비판을 위한 열쇠이므로 그 어떤 주목이든 가치가 있다". 즉 "대상의 판정"과 "쾌의 감정"의 관계 규정이야말로 『판단력비판』 제1부 ("미감적 판단력비판") 전체를 해명하기 위해 가장 우선적으로 다루어야

할 현안이라는 것이다.

이렇듯 중차대한 과제를 해결하기 전에 먼저 칸트가 사용하는 '판단'과 '판정'이라는 용어에 대해 짚어 보아야 한다. 우리말 번역어의 경우만이 아니라 독일어('Urteil'과 'Beurteilung')로든 영어('judgement'와 'judging')로든 양자는 동일한 어근을 갖는다. 실제 칸트도 보통의 경우에는 양자를 크게 구분하지 않고 사용한다. (다른 저작에서도 칸트는 만족의 감정을 동반하는 판단을 수행할 때 판정이라는 표현으로 바꿔 부르곤 하였다.) 그러나 §2에서 "취미판단을 규정하는 만족"을 말할 때의 '판단'과 §9에서 "대상의 판정"을 말할 때의 '판정'에는 분명한 차이가 있다. §2에서 '만족이 취미판단을 규정한다'는 말은 취미판단을 내릴 때 주관이 대상의 표상에 의해서 만족 혹은 불만족의 상태에 놓인다는 뜻이다. 취미판단은 대상에 대한 인지적 정보를 획득하는 작업이 아니라는 점에서 '미감적' 판단이며, 이 판단의 주관은 언제나 즐거움 혹은 불쾌함의 감정을 갖는다. 즉 저 말은 만족의 감정이 취미판단의 심리적 근거가 된다는 뜻이다. 그렇다면 여기에서 '규정한다'는 말은 정확히 무슨 뜻일까? 인식판단이 대상을 규정하는 판단이라고 하지 않았는가? 그리고 취미판단에서는 '규정하는' 판단력이 아니라 '반성하는' 판단력이 작동된다고 하지 않았는가? §2의 본문에는 '욕구능력이 관심의 규정 근거이다'라는 언급도 등장했었다. 이때의 규정은 대상에 대한 '규정'이나 '규정하는' 판단력에서와는 결이 다르다. 인간의 관심은 인간의 심성에 내재한 욕구능력의 기능에 따라 생긴다. 즉 욕구능력이 있음으로 해서 관심이 생긴다. 이와 마찬가지로 만족이 (혹은 불만족이) 취미판단의 규정 근거라는 것은 만족이 (혹은 불만족이) 있음으로 해서 비로소 취미판단이 내려진다는 의미다.

"대상의 판정"이 "감정"에 선행하는가? 조금 후에 확인되겠지만 칸트의 대답은 '그렇다'이다. 그런데 '만족이 취미판단을 규정한다'라고 하지 않았는가? "대상의 판정"은 취미판단과 같은 것으로 볼 수 있을까? 만약 구분된다면 어떻게 다른 것일까?

9.2 판정이 감정에 선행한다

[§9.2] 우선 주어진 대상에서의 쾌가 있고 그다음에 대상의 표상에 대해 취미판단이 내려질 때에야 이 쾌의 보편적 전달 가능성이 승인되는 식의 절차를 떠올린다면 이는 그 자체로 모순이다. 말하자면 저런 쾌는 감관 감각 중의 순전한 쾌적함일 수밖에 없으며, 따라서 대상을 가져다주는 그 표상에 직접적으로 의존하는 까닭에 그 본성상 사적 타당성만을 지닌다. (V.216/217)

"대상의 판정"과 "감정"의 선후 관계를 설명하기 위해 칸트는 일종의 귀류법reductio ad absurdum을 동원한다. 즉 판정이 감정에 선행한다는 명제의 반대 명제가 지닌 모순을 지적함으로써 이 주장의 타당성을 증명하는 방법을 택한 것이다.

자신의 주장을 증명하는 칸트의 시도는 다음과 같이 시작된다. 주어진 대상으로부터의 쾌가 우선 있고, 그다음에 취미판단이 있음으로 해서 그 쾌의 보편성이 승인된다는 식의 생각은 애초부터 성립될 수 없다. 이 판단이 반성적 취미판단이어야 한다면 말이다. 취미판단에서 판정에 선행하는 쾌란 칸트가 보기에 대상에 대한 "감관 감각 중의 순전한 쾌적함"이다. 즉 "대상을 가져다주는 그 표상에 직접적으로 의존"하는 쾌 혹은 불쾌에 불과하다. 가령 카나리아 제도산 스파클링 와인이 나의 미각을 자극함으로써 주관이 보이는 감각적 반응을 떠올릴 수 있다. §1.1에서 설명한 바와 같이 이는 표상의 〈연관2〉에 해당하는, 순전히 감각적인 심급에 속한다. 따라서 이른바 "감관판단"(§8.5)으로서의 취미판단에서는 대상으로부터 촉발된 것에 의한 직접적 감각이 먼저 주어진다. 직접적 감각이란 "주어진 표상을 기회 삼아"(§9.9) 주관이 능동적으로 반성을 수행하지 않은, 혹은 그 표상이 갖는 특성으로 인해 반성 수행이 불가능한 상태에서 생긴다. 이런 표상 종류에서, 혹은 이런 표상종류에서 얻어지는 쾌란 "사적 타당성만을 지닐 것이기 때문"에 이 상태에서 내려진 판단을 통해 "쾌의 보편적 전달 가능성"을 요구한다면 "자기모순"이 된다. 따라서 "자기모순"을 피하기 위해서는 "쾌가 선행한다"는 전제를 부정해야 한다. 즉 쾌가 아니라 판정이 선행할 수밖에 없다.

9.3 인식 일반

> [§9.3] 따라서 주어진 표상에서의 심성 상태가 보편적으로 전달될 역량이 취미판단의 주관적 조건이 되어 이 판단의 근거로 놓이며 대상

에서의 쾌를 그 결과로 가질 것임에 틀림없다. 그런데 보편적으로 전달될 수 있는 것은 인식밖에, 인식을 위한 표상밖에 없다. 인식에 속하는 한에서 표상은 오로지 객관적이며 이로써 모든 이의 표상력이 부합하도록 해 줄 보편적 연관점을 갖는다. 그런데 표상의 이런 보편적 전달 가능성에 대한 판단의 규정 근거가 말하자면 대상 개념이 없이 순전히 주관적으로 생각된다고 하면, 이 규정 근거는 주어진 표상을 표상력들이 인식 일반과 관계 맺게 할 때 그 표상력들의 상호 연관에서 접하는 심성 상태가 아닐 수 없다. (V.217)

§9.2에서 도출된 결론은 취미판단에서 "대상에서의 쾌를 그 결과로 가질 것"이라는 사실이다. 대상의 표상에 대한 취미판단은 "쾌의 보편적 전달 가능성"만을, 혹은 "심성 상태의 보편적 전달 역량"[42]만을 근거로, 그것도 "주관적 조건"으로서 갖는다. 취미판단을 통해 실제로 보편적 동의가 이루어질 것을 요구할 수는 없을지라도 이러한 취미판단 자체의 가능성에 대한 요청으로서의 동의를 요구할 권리가 주관에게 있다(§8.7). 취미판단을 내리는 자의 마땅한 권리로 설명되는 보편적 동의의 요구 자체가 바로 이 판단의 조건이며 대상에서의 쾌는 오직 이에 따른 "결과"이다. 그러니까 취미판단에서는 바로 이 조건이 쾌를 규정한다.

그렇다면 '쾌 혹은 심성 상태의 보편적 소통 가능성'과 "대상의 판정"은 어떤 관계에 놓인 것일까? 질문을 바꿔서, "쾌의 보편적 전달 가능성"과 "쾌의 감정"은 어떤 관계에 있는 것일까? 후자는 "대상의 판정"에 따른 결과라고 했다. 전자는 취미판단의 보편타당성 요구(§8.7)와 연관이 있어 보인다. 전자("가능성")에 대한 동의와 후자(현실적 "감정") 사이에도 분명히 밀접한 연관이 있을 것이다. 현재로서는 그 정도의 추측이 가능할 뿐이다.

칸트는 "대상의 판정"보다는 "심성 상태의 보편적 전달 역량"에 대한 설명에 집중한다. 그러면서 §1.1에서 밝혔던 미감적 판단과 논리적 판단의 관계에 대해 주의를 환기한다. 단지 양자의 차이가 아니라 그 차별성 가운데 내재된 '공통분모'에 주목할 것을 은근히 촉구한다. "보편적으로 전달될 수 있는 것은 인식밖에, 인식을 위한 표상밖에 없다." 왜냐하면 "인식이야말로 (그 객관이 어떤 주관에게 있든 간에) 주어진 표상들이 부합하도록 하는 객관 규정으로서 모든 이에게 타당한 유일한 표상종류이기 때문이다"(§9.4). (인식의 보편적 전달 가능성이 인식능력들의 상호 작용과 조율한 결과라는 점은 §21에서 설명된다.) 주관의 판단들이 '상호 주관적interpersonal' 공통성을 담보할 수 있는 길은 칸트의 시각에서 보면 오직 하나이다. 판단이 인식능력에 의해 이루어지는 행위인 한 그 인식능력의 올바른 사용을 통해서만 이른바 "보편타당성"(§8.2)이 확보된다. 논리적 인식판단은 인식의 근원인 감성과 지성의 조화로운 상호 작용을 통해 대상을 규정하는 행위이다. 그런 한에서 "경험적 표상의 실재"(§1.1)가 확보된다. 말하자면 "인식에 속하는 한에서 표상은 오로지 객관적이며 이로써 모든 이의 표상력이 부합하도록 해 줄 보편적 연관점을 갖는다." 취미판단에서도 분명 감성과 지성이 "부합"한다. '부합하다zusammenstimmen'도 기본적으로 '일치하다', '조화를 이루다'의 의미를 갖는 말이다. 특히 음악의 경우 함께 화음을 맞추어 연주하거나 여러 사람들의 악기를 조율하는 행위를 뜻한다. 감성(상상력)과 지성의 "부합"을 통해 한 주관의 판단이 다른 이의 판단과 공통성을 가질 "보편적 연관점을 갖는다". 다만 이 점은 반성취미의 판단인 경우에만 해당하며 감관판단은 여기에서 배제되어야 한다. 후자와 관련해서 보편적 동의를 요구하는 것 자체가 모순이기 때문이다. 그렇다면 설사 주관적으로는 타당할 수 있어도 결코 보편적으로는 타당할 수 없는 감관판단에서는 감성과 지성이 제대로 "부합"할 조건이 성립되지 않음을 유추할 수 있다.

이러한 구분은 『학문으로 출현하게 될 미래의 모든 형이상학을 위한 서설』의 §18에서 칸트가 "경험판단"과 "지각판단"을 구분하는 정황과 구조적 유사성이 있다. 전자는 대상에 대한 경험을 바탕으로 그 대상에 대한 인식에 도달하는 행위를 뜻한다. 이는 당연히 객관적 타당성을 갖는다. 반면 후자는 "경험판단"이 내려지기 전에 수용되는 "경험적" 표상이 개념에 의해 적절히 포섭되지 않은 상태에서의 판단으로서 오직 주관적으로만 타당하다. 『판단력비판』의 표현을 토대로 유추하자면 전자는 인식능력들(표상능력들)이 상호 부합한 결과인 반면 후자는 상호 불균형 상태에서 비롯한, 그러니까 경험적 지각과 관련된 인식능력(감성)에 비해 이를 규정하는 인식능력(지성)이 제 기능을 발휘하지 못한 결과라고 볼 수 있다.

그런데 감정의 보편적 전달 가능성이 취미판단에서는 "순전히 주관적"인 근거에 따라, 대상에 대한 규정된 개념을 떠나 성립해야 한다. 분명 취미판단에서도 인식능력들의 상호 "부합"이 이루어질 것이 요구된다. 그러나 그 근거는 "순전히 주관적"이어야 한다. 이런 맥락에서 취미판단 특유의 보편성의 조건으로서 칸트가 제시하는 것이 바로 "인식 일반cognition in general"이다. '일반'의 반대는 '규정됨' 혹은 '특정'이다. 즉 "인식 일반"은 "규정된 인식에 제한받지 않는"(§12.2) 인식을 뜻한다. 그러나 이때에도 인식능력들은 온전히 발휘된다. 모든 인식능력이 제대로 작동하면서 특정하게 규정된 인식 규정이 산출되지 않는, 즉 인식이되 규정된 인식이 아닌 인식을 "인식 일반"이라고 부른다. 여기에서 일단 우리가 주목할 것은 취미판단 특유의 보편성을 담보하는 "근거"가 "주어진 표상을 표상력들이 인식 일반과 관계 맺게 할 때 그 표상력들의 상호 연관에서 접하는 심성 상태가 아닐 수 없다"는 점이다. 이런 조건에 따라 "심성 상태의 보편적 전달 역량"을 요구할 권리가 취미판단의 주관에게 부여된다.

9.4 인식능력들

[§9.4] 이 표상에 의해 유희하는 인식력들은 이때 자유롭게 유희 중인데, 왜냐하면 인식력들을 특수한 인식규칙에 제한할 규정된 개념이 없기 때문이다. 따라서 이 표상 중의 심성 상태는 주어진 하나의 표상에서 표상력들이 인식 일반을 위해 자유롭게 유희하는 감정 상태일 수밖에 없다. 그런데 여하한 인식이 이루어지도록 대상을 가져다

주는 하나의 표상에는 잡다한 직관을 합성하기 위한 상상력이, 그리고 표상들을 통합하는 개념의 통일을 위한 지성이 필요하다. 대상을 가져다주는 표상에서 인식능력들의 이러한 자유 유희 상태는 보편적으로 전달될 수밖에 없으니, 인식이야말로 (그 객관이 어떤 주관에게 있든 간에) 주어진 표상들이 부합하도록 하는 객관 규정으로서 모든 이에게 타당한 유일한 표상종류이기 때문이다. (V.217)

한 주관의 심성 상태인 쾌의 감정이 다른 주관들의 심성 상태와 소통될 가능성은 인식력(표상력)[43]들의 상호 조화로운 관계 설정을 통해 주어진 표상을 "인식 일반"과 연관 지을 때 확보된다. 대상의 표상이 주어졌을 때 —적어도 대상의 생리적 자극에 직접 이끌리지 않는 경우라면— 주관의 인식능력은 상호 조화로운 관계를 유지하는데, 칸트는 이를 인식력들의 "유희"라고 말한다. "유희" 혹은 "유희하다"는 영어('play')나 독일어('Spiel/spielen')나 그 의미상의 차이는 없다. 일상생활에서 '유희'는 그 행위의 목적이나 결과에 관심을 두지 않고 행위 자체의 즐거움에 비중을 두는 태도를 전제한다. 그렇다고 관능적 쾌락에 매몰되는 것도 아니다. 그래서 "유희"라는 말이 낳는 오해를 방지하고자 '놀이'라는 말을 사용하기도 한다.

판단의 내용이 보편타당성을 띤다면 (그것이 인식판단이든 취미판단이든 간에) 인식능력들의 "유희"는 이루어진 것으로 볼 수 있다. 이때 "유희"는 일단 인식능력들 간에 이루어진 '상호 작용interaction' 정도의 의

미로 이해할 수 있다. 그러나 취미판단을 내릴 때의 심성 상태가 갖는 특유성은 바로 주관의 인식능력들이 "자유 유희" 상태에 놓인다는 데에 있다. 칸트가 이 말을 사용하는 맥락을 살펴보면 그것이 "자유 유희"일 경우 즐거움의 감정을 그 결과로 수반하기는 하지만 즐거움의 감정이 언제나 "유희"의 필요조건은 아님을 알 수 있다. 정적인 "형상"의 반대 개념으로 사용되고 있는 §14 이후의 언급을 고려한다면 이 말은 (미디어 플레이어의 'play(▶)'가 뜻하는 바처럼) 작동(작용) 내지 동작이라는 기본적인 의미를 전제하고 있다.

도덕적 자유와 구분되는 미감적 자유의 특징에 대해서는 이미 §5.2에서 설명한 바 있다. 인식력들 간의 상호 작용을 자유롭다고 말하는 까닭에 대해 칸트는 "특수한 인식규칙에 제한할 규정된 개념이 없기 때문"이라고 말하고 있다. 따라서 취미판단을 내리는 주관의 심성 상태에서 나타나는 "자유 유희"는 "인식 일반"과 연관되어 있다. 즉 "이 표상 중의 심성 상태는 주어진 하나의 표상에서 표상력들이 인식 일반을 위해 자유롭게 유희하는 감정 상태일 수밖에 없다". 그리고 "인식능력들의 이러한 자유 유희 상태는 보편적으로 전달될 수 있"다. 판단에 필요한 인식능력들의 상호 작용은 판단의 (그것이 인식판단이든 취미판단이든 간에) 보편적 전달 가능성의 조건이 된다. 특히 취미판단에서는 "표상력들이 인식 일반을 위해 자유롭게 유희하는 감정"이 성립하며 이러한 감정이 곧 쾌 혹은 불쾌의 심성 상태이다. 그리고 이러한 심성 상태는 주관적이지만 분명히 "보편적 전달 역량"을 주장할 근거를 확보한다.

"인식 일반", "자유 유희" 등을 설명하면서 지속적으로 언급되는 "인식능력들"이 구체적으로 무엇인지에 대해 칸트는 다음과 같이 설명한다. "여하한 인식이 이루어지도록 대상을 가져다주는 하나의 표상에는 잡다한 직관을 합성하기 위한 상상력이, 그리고 표상들을 통합하는 개념의 통일을 위한 지성이 필요하다." 상상력은 주어진 잡다한 직관, 즉 수많은 감각 정보들을 종합하며 지성은 거기에 개념을 부여한다. §1.1에서 주어진 표상이 지성의 주도 아래 대상과 인식론적으로 관계하는가, 아니면 상상력의 주도 아래 주관의 감정과 미감적으로 관계하는가에 따라 논리적 인식판단과 미감적 판단이 구분된다고 말한 바 있다. 물론 인식판단이든 취미판단이든 인식능력들, 즉 상상력과 지성의 조화로운 관계(유희)는 필수적이다. 게다가 취미판단에서의 표상종류에서 주도적인 역할을 하는 상상력이 지성과 결부되어 있다는 점을 칸트는 §1.1에서도 명시한 바 있다. 『순수이성비판』에서 인식의 두 근원으로 제시한 것이 '감성'과 '지성'인 점을 감안하면, §1.1에서, 그리고 §9.4에서 '상상력'과 '지성'을 언급한 부분은 매우 흥미롭다. 『순수이성비판』에서 감성은 지성과 더불어 대상 인식의 근본 능력에 속한다. 감성의 선험적 원리를 다루는 항목을 칸트는 'Ästhetik'이라고 부르는데, 이때의 '에스테틱'은 감성에 대한 인식론적 탐구에 해당한다. 칸트 미학의 주저라고 불리는 『판단력비판』에는 정작 'Ästhetik'이라는 말이 딱 한 번 등장한다["판단력의 초월론적 미학"(V.269)]. "ästhetisch", 즉 "미감적"이라는 용어가 주로 등장하는 것이다. 『판단력비판』 제1부의 주제는 '미감적 판단력'이다. 이 경우 감성은 대상에 대한 논리적 인식의 능력으로서 다루어지는 것이 아니라 대상에 대한 '미감적 테오리아'를 수행하는 능력으로서 다루어진다. 이런 지평에서 칸트는 감성을 대상 인식의 능력으로서가 아니라 미감적 반성을 위한 표상력으로 바라보고 있다. 논리적 인식과 미감적 반성의 대비는 바로 상상력과 지성의 관계에서 가장 간명하게 드러난다는 것이 칸트의 생각이다.

9.5 상상력과 지성의 자유로운 유희

[§9.5] 취미판단에서 표상종류가 주관적, 보편적으로 전달될 가능성은 규정된 개념을 전제함 없이 생겨야 하는 까닭에 상상력과 지성이 (인식 일반에 요구되는 만큼 양자가 부합하는 한에서) 자유롭게 유희하는 심성 상태가 아닐 수 없다. 인식 일반에 알맞은 이러한 주관적 연관이 누구에게나 타당함으로 해서 이 관계의 보편적 전달이 가능할 수밖에 없음은 물론이요, 그 어떤 규정된 인식이든 언제나 주관적 조건인 저 연관에 의거함을 우리가 의식하고 있음으로 해서 말이다.
(V.217/218)

취미판단 특유의 보편성 요구에 대해 칸트는 이제 "표상종류가 주관적, 보편적으로 전달될 가능성"이라고 말한다. "주관적"이므로 "어떤 규정된 개념을 전제함 없이 생겨야" 한다. 그렇다면 이러한 "전달가능성"은 "상상력과 지성이 […] 자유롭게 유희하는 심성 상태가 아닐 수 없다". 두 인식능력들은 인식판단을 위해 작동되는 것이 아니기에 "인식 일반에 요구되는 만큼 양자가 부합"한다. "인식 일반에 알맞은 이러한 주관적 연관"은 단지 취미판단을 내리는 주관에게만 적용되는 조건이 아니라 "그 어떤 규정된 인식이든 언제나 주관적 조건인 저 연관에 의거"한다. 즉 주어진 표상을 인식 일반과 연관 짓는 인식능력들의 활동은 규정적 인식이든 아니든 간에 "누구에게나 타당"한 선결 조건이다. 이 조건을 충족하되 논리적 인식판단에서는 특정한 하나의 규정을 내리는 작업이 추가적으로 이루어진다는 차이를 갖는다. 다만 그럴 경우 인식능력들의 유희(조화로운 관계)는 있을지언정 자유로운 유희는 보장되지 않는다.

9.6 인식능력들의 유희와 대상의 판정

> [§9.6] 대상에 대한, 즉 대상을 가져다주는 표상에 대한 순전히 주관적(미감적)인 판정이 대상에서의 쾌에 선행하며 인식능력들의 조화에서의 이 쾌의 근거다. 대상 판정의 주관적 조건인 저 보편성이야말로 우리가 아름답다 일컫는 대상의 표상과 결부된 만족이 이렇듯 주관적으로 보편타당할 수 있는 근거가 된다. (V.218)

지금까지의 설명을 바탕으로 칸트는 표상에 대한 미감적 반성("판정")이 감정에 앞선다고 말한다. 그리고 "판정"의 "주관적 조건"을 이루는 저 "보편성", 즉 "표상종류의 보편적 전달 가능성"(§9.5)으로 인해 아름답다고 일컬어지는 대상에서 유발된 만족이 주관적임에도 보편적으로 타당할 수 있다. 칸트는 여기에서 "대상의 판정"을 대상에 대한 '미감적인 판정'이라고 말하는 것 외에는 별다른 설명을 추가하지 않았다. 지금까지 논의된 내용 가운데 이와 관련된 부분을 종합해 보자.

〈A〉취미판단에서는 표상이 주관의 감정과 연관을 맺는다(§1).

〈B〉아름다운 대상(의 표상)에 깃든 만족이 취미판단을 규정한다(§2).

〈C〉보편적 동의에 대해 요구할 권리가 바로 취미판단을 가능케 하는 주관적·보편적 조건이다(§§7-8).

〈D〉취미판단에서는 대상의 판정이 (대상에 대한) 쾌의 감정에 선행한다(§9).

이런 내용을 토대로 하여 지금 막 §9에서 언급된 것들을 정리해 보자. 표상의 주관적 연관(〈A〉)은 "상상력과 지성의 자유로운 유희"라는 주관의 심성 상태를 뜻한다. 이러한 상태에서 주어진 표상은 "인식 일반"과 연관을 맺는다. 그런데 이러한 심성 상태에 대해 다른 모든 이들이 동의해 줄 것을 요구하는 일이 가능하다(〈C〉). 왜냐하면 판단에서 주관의 상태가 보편적으로 전달 가능한 경우는 바로 인식과 연관된 경우 이외에는 없기 때문이다. 다만 취미판단의 경우에는 규정된 하나의 개념에 입각한 인식이 아니기 때문에 주관적 보편타당성을 그 조건으로 갖는다. 취미판단이란 주어진 표상에 대한 주관의 만족 없이 이루어질 수 없다(〈B〉). 이런 '현실적' 감정은 사실 마음을 보편적으로 전달할 역량 '가능성', 즉 이에 대한 요구로부터 나올 수 있다. 즉 취미판단을 통한 쾌를 보편적으로 전달할 가능성이 판단의 주관이 갖는 만족의 (주관적이지만 보편적인) 근거가 된다. 자유로운 유희의 심성 상태를 통해 쾌가 보편적으로 전달될 가능성이 생긴다. 그렇다면 쾌의 감정을 결과로 낳는 "대상의 판정"(⟨D⟩)이란 결국 "인식 일반"과 연관을 맺는 바로 그 순간, 즉 주관의 인식력들이 자유로운 유희를 하는 심성 상태를 뜻하는 것일 수밖에 없다. 이 순간은 쾌의 보편성을 담보하는 근거가 되며 이를 근거로 하여 주관은 대상으로부터 쾌를 얻게 된다. "인식능력들이 관련되어야만 자신의 심성 상태를 전달할 수 있음이 쾌를 수반한다"(§9.7)는 것이 칸트의 주장이다.

9.7 판정은 만족의 선험적 근거인가

[§9.7] 인식능력들이 관련되어야만 자신의 심성 상태를 전달할 수 있음이 쾌를 수반한다는 점은 인간이 (경험적, 심리적으로) 지닌 자연스러운 사교성을 통해서도 해명될 수 있을 것이다. 그렇지만 우리의 의도에서 보면 이는 충분치 않다. 우리가 칭하는 미가 마치 개념에 따라 규정된 대상 성질인 양 간주되지만 미가 주관의 감정과 무관하다면 그 자체로는 결코 아무것도 아닌 까닭에, 취미판단에서는 우리가 느끼는 쾌를 다른 그 누구라도 필연적으로 느낄 것이라 요망한다. 이 문제에 대한 상론은 '미감적 판단이 선험적으로 가능한가, 그것이 어떻게 가능한가'에 대답할 수 있을 때까지 보류할 수밖에 없다. (V.218)

쾌가 보편적으로 전달될 가능성에서 쾌의 감정을 도출하려는 칸트의 견해는 논리적으로 단순해 보이면서도 사실은 매우 어려운 문제를 함축하고 있다. 순수한 취미판단이란 것은 대상으로부터 촉발된 자극으로부터 쾌감이 도출되는 감관판단과 다르다. 하지만 문제는 전자이든 후자이든 어차피 미감적 판단인 한에서 현실적으로는 구체적인 하나의 대상을 직접 접함으로써만 가능하다는 데에 있다. 따라서 전자이든 후자이든 실제 판단이 이루어지는 과정으로 본다면 대상으로부터 표상을 부여받는 일이 첫 번째 절차가 된다. 칸트에 따르면 순수한 취미판단의 경우에도 당연히 대상과의 직접적 접촉이 절차상의 출발점이 되지만, 주관이 얻는 감정의 연원은 바로 그 대상의 성질이 아니라 인식능력들 간의 "자유로운 유희"를 통해 "인식 일반"과 연관을 맺는 주관의 심성 상태 자체로부터 기인한 "보편적 전달 역량"에 있다. 인식능력이 연계되지 않는다면 주관의 마음을 타인과 소통할 수 없다는 사실로부터 주관이 갖는 "쾌의 감정"을 도출하는 칸트의 논법은 어떻게 정당화될 수 있을까? §7.3에서 논의되었던 경험적 일반성의 차원에서, 그리고 "무인도"의 사례(§2.1)를 통해 설명되었던 "자연스러운 사교성"의 차원에서 그 근거가 도출되는 것에 만족할 수는 없다. "대상의 판정"의 결과로서 주관은 아름다운 대상에 대한 만족의 감정을 갖는다. 이는 단순히 경험적 근거가 아니라 초월철학적 지평에서 논의되는 근거에 따른다. 다만 '미감적 판단이 선험적으로 어떻게 가능한지'에 대한 해명은 여기에서 내려지지 않는다. 다만 "공통감의 이념"(§20) 정도가 미 분석론에서 제시되는 실마리에 해당할 것이다.

§9.1에서 밝힌 바와 같이 칸트는 이 근거에 대한 해명을 점진적으로 수행해 나간다. 그리고 그에 대한 본격적 논의는 "연역"(§30-)에서 이루어진다.

9.8 인식력들의 상호 합치를 어떻게 알 수 있는가

> **[§9.8]** 지금은 그보다는 조금 작은 문제를 다루고자 한다. '취미판단에서 인식력들 사이의 주관적 합치를 우리는 어떤 방식으로 의식하는가? 순전한 내적 감관 내지 감각을 통한 미감적 방식인가, 아니면 우리가 저 인식력들을 유희하게 하는 우리의 의도적 행위의 의식을 통한 지성적 방식인가?'가 바로 그것이다. (V.218)

이 근거에 대한 해명을 위해 미 분석론에서는 "합목적성"이나 "공통감의 이념"이 제시되며, 이후 '연역론'에서는 이것을 포괄적인 층위에서 정당화하는 문제들이, 그리고 '변증론'에서는 도덕성과의 연관이 다루어진다. 그러나 "지금은 그보다는 조금 작은 문제를 다루고자 한다". 그것은 바로 취미판단을 내리는 주관의 인식력들이 상호 합치한다는 것을 우리가 어떻게 알 수 있는지다. 즉 "미감적 방식"에 의해 알 수 있는지, 아니면 "지성적 방식"[44]에 의해 알 수 있는지를 다루고자 한다.

9.9 표상(대상)과 인식능력(주관)의 조율

[§9.9] 만일 취미판단의 기회를 부여하는 주어진 표상이 대상의 판정
에서 객관 인식을 위해 지성과 상상력을 통합하는 개념이었다면, 이
연관에 대한 의식은 (비판이 다루는 판단력의 객관적 도식론에서처럼) 지성
적이었을 테다. 그러나 그럴 경우 이 판단은 쾌 혹은 불쾌와는 무관하
게 내려질 것이므로 취미판단일 수 없을 테다. 취미판단은 개념에 의
존하지 않고 만족의 관점에서, 미라는 술어의 관점에서 객관을 규정
한다. 따라서 저 연관의 주관적 통일성은 오직 감각을 통해서만 알려
진다. 주어진 표상을 기회 삼아 이를 매개로 하되 인식 일반에 필요한
비규정적인 행위를 위해, 두 능력(상상력과 지성)이 하나 되도록 하는 행
위를 위해 활성화되었다는 감각의 보편적 전달 가능성이야말로 취미
판단이 요청하는 바다. 객관적인 연관에 대한 사유는 가능하지만 주
관적인 조건 아래에서는 그 연관이 심성에 미친 결과에서 감각될 수
있다. 개념이 근거로 놓이지 않은 (즉 표상력과 인식능력 일반의) 연관에
대한 의식은 상호 부합을 통해 활성화된 심성의 두 힘들(상상력과 지성)
의 경쾌한 상호 유희의 결과에 대한 감각이 아닐 수 없다. 다른 표상
들과 비교함 없이 개별적으로 있음에도 지성 일반의 과업인 보편성의
조건에 부합하는 하나의 표상이 인식능력들을 균형 잡힌 정조로 이끈
다. 이러한 정조는 모든 인식을 위해 요구되며 그렇기 때문에 지성과
감관을 결합하여 판단하도록 규정된 그 누구에게든 (그 어떤 인간에게
든) 타당한 것으로 여겨진다. (V. 218/219)

§9.8에서 언급한 "조금 작은 문제"에 대한 답은 바로 내려진다. 취미판단의 타당성을 담보하는 기제가 결코 개념이 되어서는 안 된다. 즉 지성과 상상력의 관계가 『순수이성비판』에서 서술된 논리적 인식판단의 경우처럼 "지성적"이라면 쾌의 문제를 논의할 수 없다. 반면 취미판단은 개념을 떠나면서도 대상에 미라는 술어를 부여한다. 이때의 규정이란 인식판단에서 이루어지는 개념에 입각한 대상 규정이 아니다. "저 연관의 주관적 통일성", 그러니까 저 관계에 대해 주관이 취하는 통일적 관계는 "인식 일반에 알맞은 이러한 주관적 연관"(§9.5)이며 이는 오직 감각을 통해서만, 즉 오직 미감적인 방식으로만 전달 가능하다. 즉 인식능력들이 상호 합치하는 심성 상태에 대해 주관은 철두철미 미감적 반성의 태도를 취한다. 이런 맥락에서 칸트는 미 분석론의 두 번째 계기에서 규명되는 주관의 심적 상태를 다음과 같이 말한다. "주어진 표상을 기회 삼아 이를 매개로 하되 인식 일반에 필요한 비규정적인 행위를 위해, 두 능력(상상력과 지성)이 하나 되도록 하는 행위를 위해 활성화되었다는 감각의 보편적 전달 가능성이야말로 취미판단이 요청하는 바다." 인간의 인식력들은 표상이 주어지는 대로 서로를 "활성화"한다. 이 과정에서 "비규정적인" 인식, 즉 "인식 일반"과 연관된다. 이러한 상호 작용은 지성을 통해 규정되는 것일 수 없고 철두철미 미감적으로 의식된다. 그렇지만 주관의 이러한 "감각의 보편적 전달 가능성"에 대한 "요청"이 있음으로 해서 취미판단은 가능하다. 즉 판단의 주관은 감각이 보편적으로 전달될 것을 요구할 권리가 있다.

한 주관의 감각(쾌의 감정, 즐거운 심성 상태)이 다른 모든 주관들과 보편적으로 소통 가능하다는 점으로 인해 주관(인식능력)과 표상(대상) 간 상호 조화의 가능성이 "객관적"으로 놓여 있는 것은 아닌지 하는 생각이 드는 것은 자연스러운 일일 수 있다. 주관은 자신과 대상 간의 '예정 조화pre-established harmony'[45]에 대해 생각(사고/사유)은 할 수 있다. 그러나 이를 분명하게 규정할 수는 없다. 생각thinking은 가능하지만 인식cognition은 불가능한 것이다. 칸트가 보기에 인식됨 없이 그저 생각할 수 있을 뿐인 영역에서도 개념은 산출된다. 그러나 이때의 개념은 대상을 규정하는 지성이 아니라 추론하는 이성의 소관 사항이다. 칸트 인식론에서 인식이 되려면 감성에 의해 무언가가 수용되고 이에 지성이 개념을 부여해야 하지만, '예정 조화'와 같은 것은 감성적 직관과는 무관하며 따라서 지성이 여기에서 역할을 수행할 기회가 없다. 감성적 직관 없이 오직 이성에 의해 생각될 뿐이다. 어쨌든 이성의 사고(추론)에 의해 생겨난 개념을 칸트는 '이념'이라고 부른다. 주관과 대상의 조화로운 질서에 대한 생각은 지성의 개념은 아닐지라도 이성의 개념으로서 인간의 심성 상태에 분명히 영향을 미친다. 이러한 태도와 관점은 '목적론적 판단력비판'의 주요 주제를 이룬다.

그러나 우리는 지금 미감적 방식으로 의식되는 양자 관계를 논의하고 있다. 즉 "개념이 근거로 놓이지 않은 (즉 표상력과 인식능력 일반의) 연관에 대한 의식은 상호 부합을 통해 활성화된 심성의 두 힘들(상상력과 지성)의 경쾌한 상호 유희의 결과에 대한 감각이 아닐 수 없다". §1.2에서 칸트는 취미판단이 주어진 표상에 대하여 그것이 "표상의 능력 전체"와 견줌으로써 이루어진다고 설명한 바 있다. 이는 표상과 주관의 능력의 조화로운 관계를 뜻하는 것이었음을 이제 알 수 있다. 다만 §1.2의 표현이 이제는 좀 더 섬세해졌다. 대상의 표상과 주관의 표상력이 조화롭게 상호 작용하게 되면 후자는 특정 인식에 필요한 능력에 치중되지 않고 "인식능력 일반"을 위해 활성화된다. 대상에 대한 인식 과정에서 "두 심성력들" 사이에 이루어지는 유희와는 달리, "인식능력 일반"을 위해 활성화되는 상황에서는 한결 더 "경쾌한", 즉 자유로운 유희가 이루어진다. 주관의 상상력과 지성이 서로를 활성화하는 유희를 통해 주관은 자신과 대상 간의 조화 관계에 대한 "감각"을 갖는다. 이러한 심성 상태는 보편적 전달력을 갖는다.

"인식능력 일반"이라고 해서 구체적인 대상과의 접촉이 없다는 것은 아니다. 미감적 직관의 특성상 이는 불가능하다. 또한 순수한 취미판단은 가령 구체적 접촉의 사례들을 비교하여 "일반적 규칙"(§7.3)을 얻는 데에 만족하는 감관판단과는 다른 조건하에 있어야 한다. "개별적으로 있음에도 지성 일반의 과업인 보편성의 조건에 부합하는 하나의 표상이 인식능력들을 균형 잡힌 정조로 이끈다." 취미판단 특유의 이러한 조건을 주어진 표상에 초점을 맞추어 표현한다면 "표상종류의 주관적, 보편적 전달 가능성"(§9.5)이라고 할 수 있다. 이러한 조건은 한낱 "일반적 규칙"을 도출한 것에 만족하지 않는, 보편적이지만 규정된 하나의 지성 개념에 따르지 않고 "지성 일반"과 연관을 맺는, 취미판단 특유의 "표상종류"에 따른 귀결이다. 지성과 감성의 결합을 통해 인식이 이루어질 때는 언제나 인식능력이 "균형 잡힌proportioniert 정조

情調"에 처한다. 여기서 "정조Stimmung"는 '기분', '분위기', 혹은 음악에서의 '조율調律'을 가리킨다. 따라서 "균형 잡힌 정조"란 인식능력(인식력 혹은 표상력)의 비율이 최적의 상태로 조율된, 이른바 대상의 판정에 합목적적인 심성(마음) 상태["우리 인식능력들의 내적, 합목적적 정조"(§61.2)]를 뜻한다. 앞서 등장한 "보편적 목소리allgemeine Stimme"(§8.6) 또한 이런 조율된 기분을 바탕으로 하여 요구할 수 있는 보편타당성을 뜻한다. "이러한 정조는 모든 인식을 위해 요구되며 그렇기 때문에 지성과 감관을 결합하여 판단하도록 규정된 그 누구에게든 (그 어떤 인간에게든) 타당한 것으로 여겨진다. 취미판단이든 인식판단이든 이런 상태에 놓임으로 해서 그 판단 내용이 모든 인간에게 적용된다. 다만 취미판단에서는 특유의 개별적인, 그러면서 보편적인 조건하에서 이러한 조율이 이루어진다. 따라서 우리는 취미판단 특유의 "표상종류"에 주목하게 된다. 그런데 흥미로운 것은 주어진 표상에 대한 취미판단의 주관 특유의 처리 '방식'이 없이는 그러한 '종류'의 표상 특유의 성질에 대한 주목이 불가능하다는 점이다. 요컨대 미감적 '종류'의 표상에 대한 미감적 '방식'의 접근이 있어야만 취미판단 특유의 상황이 온전하게 확보된다. 종류와 방식의 상호 관계, 즉 대상과 주관의 조화는 취미판단을 초월론적으로 정초하기 위해 반드시 살펴보아야 할 주제이다. 이를 위해서 칸트는 미 분석론의 세 번째 계기를 통해 이른바 '목적', '합목적성' 등의 개념을 설명한다.

양의 계기에 따른 미 분석

'양'의 계기는 개별성(특수성)과 보편성의 문제와 관련된다. 취미판단은 감관판단의 경우처럼 사적 감정에 매몰되지 않고 보편적 전달 가능성에 대한 청구를 자신의 가능 근거로 삼는다. 이러한 근거가 인식판단의 경우처럼 규정된 하나의 개념에 입각하지 않는다는 점에서 취미판단 특유의 주관적 보편성이 성립한다. 네 개의 절(§§6-9)을 통해 칸트는 개념 없는, 즉 개념을 떠나도 성립하는 보편성이 취미판단의 주관적 근거가 된다는 점을 다음과 같이 밝힌다.

> 두 번째 계기로부터 도출된 미의 해명:
>
> 아름다운 것은 개념 없이 보편적으로 만족스럽다. (V.219)

취미판단의 조건 3: 목적 없는 합목적성

— 관계의 계기에 따른 분석 (§§10-17)

취미란

규정된 하나의 목적에 대한 표상 없이

합목적성의 형식에 따라

대상의 아름다움을 판정하는 능력이다.

합목적성

10.1 목적과 쾌

취미판단의 세 번째 계기: 관계

§10 합목적성 일반에 관하여

[§10.1] 목적을 초월론적 규정에 따라 (즉 쾌의 감정 같은 경험적인 것을 전제함 없이) 해명한다면, 한 개념이 대상의 원인(대상 가능성의 실재적 근거)으로 간주될 때 그 개념의 대상을 목적이라 한다. 그리고 개념이 자신의 객관에 대해 갖는 인과성을 합목적성(목적 형식)이라 한다. 그러니까 대상의 인식에 머물지 않고 더 나아가 (대상의 형식이든 실존이든 간에) 대상 자체가 생각될 때, 대상이 결과로, 오직 결과의 개념을 통해서만 가능한 것으로 생각될 때, 목적이 생각되는 것이다. 이때 결과의 표상이 그 원인을 규정하는 근거가 되며 결과가 그 원인에 앞선다. 주관이 유지하려는 상태의 인과성을 이루는 표상에 대한 의식을 보통 쾌라고 부르며, 반면에 표상의 상태를 정반대로 규정할 (즉 이 표상을 저지하거나 제거할) 근거를 지닌 표상을 불쾌라 한다. (V.219/220)

『순수이성비판』에서 칸트가 직관에 통일성을 부여하는 지성의 기능에 대한 설명의 골자가 『판단력비판』의 미 분석론에도 준용되고 있다는 점은 이미 언급한 바 있다. 지금까지 '질'의 계기와 '양'의 계기에 따라 취미판단에 대한 분석이 수행되었고 이제는 '관계'의 계기에 따른 분석이 이루어진다. 세 번째 계기에 따른 분석에서 가장 눈에 띄는 개념은 좋음에 깃든 만족과 결부된 것으로서 §4에서 이미 논의된 "목적", 그리고 이와 관련된 개념으로서 "합목적성"이다. 그런데『순수이성비판』의 "관계의 범주"를 살펴보면 칸트가 생각하는 관계란 '실체와 속성', '원인과 결과', '상호 작용' 등을 뜻한다. "목적" 혹은 "합목적성"과 결부되는 관계 범주는 "인과성"이다. 그렇다면 "인과성"과 "목적"이 어떻게 연결되는 것일까?

『순수이성비판』에서 현상의 총체로서 자연을 설명할 때 칸트가 말하고자 했던 바는 자연 사물이 감성적 직관에 의해 수용되고 이에 지성이 규칙을 부여함으로써 인식론적으로 유의미한 대상이 된다는 점이다. 이러한 자연은 철두철미 인과론적으로 설명 가능한 현상들에 국한된다. 하지만 자연이 언제나 인과론적으로 명징하게 파악되는 것은 아니다. 비가 오는 이유를 기상학적으로 설명하는 것은 가능하지만, 왜 하필이면 나들이를 가려 했던 오늘 비가 오는지에 대해서까지 기상학자가 설명해 주지는 못한다. 눈이라는 신체기관이 사물을 인지하는 메커니즘을 신경생리학적으로 설명하는 것은 가능하겠지만, 왜 굳이 우리의 눈이 두 개인지에 대해 신경생리학자가 설명해 줄 수 있는 것도 아니다. 말하자면 자연의 법칙을 통해 인과론적으로 파악되는 현상 '너머'의 자연에 우리는 시선을 두게 된다. 이런 맥락에서 칸트는 전통 철학의 사유방식으로서 근간을 이루었던, 그러나 기계론적 방법론의 위세로 인해 점차 밀려났던 목적론적 사유에 다시 주목한다. 『판단력비판』은 바로 이러한 사유를 철학에 다시 도입하려 했던 노력의 산물이라고 할 수도 있다. '반성하는 판단력'도 '목적론적 사유'와 긴밀한 연관 속에서 이해될 수 있는 개념이다. 이런 맥락에서 칸트는 단지 작용과 그 결과의 연관이 지성에 의해 완전하게 포착되지 않는 '현상 너머의 자연', 즉 '자연 너머의 자연'을 '목적의 인과성'과 결부시킬 따름이다. 『판단력비판』의 제2부 "목적론적 판단력비판"에서 칸트는 자신의 초월론 철학의 토대에 입각하여 『순수이성비판』에서 해명된 이론철학의 지평을 좀 더 확장하였다.

『판단력비판』의 제1부 미감적 판단력비판도 분명 이러한 목적론과 유비 관계에 있다. 그러면서도 목적론과는 차별화되는 고유한 주관의 태도를 견지한다. 반성적 판단력의 목적론적 사용 및 미감적 사용의 연관과 차이는 가령 "호의"(§5.2)나 "균형 잡힌 정조"(§9.9) 등을 통해 이미 시사된 바 있는데, 미감적 반성은 "합목적성"의 '주관적' 지평에서, 목적론적 반성은 그것의 '객관적' 지평에서 궁리된 개념이다. 따라서 '미감적 판단력비판'은 '주관적 합목적성'의 원리에 따른 판단력을 분석한다.

우선 칸트는 "목적을 초월론적 규정에 따라 (즉 쾌의 감정 같은 경험적인 것을 전제함 없이) 해명한다"라고 말한다. "초월론적 규정에 따라", 즉 "경험적인 것을 전제함 없이" 해명한다 함은 경험을 가능하게 하는 선험적 토대를 규명한다는 뜻이다. 목적에 대한 초월론적 해명 또한 목적에 대한 경험적 연관을 전제함 없이 목적의 선험적 의미연관을 규명한다는 뜻일 것이다. 그런데 칸트는 목적의 경험적 연관의 대표적인 사례로 "쾌의 감정"을 들고 있다. 우리는 지금까지 미감적 판단을 논하면서 표상과 주관의 관계에서 "쾌의 감정" 혹은 "만족"의 연관을 배제한 적이 없다. 그것이 배제된다면 더 이상 미감적 판단이 아니다. 쾌 혹은 불쾌의 감정과 연관을 배제한 채 목적을 해명하는 작업을 칸트가 '초월론적'이라고 말했다 해서 지금까지 진행된 취미판단 분석이 초월론적이지 않았다는 것은 아니다. §4에서 설명된 바와 같이 이성의 관심은 목적 개념과 밀접한 연관을 갖는다. 이 개념의 실현 여부에 따라 주관에게는 쾌 혹은 불쾌의 감정이 생긴다. 다만 여기에서 칸트는 목적과 쾌의 연관에 대한 초월론적 해명이 아니라 목적 자체에 대한 초월론적 해명에 집중하고 있다고 보아야 한다.

초월론적 해명에 따르면 "한 개념이 대상의 원인(대상 가능성의 실재적 근거)으로 간주될 때 그 개념의 대상을 목적이라 한다". 이 단락에는 미 분석론 가운데 가장 난해한 구절들이 포함되어 있는데, 특히 이 문장에서부터 독자는 난관에 봉착한다. 이를 간추리면 목적이란 '대상의 원인인 개념의 대상'이다. 자기모순적 표현이 아닐까 하는 의문이 들 수도 있다. 서론의 IV장에서 칸트는 이미 목적에 대해 이보다 훨씬 이해가 수월한 정의를 내린 바 있다. 이에 따르면 목적이란 "하나의 객관에 대한 개념이 이 객관의 현실성의 근거까지 포함"할 때의 그 개념이다. 즉 어떤 하나의 객관(변호사)에 대한 개념("변호사가 되겠다!")이 있고 이 개념이 근거가 되어 적절한 수단(로스쿨)을 찾고 이를 통해 저 개념을 현실화(변호사가 됨)했다고 할 때, 그때의 개념을 목적이라고 한다. 반면 §10.1에 따르면 목적이란 "대상의 원인"이 되는 "개념의 대상"이다. "대상의 원인"이란 "대상 가능성의 실재적 근거"이다. 그러니까 눈앞의 한 대상(변호사가 됨)은 이를 가능케 한 "실재적 근거"로서의 "개념"("변호사가 되겠다!")을 원인으로 삼는다. 여기까지는 서론에서 표명된 것과 큰 차이가 없다. 문제는 목적을 대상을 가능케 한 개념이 아니라 그러한 "개념의 대상"으로 설명하고 있다는 점이다.

관찰자(감상자)의 입장에서 생각해 보자. (꽃이든, 궁전이든 간에) 어떤 한 대상이 있다. "대상이 결과로, 오직 결과의 개념을 통해서만 가능한 것으로 생각될 때, 목적이 생각"된다. 하나의 대상은 무언가를 목적한 바의 결과일 것이다. 그 대상을 바라보면서 그것을 결과로 갖는 하나의 목적을 떠올린다. 하나의 대상을 바라보면서 이것이 무언가를 도모한 결과물이라는 생각이, 즉 "결과의 표상"이 "그 원인을 규정하는 근거"가 된다. 다시 말해 그 대상을 무언가의 "결과"로 바라보는 표상을 통해 그 대상을 결과로 하는 "원인"이 생각되며 이런 인과적 사유를 통해 "목적"이 떠오른다. 결과를 바라보는 일이 그 원인을 생각하는 "근거"가 된다는 점에서 "결과가 그 원인에 앞선다". 서론에서 정의된 "목적" 개념이 여기에서 부정되는 것이 아니다. 오히려 대상을 먼저 접하는 '관찰자의 시각'을 우선적으로 염두에 두고 설명하고 있는 것으로 보아야 한다.

"목적"에 대한 이해를 바탕으로 "합목적성"[46]을 살펴보자. 칸트는 이 개념을 "개념이 자신의 객관에 대해 갖는 인과성"이라 정의하고 있다. 서론(IV장)에서는 "하나의 사물이 오직 목적에 따라서만 존재할 수 있는 사물들의 특성과 합치"할 때 "이 합치를 이 사물들의 형식의 합목적성"이라고 말한다. 즉 두 사물(대상) 간의 관계가 목적의 개념에 맞게[슴] 받아들여질 때 양자는 '합목적적 관계'에 놓여 있다고 할 수 있다. 여기에서 칸트는 "합목적성"과 "형식"이라는 말을 연결하고 있다. "합목적성의 형식"(§11)은 사물을 바라보는 관찰자의 시각에서 그 사물의 존재 근거를 캐물을 때 합목적성이 바로 그 근거가 된다. 이러한 "합목적성" 개념을 칸트는 'forma finalis'라는 라틴어로 설명한다. '목적이라는 형식' 정도의 의미를 갖는 이 말은 문맥상으로 보면 아리스토텔레스의 네 가지 원인('형상인causa formalis', '질료인causa materialis', '작용인causa efficiens', '목적인causa finalis') 가운데 '목적인'에 해당하는 것으로 볼 수 있지만 어떤 대상에 대한 사유를 통해 파악된 그 대상의 '형상인'으로도 이해할 수 있다. 칸트는 이런 두 가지 맥락에서 'forma finalis'라는 말을 사용한 것으로 보인다. 어쨌든 여기에서 칸트가 강조하고 있는 것은 합목적'성'이란 눈앞의 대상을 '목적'의 인과성에 따라 사유하도록 하는 '형식'이라는 점이다.

　"목적을 초월론적 규정에 따라 […] 해명"한 후, 이제 칸트는 "쾌"와 "불쾌"에 대한 정의를 내린다. 지금껏 이에 대한 정확한 규정이 내려진 바 없이 이와 관련한 다양한 용어들(쾌적함, 쾌락, 향유, 만족 등)이 언급되었다. 그런데 칸트가 쾌 혹은 불쾌의 감정을 설명할 때 표상과 주관의 태도 사이에 일종의 "인과성"이 존재한다고 생각하는 점에 주목할 필요가 있다. 그러니까 '목적'과 '쾌'는 표상에 대한 주관의 인과적 의식의 차원에서 결부되는 것이다. 이런 관점에서 생각해 보면 쾌와 불쾌의 정의를 어렵지 않게 이해할 수 있다. 어떤 표상으로 '인해' 주관은 특정한 심적 상태에 처한다. 즉 표상과 주관의 마음은 인과적 관계에 있다. 이 상태를 "유지"하고 싶을 때도 있고, 반대로 이를 "저지하거나 제거"하고 싶을 때도 있다. 전자와 관련한 표상에서 쾌가 생기며 후자의 경우 불쾌가 생긴다. '합'목적성의 국면에서 미감적 태도에 '맞는' 표상의 '종류'에 대한 논의는 특히 중요하다. 칸트가 "표상종류"라고 말할 때의 '종류' 혹은 '유형'은 표상에 대한 주관의 '태도' 혹은 '방식'을 뜻한다는 점에 대해서는 §1.1에서 이미 언급한 바 있다. 지금까지는 주관의 반성적 태도를 설명하는 과정에서 표상에 대한 주관의 '태도'가 더 부각되었다면, 이제는 주관의 그러한 태도를 가능케 하는 대상의 특정 '유형'에 초점이 맞추어진다. 이에 따라 그러한 태도를 유도하는 표상의 '종류'가 있을 것이라는 생각이 부각된다. 다시 말해 주관의 합목적적 태도에 합당한 표상종류가 있으며 주관의 미감적 반성의 태도는 목적론적 사유와 긴밀히 연관된다.

10.2 합목적적 태도의 필요성

[§10.2] 오로지 개념을 통해 행하도록, 다시 말해 하나의 목적 표상에 맞게 행하도록 규정될 수 있는 욕구능력을 의지라 한다. 그런데 객관, 심성 상태, 행위 등의 가능성이 목적 표상을 필연적으로 전제하는 것은 아니더라도 우리가 목적에 따른 인과성을, 다시 말해 어떤 규칙 표상에 따라 이것들을 그러하게 정돈했을 하나의 의지를 이것들의 근거로 상정하는 한에서 이것들의 가능성이 우리에 의해 소명되고 개

념화될 수 있다는 바로 그 이유만으로도 이것들은 합목적적이라 불린다. 따라서 합목적성이 목적 없이 존재할 수 있으려면, 이 형식의 원인들을 하나의 의지에 정립하지 않았음에도 이것들을 그 의지에서 도출하면서 이것들의 가능성을 개념적으로 소명할 수 있어야 한다. 우리가 관찰한 것이 (그 가능성 면에서) 언제나 이성에 의해 통찰되지는 않는다. 따라서 우리는 하나의 목적(목적 연관의 질료)을 근거로 두지 않고도 형식에 따른 합목적성을 관찰할 수 있으며 반성에 따른 것일 지언정 대상에서 이를 목격할 수 있다. (V.220)

'목적', '합목적성', 그리고 '쾌(불쾌)'에 대해 규정을 내린 후 칸트는 세 번째 계기에 따른 분석에서 사실상 가장 중요한 개념을 소개한다. 그 것은 바로 "목적 없이" 생각될 수 있는 "합목적성"이다. "목적 없는 합목 적성"(§15.1)은 "주관적 합목적성"(§11.2) 혹은 "형식적 합목적성"(§12.2) 내지 "형식의 합목적성"(§13.3)으로 불리기도 한다.

"목적 개념"(§4.1)은 전적으로 "이성의 관심"(§5.2)과 결부되어 있으 며 "오로지 개념을 통해 행하도록, 다시 말해 하나의 목적 표상에 맞게 행하도록 규정될 수 있는 욕구능력"이, 즉 "의지"가 작용한다. 칸트 철 학의 지평에서 의지 가운데 최고의 것은 그 자체로 좋은 것을 향한 의 지, 이른바 선의지善意志다. 실천이성에 의해 의식되는 진정한 자발성 (자기원인)으로서의 '자유'만이 그 자체로 좋다. 이것은 그 어떤 것에 의 해서든 수단이 되어서는 안 되고 언제나 그 자체로 목적이다. 그 이외의 것은 목적 실현을 위한 수단의 연관 관계 속에 놓인다. 이를 칸트는 다른 것을 이루기 위한 것으로서 '유용함'이라고 불렀다. 그 자체로 좋음에 대한 의지든 아니면 무언가의 수단으로서 좋음에 대한 의지든 칸트가 보기에 철두철미 "이성의 관심"과 결부된 이러한 층위의 욕구능력을 그는 '의지'라고 부른다. 반면 대상의 감각적 자극에 이끌리는 본능적 욕구능력을 칸트는 '경향성'이라고 불렀고 이와 관련한 주관의 만족을 '쾌적함에 깃든 만족'(§3)이라고 불렀다. "이성의 관심"은 (그 자체로 좋은 것이든 무언가를 위해 좋은 것이든 간에) 좋음을 지향하는 목적 개념과 밀접한 연관을 갖는다. 대상의 자극에 주관이 이끌려 가는 쾌적함의 경우와 달리 "이성의 관심"에서는 특정한 하나의 목적이 먼저 규정되어 있고 이것의 실현 여부에 따라 만족 혹은 불만족이 결정된다. 목적이 개념인 한에서 이러한 표상과 관련된 판단, 즉 이 목적이 얼마나 제대로 실현되었는가와 관련된 판단은 언제나 (실천적) 인식판단이 된다.

미학의 주제와 관련하여 칸트가 말하는 합목적성은 이른바 "목적 없는 합목적성"이다. 이때 '목적이 없다'는 말을 잘 살펴야 한다. 이 말은 '하나의 목적 개념을 특정할 수 없다'는 뜻이지 '목적이 없다'는 뜻이 아니다. "객관, 심성 상태, 행위 등의 가능성이 목적 표상을 필연적으로 전제하는 것은 아니더라도 우리가 목적에 따른 인과성을, 다시 말해 어떤 규칙 표상에 따라 이것들을 그러하게 정돈했을 하나의 의지를 이것들의 근거로 상정하는 한에서 이것들의 가능성이 우리에 의해 소명되고 개념화될 수 있다는 바로 그 이유만으로도 이것들은 합목적적이라 불린다." 다시 말해 주어진 대상을 무언가 규정할 수 없는 원인(목적)에 의한 것으로 바라보는 태도를 칸트는 "합목적적"이라고 부른다. 앞으로 더 자세히 설명되겠지만 미학에서 설명되는 합목적성은 규정된 하나의 특정 목적, 즉 "목적 연관의 질료"와 결부시켜 이해하려는 "객관적 합목적성"(§15.1)과 구분된다.[47] 취미판단 분석론의 세 번째 계기는 주어진 대상의 관조에서 그것을 결과로 낳은 원인을 궁리할 때 대상에 대한 규정된 목적 개념이 아니라 우리에 의해, 즉 주관의 태도에 의해 해명되고 파악될 수 있다는 전제에서 출발한다. 이러한 고찰방식을 "주관적 합목적성"이라 부른다. 이러한 "형식"은 "원인들[객관, 심성 상태, 행위 등]을 하나의 의지에서 정립하지 않았음에도 이 것들을 그 의지에서 도출하면서" 이해될 수 있다.

주관적, 형식적 합목적성은 "우리가 관찰한 것이 (그 가능성 면에서) 언제나 이성에 의해 통찰되지는 않는다"라는 전제에서 도출된 사고방식이다. 즉 우리 눈앞에 목격되는 대상이 왜, 어떻게 그렇게 존재할 수 있었는지, 또 어떤 방향으로 변화되어 나갈지 논리적 추론능력에 따라 온전히 파악되기는 어렵다. 우리의 지성이 부여한 법칙에 따라 규정되는 대상은 오직 현상으로서의 자연에 국한될 따름이다. 반면 현상 배후의 그 무언가에 대해 규명하려는 인간의 희망은 합목적적 태도를 요구한다. 순수 미감적 관조를 위해서는 하나의 개념으로 특정된 목적 없이도 오직 "형식에 따른 합목적성"에 따라 표상과 조우하며 이때에는 주관의 "반성"이 요구된다. 이런 전제 조건에 따라서 우리는 대상의 의미를 미감적 방식에 따라 나름대로 "인지할 수 있다".

인간의 인식능력의 원천과 한계를 고려할 때 사물의 본래적 모습, 이른바 "사물 자체"에 대한 인식은 칸트가 보기에 절대로 불가능하며, 이는 칸트 미학이 서술된 『판단력비판』에도 지속적으로 관철되는 대전제이다. 다만 이 책에서는 인식의 메커니즘으로는 닿을 수 없는 사물의 진상에 접근하려는 인간의 '목적론적' 지향을 적극적으로 인정하고 대상에 접근하는 새로운 방식을 도모한다. 이러한 지향의 산물이 바로 '합목적성' 개념이다. 합목적성 개념은 주어진 표상을 대하는 주관의 독특한 태도와 방식, 그리고 그러한 태도와 방식을 가능케 하는 독특한 종류와 유형의 표상, 이 양자의 긴밀한 결합을 추구한다. 전자를 '주관적 합목적성'과, 후자를 '객관적 합목적성'과 연관 지어 이해할 수도 있을 것으로 보인다.

11

취미판단에는 그 어떤 목적도 근거로 놓일 수 없다

11.1 목적 없는 합목적성

§11 취미판단은 대상의 (혹은 그 표상종류의) 합목적성의 형식만을 근거로 삼는다

[§11.1] 만족의 근거로 간주되는 목적이라면 그것이 무엇이든 쾌의 대상에 대한 판단의 규정 근거로서 관심을 수반한다. 따라서 취미판단에는 주관적 목적이 근거로 놓일 수 없다. 그런데 객관적 목적의 표

> 상, 다시 말해 목적 결부의 원리에 따른 대상 자체의 가능성에 대한 표상도, 그러니까 좋음의 개념도 취미판단을 규정할 수 없다. 이 판단은 미감적 판단이요 인식판단은 아니기 때문이거니와, 대상의 성질에 대한 개념과는, 이러저러한 원인에 따라 대상 내외적으로 가능한 것에 대한 개념과는 무관하며 하나의 표상을 통해 규정되는 표상력들의 상호 연관과 연계된 판단일 뿐이기 때문이다. (V.221)

§11의 표제는 곧 '취미판단에는 그 어떤 목적도 근거로 놓일 수 없다'는 뜻을 갖는다. 그러니까 미감적 판단에서 요구되는 합목적성은 "목적 없는 합목적성"(§15.1)이다. 대상의 표상으로부터 촉발된, 순전히 사적인 만족을 지향하는 "주관적 목적"도, 대상의 존재 의의와 관련된 "객관적 목적"도 취미판단에서는 근거로 놓여서는 안 된다. 다시 말해 주관의 만족(쾌)이든, 대상(객관)의 개념이든 이를 목적으로 삼아서는 순수한 취미판단이 이루어질 수 없다. 이런 판단은 온전히 취미판단만으로 구성된 판단이 아니라 감관판단 내지 인식판단의 요소가 결부된 판단이다. "이성의 관심"(§5.2) 가운데 좋음에 깃든 만족이 전자를 근거로 삼으며, 자연 대상을 탐구함에 있어 객관적 합목적성의 태도를 견지하는 (『판단력비판』 제2부의) 목적론의 경우 후자를 근거로 삼는다. 미감적 판단은 이러한 (실천적) 인식판단이 아니기 때문에 대상의 "성질"에 대한 것이든 대상을 가능하게 하는 근거에 대한 것이든 [여기에서 대상 "내안"의 근거는 표상 자체가 목적이 되는 경우, 즉 대

상의 완전성과 연관된 목적을 뜻하며 대상 "외[外]"의 근거는 도구적 좋음, 즉 유용성과 연관된 목적을 뜻한다. 이 둘 모두 대상의 "실존" 자체(§10.1)와 관련된 목적으로서 "객관적 합목적성"(§15)과 연계된다] 그 어떤 개념과도 무관하며 오직 "하나의 표상을 통해 규정되는 표상력들의 상호 연관과 연계될 뿐이다".

11.2 주관적 합목적성

[§11.2]   그런데 대상을 아름다운 대상으로 규정하는 중의 이런 연관은 취미판단에 의해 또한 누구에게나 타당한 것으로 설명되는 그런 쾌의 감정과 결부된다. 그러니까 표상에 뒤따르는 쾌적함은 물론이요 대상의 완전함에 대한 표상 및 좋음의 개념도 규정 근거가 되지 않는다. 따라서 (주관적이든 객관적이든) 그 어떤 목적도 없는, 대상의 표상 중의 주관적 합목적성만이, 그러니까 우리에게 대상을 가져다주는 표상에 깃든 합목적성의 순전한 형식만이, 우리가 이를 의식하는 한에서, 개념 없이 보편적으로 전달 가능하다고 판정하는 만족을 이루며 이에 따라 취미판단의 규정 근거가 된다. (V.221)

대상이 제공하는 감각적 자극 자체에 매몰됨 없이, 또한 대상의 개념과 무관하게 오직 "표상력들의 상호 연관과 연계된"(§11.1) 판단이 바로 순수한 취미판단이다. 전자의 경우 "표상에 뒤따르는 쾌적함"이 대세를 이룸으로써 감관판단이 이루어진다. 후자의 측면과 관련해서 취미판단의 조건으로서 이른바 "주관적 합목적성"이 설명된다. §11.1에서 "대상 자체의 가능성"이 대상의 개념("객관적 목적")과 관련되어 있다는 점을 언급한 바 있다. '대상의 가능성'이란 대상의 현상에 대한 기술에 머물지 않고 그것이 지닌 잠재력, 그것의 존재 목적 등을 염두에 둘 때 고려되는 지점을 뜻한다. 대상의 개념에 비추어 그것의 가능성을 객관적으로 고찰할 때 염두에 두는 것은 바로 그 대상 자체의 가장 좋은 상태, 즉 "대상의 완전성"이다. 이는 한 대상을 바라볼 때 "이것이 어떤 사물이어야 하는지"(§15.3)라는 질문에 부응하는 대답을 내용으로 갖는, 대상의 바람직한 가능성을 염두에 둔 목적 개념을 뜻한다. 이러한 관점에서 대상을 판정할 때 인식판단이 이루어진다. '좋음'에 대한 이러한 판단에도 취미판단의 규정 근거가 포함되지 않는다.

감관판단 내지 인식판단의 표상 연관이 아니라 "(주관적이든 객관적이든) 그 어떤 목적도 없는" 표상과 연관 맺는 판단의 주관은 "주관적 합목적성"이라는 "순전한 형식"을 판단의 조건으로 삼게 되며 이를 통해 미감적 만족이, 그것도 "개념 없이 보편적으로 전달 가능"한 만족이 가능해진다.

취미판단은 선험적 근거에 토대를 둔다

12.1 쾌적함에 깃든 만족과 좋음에 깃든 만족에서는 표상과 감정의 선험적 연관 짓기가 불가능하다

§12 취미판단은 선험적 근거에 의거한다

[§12.1] 쾌 혹은 불쾌의 감정이라는 결과와 그 원인이 되는 표상(감각이든 개념이든)의 선험적 결합은 절대 불가하다. 이런 인과관계는 (경험 대상들 사이에서) 언제나 후험적으로만, 경험 자체를 매개로 해서만 인식될 수 있을 테니 말이다. 물론 실천적 이성의 비판에서 우리는 (경험 대상에서 얻는 쾌 혹은 불쾌에 딱 들어맞을 수 없는 그런 감정의 특수하고 특유한 양상인) 존경의 감정을 보편적 윤리의 개념으로부터 선험적으로 도출했다. 거기에서 우리는 경험의 한계조차 넘어서서 주관의 초감성적 성질에 의거한 인과성, 즉 자유의 인과성을 불러낼 수 있었다. 다만 거기에서도 우리는 윤리 이념이라는 원인으로부터 이 감정을 끌어내지 않고 의지규정만을 그로부터 도출했다. 그런데 그로부터 규정된 의지의 심성 상태는 자체가 이미 쾌의 감정이고 이와 동일하며, 그러니까 그에 따른 결과가 아니다. 후자는 좋음이라는 윤리 개념이 법칙에서 비롯한 의지규정에 선행하는 경우에만 상정될 수 있는바, 이때 그 개념과 결부되어 있을 쾌를 순전한 인식인 이 개념으로부터 도출하는 일은 부질없을 테니 말이다. (V.221/222)

'미감적 테오리아'는 대상을 직접 수용함으로써 시작된다는 점에서는 감관판단과 차이가 없다. 다만 이렇게 수용된 감성적 직관을 다시 반성적으로 고찰한다는 점에서는 차이가 생긴다. 칸트가 감정을 인간의 세 번째 심성능력으로 제시했지만 일반적으로 이 능력을 넓게 해석하면 '쾌적함에 깃든 만족'으로서의 쾌감과 그 효과 면에서는 차이가 발견되지 않을 수도 있다. 대상을 직접 접촉함으로써 생겨나는 쾌·불쾌의 감정과 그것의 원인이 되는 표상은 일단 그러한 접촉이 이루어진 이후에야 그 사이의 어떤 '인과성'을 논의할 수 있다. 이 표상이 "감각이든 개념이든" 이것과 감정 간의 연관은 오직 "후험적"일 뿐이기에 "선험적"인 연관 짓기는 "절대 불가하다". 카나리아산 스파클링 와인을 실제로 맛보아야만 그 맛에 대한 논의가 유의미하다. 즉 이 와인이 원인이 되는 한에서 그 결과인 "감각"이 생긴다. 게다가 모든 이에게 이 와인의 맛이 같을 리가 없기 때문에 이 와인과 이에 대한 미각 사이의 선험적 연관 짓기는 불가능하다. 적어도 객관적 보편타당성 설정은 불가능하다. "주석"에서 칸트는 "개념의 순전한 현시"(V.241)인 도형들에 대한 표상이 감정과 맺는 연관에 대해 논한다. 이 연관 또한 (설사 개념과의 연관일지라도) 결코 객관적으로, 선험적으로 규정될 수 없다. 그럼에도 감정을 단지 "결과"로서만 바라본다면 이것과 미감적 만족이 분별되기는 어렵다.

표상과 감정의 선험적 연관 짓기와 관련하여 칸트는 우선 '도덕 감정'에 대해 설명한다. 이는 §5.2에서 언급된 바 있는, '좋음에 깃든 만족'과 결부된 "존경의 감정"을 뜻한다. 이 또한 "감정의 특수하고 특유한 양상"이다. 몇 차례 설명했듯이 실천이성에 의해 "주관의 초감성적 성질에 의거한 인과성, 즉 자유의 인과성을 불러낼 수 있었다". 도덕법칙에 대한 "존경"은 "지성적 원인"에 따른 "감정", 즉 "객관적 근거에서 비롯한, 실천 이성의 활동에 대한 의식"이다(V.79). 그런 까닭에 칸트는 다음 단락에서 도덕적 "좋음[선]"을 "지성적 근거"에 따른 것으로 설명하고 있다. 이러한 도덕법칙에 대한 표상은, 즉 초감성적·예지적인 것에 대한 의식은 감각적 성향을 완전히 배제할 수 없는 인간에게 일종의 경외심을 불러일으키며 도덕을 마땅히 실행에 옮겨야만 할 것이라는 책무 의식을 수반한다. 이런 의식과 관련한 감정은 일상적 경험의 대상들을 접할 때 생기는 감정과 같을 수 없다. 오히려 도덕 감정은 그런 대상과 연관됨 없이 순수하게 선험적으로 도출되는 감정이다. 그렇다면 표상과 감정의 선험적 연관은 도덕의 영역에서 가능한 것일까? 칸트의 대답은 '아니다'이다. 도덕과 감정의 연관 자체가 부정되지는 않지만 양자가 '직접적'으로 연관되는 것은 아니라는 것이 그 이유이다. "윤리 이념이라는 원인으로부터 이 감정을 끌어내지 않고 의지규정만을 그로부터 [즉 도덕법칙으로부터] 도출했다." 도덕적 이념에 대한 표상에 따라 주관은 "의지 규정"을, 이른바 '선의지'를 도출한다. "그로부터 규정된 의지의 심성 상태는 자체가 이미 쾌의 감정이고 이와 동일하며, 그러니까 그에 따른 결과가 아니다." 말하자면 도덕으로부터는 개념에 의해 규정된, 즉 이성적 욕구능력인 의지가 도출될 뿐이다. 이 과정에서 주관은 경외심을, 그리고 의무감을 갖는다. 이로써 도덕적인 것에 대한 일종의 쾌감이, 반대로 그렇지 않은 것에 대한 일종의 불쾌감이 생긴다. 그러나 이는 주관의 의지 규정에 수반된 것일 뿐 결코 도덕적인 것 자체로부터 도출되지 않는다. 이와 구조상 유사한 사례로서 어려운 수학 문제에 답을 찾았을 때, 혹은 식물학자가 식물의 어떤 기관이 지닌 기능을 발견하였을 때 생기는 쾌를 들 수 있다. 하지만 조화, 비례, 질서가 [혹은 "주석"에 등장하게 될 개념에 따른다면 "합규칙성"(V.242)이] 충족됨으로써 지성 특유의 만족이 생긴다 해도, 이 만족은 미감적 만족과는 그 성격이 전혀 다르다. 엄밀히 말한다면 순수한 반성적 쾌는 이러한 인식의 직접적 결과일 수는 없다. 요컨대 도덕법칙에 대한 인식에서 쾌를 도출하려는 시도는 모두 부질없다.

12.2 미감적 관조와 주관적·형식적 합목적성

[§12.2] 미감적 판단 중의 쾌도 이와 유사하다. 단, 이때의 쾌는 오직 관조적이요 객관에 대한 그 어떤 관심도 일으키지 않는 반면, 도덕적 판단 중에는 이 쾌가 실천적이다. 대상을 가져다주는 표상에서, 주관의 인식력들의 유희 중의 순전한 형식적 합목적성의 의식 자체가 쾌다. 미감적 판단 중인 주관은 자신의 인식력들의 활성화에 관한 주관 활동의 규정 근거를, 그러니까 규정된 인식에 제한받지 않는, 인식 일반에 관한 (합목적적인) 내적 인과성을, 따라서 표상의 주관적 합목적성의 순전한 형식을 품고 있는 까닭에 그러하다. 물론 이 쾌는 결코 실천적이지 않기에 쾌적이라는 정념적 근거에도, 표상된 좋음이라는 지성적 근거에도 따르지 않는다. 그럼에도 이 쾌는 인과성을, 말하자면 그

밖의 의도 없이 표상의 상태 자체를, 그리고 인식력들의 과업을 유지할 인과성을 내포한다. 우리가 아름다운 것의 고찰에 머무는 까닭은 이 고찰이 자기 자신을 강화하고 재생산하기 때문이다. 이와 (똑같지는 않아도) 유사한 경우로서 대상의 표상에서 그 매력이 거듭 이목을 끎에 따라 이에 머물 때가 있는데 이 경우 심성은 수동적이다. (V.222)

"미감적 판단 중의 쾌도 이와 유사하다." 즉 취미판단에서도 감정을 둘러싼 인과성에는 선험적 근거가 놓여 있다. 그러나 도덕 감정이 도덕적 이념 자체에 대한 표상에서 직접 도출되는 것은 아닌 반면, 미감적 감정은 바로 미감적 표상으로부터 도출된다는 차이가 있다. 이러한 차이는 바로 미 분석론의 두 번째 계기에서 설명된 것, 그리고 세 번째 계기에서 지금 설명되고 있는 것들에 의해 나온다. 즉 아름다운 대상을 안기는 표상과 주관이 갖는 감정의 선험적 연관은 "주관의 인식력들의 유희 중의 순전한 형식적 합목적성의 의식"을, 즉 "쾌"를 낳는다. '질'의 계기에서는 "일체의 관심에서 분리되었다는 의식"(§6), 즉 "쾌적한 것과 좋은 것에 해당하는 모든 것에서 벗어난 후에 남아 있는 만족에 대한 순전한 의식"(§8.7)으로부터, '양'의 계기에서는 "상호 부합을 통해 활성화된 심성의 두 힘들(상상력과 지성)의 경쾌한 상호 유희의 결과에 대한 감각"(§9.9)으로부터 만족의 선험적·보편적 근거가 설명되었다. 흥미로운 점은 후자의 경우 이러한 "감각"을 통해 "개념이 근거로 놓이지 않은 (즉 표상력과 인식능력 일반의) 연관에 대한 의식"

(§9.9)이다. 이는 바로 "주관적 합목적성의 순전한 형식"에 대한 의식이다. 이러한 의식이야말로 "인식력들의 활성화에 관한 주관 활동의 규정 근거"이고 "규정된 인식에 제한받지 않는, 인식 일반에 관한 (합목적적인) 내적 인과성"이다.

미감적 판단의 규정 근거인 만족(쾌)은 객관에 대한 그 어떤 관심도 유발하지 않는다는 점에서 결코 "실천적"이지 않다. 즉 "쾌적이라는 정념적 근거에도, 표상된 좋음이라는 지성적 근거에도 따르지 않는다". 그러니까 '쾌적함에 깃든 만족'이나 '좋음에 깃든 만족'은 욕구 능력의 작용 결과라는 점에서 "실천적"인 반면, '미감적 테오리아'에서의 쾌는 자신 외에는 "그 밖의 의도 없이 표상의 상태 자체를, 그리고 인식력들의 과업을 유지할 인과성을 내포한다"고 할 수 있다. "우리가 아름다운 것의 고찰에 머물게 되는 까닭"은 오직 하나이다. 이를 통해 우리의 심성이 "강화"되고 "재생산"되기 때문이다. 이때 '강화한다'는 것은 상상력은 상상력답게, 지성은 지성답게 자신의 본래 역할을 제대로 발휘한다는 뜻이며, '재생산한다'는 것은 상상력과 지성의 그러한 역할 발휘를 통해 주관의 역량이 지속적으로 동력을 확보한다는 뜻이다. 내면의 역량을 경험하려는, 즉 '자기 경험'이라는 주관의 이러한 내적인 이유와 동기 외에는 그 어떤 의도도 없다. 물론 쾌적한 종류의 표상이 안기는 "매력"도 우리의 심성을 순전히 표상에 붙드는 경향이 있지만, 여기에는 '미감적 테오리아'의 반성적 태도가 누락된 채 주관이 그저 "수동적"으로 표상에 이끌릴 뿐이다.

취미의 경험론 I

13.1 순수한 취미판단은 매력·감동과 무관하다

§13 순수한 취미판단은 매력이나 감동에 의존하지 않는다

[§13.1]   모든 관심은 취미판단을 망치며 판단의 공정성을 앗아 간다. 이성의 관심처럼 합목적성이 쾌의 감정에 우선하는 것이 아니라 오히려 쾌*에 근거를 둘 때 특히 그러하다. 쾌의 감정은 쾌락을 주거나 고통을 주는 무언가에 대한 미감적 판단 중에 언제나 생겨난다. 따라서 이러한 촉발이 일어나는 판단은 보편타당한 만족을 전혀 청구할 수 없으며, 적어도 취미의 규정 근거 가운데 이런 방식의 감각이 들어 있는 그만큼 그러한 청구의 여지는 줄어든다. 만족을 위해 취미가 매력이나 감동의 혼합을 필요로 한다면, 심지어 이것들을 판단에 찬동하기 위한 척도로 삼는다면 이때의 취미는 아직 야만적이다. (V.223)

• 역자 보충 쾌: Windelband — "감정"

미감적 테오리아는 순전한 이론적 인식도 아니지만 동시에 순전히 실천적인 관심과도 무관하다. 칸트는 시종일관 "관심은 취미판단을 망치며 판단의 공정성을 앗아간다"는 입장을 견지하였다. "이성의 관심"이 기울여질 때에는 대상의 목적 개념("완전성")이 우선시되고 쾌는 그것에 수반되는 것으로 여기기 때문에 순전한 감각의 관심에 따른

쾌를 추구하는 경우보다는 그나마 편향성이 덜하다. 하지만 양자 모두 순수한 취미판단의 조건을 해친다는 공통점을 갖는다. §§13-14에서는 감각적 관심이 결부된 취미가, 그리고 §§15-17에서는 이성적 관심이 결부된 취미가 각각 언급된다. 양자 모두 순수한 취미판단이 불가능한 경우에 해당한다. 나중에 '변증론'에서 칸트는 취미의 원리를 편향적으로 정초해 온 기존의 두 입장을 각각 취미의 "경험론"과 "합리론"이라 부르는데, 전자는 취미를 경험적 근거에 따라, 후자는 선험적 근거에 따라 도출하며, 결국 전자에서는 쾌적한 것이, 후자에서는 좋은 것이 만족의 객관과 동일시된다(§58). 이러한 두 입장을 극복하여 취미 비판의 올바른 토대를 모색하는 시도가 '변증론'에서 이루어진다. 취미의 "경험론"과 취미의 "합리론"은 여기에서 감각적 관심이 결부된 취미와 이성적 관심이 결부된 취미로 주제화되고 있다. 물론 그렇다고 해서 칸트가 이러한 경우들을 무차별적으로 모두 배척한다고 볼 수는 없다. 감각적 관심의 경우든 이성적 관심의 경우든 간에 각각 그 안에서도 취미에 대해 다양한 입장과 견해가 나올 수 있으며, 그중에는 현실적으로 우리가 접할 수밖에 없고 이를 철저히 봉쇄할 수 없는, 불가피한 것으로 수용해야 하는 경우도 있다. 요점은 그런 경우들과 순수한 취미판단은 구분된다는 것이며, 취미능력의 고유성은 바로 이러한 판단의 요건을 충족하는 경우에 논의가 가능하다는 것이다.

취미의 "경험론"은 결국 대상이 촉발하는 "매력이나 감동"에 이끌리는 태도에 입각한 취미론을 지칭한다. "취미의 규정 근거들 가운데 감각적 요소가 들어 있는 바로 그만큼"은 보편타당성을 주장할 수가 없게 된다. 이러한 제약에 주의하지 않고 심지어 이런 요소만을 보편적 동의의 척도로 삼게 된다면 취미다운 격조와 품격은 사라지고 "야만적"인 수준에 머문다. "야만적"이라 하는 것은 대상을 직관함에 있어 관조적 태도가 아닌 (감각적 자극에 이끌리는) 실천적 태도에 매몰되어 대상에 대한 반성을 수행하지 않는다는 의미일 것이다.

13.2 매력과 아름다움

> [§13.2] 그런데 이러한 매력이 종종 미감적으로 보편적인 만족에 기여하는 것으로서 (본디 순전히 형식과 연계되어야 할) 미와 더불어 고려됨은 물론, 심지어는 매력이 그 자체로 미인 양, 따라서 만족의 질료를 이루는 이것이 마치 형식인 양 여겨지기도 하지만, 이는 오해다. 오해라는 것이 다 그러하듯 이에 참된 요소가 전혀 없지는 않기에 면밀한 규정을 통해서 이런 오해를 불식할 필요가 있다. (V.223)

대상이 안기는 "매력"은 분명 우리의 시선을 끈다. 그리고 그것들이 우리의 오감을 즐겁게 하고 우리의 삶을 풍요롭게 만드는 데 기여한다는 점은 부정하기 어렵다. 그러나 이러한 점을 인정한다 해도 "매력이 그 자체로 미인 양" 오해해서는 올바른 취미의 정초가 어렵다. 칸트가 보기에 아름다움은 형식에 깃들어 있으며 그럼으로써 "미감적으로 보편적인 만족에 기여"한다. 여기에서 칸트 특유의 형식미 규정이 등장하기 시작한다. 물론 매력이 보편적 동의를 얻는 경험은 종종 발생한다. 하지만 매력은 만족의 형식이 아니라 "질료"와 관계된다. 그런데도 이를 형식인 양 여길 경우 경험론적 취미론이 갖는 한계가 드러난다. 물론 매력이 주는 만족이 무의미하다고 그것을 무조건 배척할 수는 없다. 현실적으로 이러한 미학관은 당시에도 분명 광범위한 대중적 호소력을 갖고 있었다. 칸트가 나중에 "주석"에서 언급하는 "바로크"라든가 아니면 이 양식 이후의 사조로 분류되는 '로코코'는 바로 이러한 미학관의 전형으로 꼽힐 만하다. 올바른 취미의 정립을 위해 칸트는 다음 절에서 이에 대한 "면밀한 규정"을 시도한다.

13.3 순수한 취미판단과 합목적성

> [§13.3]　매력과 감동에 (설사 이것들이 아름다운 것에서의 만족과 결부되어 있다 해도) 전혀 영향을 받지 않는, 따라서 순전히 형식의 합목적성을 규정 근거로 삼는 취미판단이야말로 순수한 취미판단이다. (V.223)

"매력과 감동"도 분명 "아름다운 것에서의 만족과 결부되어 있다". 이와 관련한 판단들도 미감적 판단임은 분명하다. 그러나 이것들은 결코 순수한 취미판단의 대상이 될 수는 없다. 순수한 취미판단은 "형식의 합목적성"을 규정 근거로 삼는 판단이어야 하는 반면, 저것들은 판단의 "질료"에 해당하기(§14.10) 때문이다.

　뒤이어질 §14은 '관계'의 계기에서 "형식의 합목적성을 규정 근거로

삼는", 그러한 "순수한 취미판단"을 도출하기 위한 주요한 첫 번째 시
도에 대한 서술이라 할 수 있다.

취미의 경험론 Ⅱ

14.1 본래의 취미판단

§14 사례를 통한 해명

[§14.1] 미감적 판단도 이론적(논리적) 판단처럼 경험적 판단과 순수한
판단으로 분류될 수 있다. 경험적 판단은 대상 혹은 표상종류의 쾌적
혹은 불쾌를, 반면 순수한 판단은 그것의 미를 진술한다. 전자는 감관
판단(질료적인 미감적 판단)이고, 후자만이 본래의 (형식적인) 취미판단이
다. (V.223)

이 절의 핵심 과제는 매력(자극)이라는 감각적 표상이 순수한 취미
판단과 무관하다는 것을 입증하는 데 있다. 우선 칸트는 이러한 감각
적 표상에 직접 결부된 쾌 혹은 불쾌의 감정과 관련된 판단과 "주어진
표상을 기회 삼아"(§9.9) 미감적 반성을 수행하는 판단을 구분하는 새
로운 개념쌍을 소개한다. 취미를 쾌적함에 대한 "감관취미"와 아름다
움에 대한 "반성취미"(§8.2)로, 취미판단을 "감관판단"(§8.5)과 "순수한

취미판단"(§6)으로 나누었던 칸트는 이제 전자를 "질료적인 미감적 판단", 후자를 "본래의 (형식적인) 취미판단"으로 부른다. 여기에서 "질료" 와 "형식"이라는 구분 기준은 인식판단을 "경험적 판단과 순수한 판단으로 분류"하는 기준에 상응한다고 칸트는 말한다. 이러한 대조를 통해 감관적·미감적 판단과 순수한 미감적 판단의 연관과 차이를 분명하게 인지할 수 있다. 양자는 모두 주어진 표상의 주관적 연관을 뜻하되, 전자(〈연관2〉)는 표상과의 '질료적' 연관을, 후자(〈연관3〉)는 '형식적' 연관을 보여 준다.

이 기회에 칸트가 말하는 '순수한', 그리고 '선험적인'과 같은 용어의 의미에 대해 다시 한번 강조해야 하겠다. '순수하다'는 것은 경험에 의한 것이 아니라는 뜻이다. 칸트가 말하는 경험은 인식의 문제에서 감성을 통해 대상의 표상을 수용함으로써 이루어진다. 그러니까 '순수함'은 감각적 경험이 이루어지지 않았다는 것을 뜻한다. '선험적'이라는 우리말을 분석해 보면 '경험[驗]'보다 '앞선[先]'이라는 의미를 갖는다. 그렇지만 칸트의 '초월론적' 방법론의 대의를 고려할 때 이 말은 단지 경험보다 시간적으로 앞선다기보다는 가능 근거가 된다는 뜻이다. 즉 경험에서 찾을 수 없는 '경험의 규정 근거를 함유한'이라는 의미를 갖는 것이다. 감각 경험에서 출발한 판단은 주관에서 나오는 선험적 근거에 따라 (객관적으로) 보편타당성을 갖게 된다. 취미판단의 (주관적) 보편타당성을 담보하는 근거가 선험적이라고 할 때에도 마찬가지이다. 선험적이라 해서 취미판단을 할 때 대상을 경험하기도 전에 판단 내용이 사전에 규정된다는 뜻이 아니다. 만약 그렇게 된다면 취미판단은 '규정하는' 판단력의 소관 사항이 되었을 것이다. 순수한 취미판단이든 감관취미의 판단이든 대상을 직접 접촉함으로써 판단이 이루어진다는 것은 동일하지만, 전자에서는 쾌의 근거가 대상의 감각적 자극에서 나오는 것이 아니라 주관 자체의 능력에서 나온다는 점에서 후자와 달리 선험적 근거가 도출된다.

14.2 순수한 취미판단

> [§14.2] 따라서 취미판단은 이것의 규정 근거에 그 어떤 감각적 만족도 혼합되지 않는 경우에만 순수하다. 그럼에도 무언가를 아름답다고 설명하는 판단에서 매력이나 감동이 지분을 확보할 때면 그런 일은 언제든 생겨난다. (V.224)

취미판단에서 "매력이나 감동이 지분을 확보"하는 경우 그 순수성이 견지될 수 없기에 "취미판단은 이것의 규정 근거에 그 어떤 감각적 만족도 혼합되지 않는 경우에만 순수하다". 이것이 가장 엄밀한 의미에서 취미판단의 근거를 확보하기 위한 첫 번째 필요조건이다. 관계의 계기에서 논의되는 두 번째 조건에 대해서는 §§15-17에서 서술된다.

14.3 매력의 미학과 표상의 질료

[§14.3] 이에 여러 반론이 제기될 수 있으니, 매력이 미의 필요 요소임은 물론 심지어는 그 자체로 아름답다 불리기에 충분한 것인 양 행세하는 경우가 있다는 것이다. 가령 잔디밭의 초록, 바이올린의 순수한 소리(파동 및 소음과는 다른) 등이 그 자체로 아름답다고들 한다. 이것들 모두 단지 표상의 질료에, 다시 말해 오직 감각에 근거를 두고 있는 듯 보이며 그렇기 때문에 그저 쾌적하다고 불림 직한 것들임에도 말이다. 그렇지만 색이든 소리든 이에 대한 감각은 오직 순수할 경우만 아름답다고 간주될 자격이 생긴다는 점을 이내 알아차릴 것이다. 이는 이미 형식과 연계된 규정이요 감각적 표상을 확실하게 보편적으로 전달할 수 있는 유일한 것이기도 하다. 감각의 질 자체에 대해서 모든 주관이 합의에 이를 수는 없기 때문에, 특정 색이라든가 악기의 특정 소리가 다른 색이나 소리보다 월등히 쾌적하다는 것을 누구나 똑같이 판정하리라 상정하기는 어렵다. (V.224)

물론 "이에 여러 반론이 제기될 수 있으니, 매력이 미의 필요 요소임은 물론 심지어는 그 자체로 아름답다 불리기에 충분한 것인 양 행세하는 경우가 있다는 것이다". 매력을 아름다움과 밀접한 것으로, 심지어는 아름다움 그 자체로 생각하는 경향을 '매력의 미학'이라고 할 수 있다. 이는 §§15-17에서 설명되는 '완전성의 미학'과 더불어 칸트 미학을 통해 극복되어야 할 미학관이다. 양자는 취미의 경험론과 취미의 합리론이 견지하는 견해를 대변하는 것이기도 하다. 물론 이 용어를 칸트가 사용하지는 않았지만 편의상 이러한 용어들을 사용하겠다. '매력의 미학'을 주장하는 자들은 §1.1에서 설명한 〈연관2〉에 해당하는 표상, 즉 "오직 감각에 토대를 두고 있는 듯"한 표상이나, §3.3과 §7.1에서 살펴보았던 표상, 즉 "잔디밭의 초록, 바이올린의 순수한 소리"와 같은 질료 우위의 표상을 바라보면서 이를 "그 자체로 아름답다고들 한다".

  "그렇지만" 매력의 미학에 대한 칸트의 입장은 매우 단호하다. "감각의 질 자체에 대해서 모든 주관이 합의에 이를 수는 없"다. 실제 경험을 통해 이른바 일반적 규칙이, 경우에 따라서는 만장일치가 도출되기도 하겠지만 그렇다고 이것이 "질료적인 미감적 판단"에 보편타당성을 부여하는 근거가 되지 않는다. "특정 색이라든가 악기의 특정 소리가 다른 색이나 소리보다 월등히 쾌적하다는 것을 누구나 똑같이 판정하리라 상정하기는 어렵다." 다시 말해 이를 통해 보편적 동의에 대해 요구할 권리가 판단 주체에게 보장되지 않는다. 그렇다면 대상의 감각적 자극은 그 어떠한 상황에서도 순수한 미감적 판단과 무관한 것이어야 할까? 대상을 직접 접촉함으로써 시작되는 취미판단이 대상의 감각을 완전히 거부한다는 게 가능한 일일까? 이러한 난점에 대한 칸트의 해결책은 다음과 같다. "색이든 소리든 이에 대한 감각은 오직 순수할 경우만 아름답다고 간주될 자격이 생긴다." 감각의 순수함이란 "표상의 질료"가 아니라 "형식과 연계된 규정"이다. 그러니까 대상의 감각이 형식과 관련된 한에서만 취미판단의 근거를 이루는 보편적 만족의 선험적 근거가 확보된다.

14.4 매력의 미학과 표상의 형식

[§14.4] 오일러에 따라 우리는 다음과 같은 점을 상정한다. 색은 에테르의 상호 연속적인 진동(펄스)이요 소리는 파동 속에서 흔들리는 공기의 진동이다. 가장 중요한 점을 꼽자면, 이것들이 기관의 활성화에 미치는 작용을 심성이 감관을 통해 지각할 뿐만 아니라 인상들의 규칙적인 유희를 (그러니까 상이한 표상들이 결부되는 형식을) 반성을 통해 지각하기도 한다는 점이다. (이에 대해 나는 매우 의심한다.*) 그렇게 상정함으로써 색과 소리는 순전한 감각이 아니라 이미 잡다한 감각의 통일성에 대한 형식적 규정이 될 것이며 그렇기 때문에 그 자체가 아름다운 것으로 꼽힐 수 있다. (V.224)

* 역자 보충 매우 의심한다: C — "전혀 의심하지 않는다"

감각적 표상의 형식에 주목한다는 것은 다음의 관점에 따른 태도를 뜻한다. 오일러Leonhard Euler(1707-1803)의 해석을 빌려 말하자면 색은 "에테르의 상호 연속적인 진동"이요 소리는 "파동 속에서 흔들리는 공기의 진동"이다. 그러니까 색이나 음은 특정 질료의 입자로 전달되는 것이 아니며, 이러한 입자가 망막 혹은 고막을 '직접' 접촉함으로써 형성되는 것도 아니다. 감각의 전달방식을 파동(진동)으로 이해하는 입장은 이를 입자로 이해하는 입장보다 질료 편향으로부터 자유롭다. 물론 파동으로 전달되는 감각이라 해서 이로써 순전히 정신적 차원으로 진입했다고 말할 수는 없다. 어쨌든 감각적 자극이 우세한 표상 연관에서 이루어진 일이기 때문에, 주된 작용은 "감관을 통해" 이루어지는 "활성화"다. 그러나 "인상들의 규칙적인 유희를 (그러니까 상이한 표상들의 결부 중의 형식을) 반성을 통해 지각하기도 한다". 감각적 표상은 단지 질료적 자극들의 잡다함으로만 머물지 않고 주관의 반성 작용을 통해 유희함으로써 거기에 일정한 형식이 생겨나는데, 이러한 표상은 "아름다움으로 생각될 만하다".

14.5 형식미로서의 매력미

[§14.5] 단순한 감각종류의 순수함은 분명 다음과 같은 뜻을 갖는다. 감각종류의 그러한 동형성은 그 어떤 이질적 감각으로부터도 훼손되지 않은 채 오직 형식에만 속한다. 이 경우 이런 감각종류의 질은 (어떤 색이, 어떤 소리가 그러한 질을 내보이든지*) 도외시된다. 따라서 단순한 색은 그것이 순수한 까닭에 아름답다고 여겨진다. 반면 혼합된 색은 이러한 특장이 사라진다. 이 색이 단순하지 않은 까닭에 이를 순수하다고 해야 할지 아니면 불순하다고 해야 할지 판정할 척도가 없기 때문이다. (V.224/225)

• 역자 보충 어떤 색이, 어떤 소리가 그러한 질을 내보이든지: Erdmann — "그러한 질이 어떤 색을, 어떤 소리를 내보이든지"

대상의 질료적 자극이 주관에게 안기는 잡다함은 질서 없는 혼연함을 뜻한다. 이를 주관의 반성을 통해 하나의 형식으로 받아들인다. 말하자면 감각적 자극은 입자가 아니라 파동(진동)에 따라 주어진다는 점에서, 시각이든 청각이든 그 밖의 모든 감각이 파동을 지닌다는 점에서 "동형성"을 갖는다고 생각한다. 이로써 대상의 표상은 질료적 측면에 기인한 "이질적 감각으로부터도 훼손되지 않은 채" 직관된다. "동형성"을 견지하기 위해서 감각의 "질"은 추상된다. 혼합된 색보다는 "단순한 색"[48]이, 그리고 "채색"보다는 "선형"(§14.7)이 그러한 순수 형식을 더 잘 간직한다. "선형Zeichnung"을 '도안design'으로 이해할 수도 있으나, 여기서 칸트는 규정된 개념에 의거한 그 어떤 의도나 의미도 전제되지 않는, 순전히 '그어진 선'을 뜻한다. 눈앞에 목격되는 이름 모를 한 송이 "꽃"이라든가 보통 건축 장식에 쓰이는 "잎사귀 문양Laubwerk" 등도 여기서는 저 의도나 의미가 전제되어 있지 않은 표상을 안기는 대상을 뜻한다. "선형線形"은 청각적으로는 "악곡"(§14.8)의 진행과 유비 관계를 갖는다.

14.6 매력미의 한계

[§14.6] 그러나 대상의 형식에 따른 미가 매력을 통해서 더욱 증진된다는 견해는 흔히들 갖는, 그러나 순정무구한 근본적 취미에 해가 되는 오류이다. 물론 취미가 아직 함양되지 않은 조야한 단계에서는 무미건조한 만족을 떠나서 대상의 표상에 의해 심성에 관심이 생겨나

도록, 그래서 취미를, 취미의 함양을 상찬할 수 있도록 만들기 위해 미에 매력이 추가되곤 한다. 그렇지만 매력이 미의 판정 근거로 주목을 받으면 이런 매력은 실제로 취미판단을 해친다. 매력이 취미판단에 기여하려는 만큼 이에 결함이 생기는데, 이렇듯 취미가 여전히 박약할 때에는 미와는 이질적인 이러한 매력을 그것이 아름다운 형식을 훼손하지 않는 범위 내에서 관대하게 수용해야 한다. (V.225)

"그러나" 칸트는 이러한 매력의 미학을, 즉 "대상의 형식에 따른 미가 매력을 통해서 더욱 증진된다는 견해"를 받아들이지 않는다. 정확히 말하자면 온전히 받아들이지는 않는다. 매력의 미학이 "표상의 질료"에 매몰되어 있지 않는 한 칸트 미학의 입장과 어느 정도 상통하는 면은 있다. 주관의 "반성"이라든가 대상의 "형식"과 같은 요소들이 바로 그것이다. 그러나 칸트는 결코 감각적 표상들의 저러한 "동형성"에 만족하지 않았다. '동형同型' 혹은 '단순單純'이란 결국 '단조로움'이며 결국 주관에게 '지루함'을 안긴다. "동형성"에 집착하는 태도는 곧 "순정무구한 근본적 취미에 해가 되는 오류이다".

"물론" 매력 또한 어느 정도 미감적 판정에 순기능을 한다. 특히 "취미가 아직 함양되지 않은 조야한 단계", 즉 "취미가 여전히 박약할 때"는 이러한 매력이 아름다움과 결부됨으로써 사람들의 심미안을 북돋는 데에 기여한다. "그렇지만 매력이 미의 판정 근거로 주목을 받으면 이런 매력은 실제로 취미판단을 해친다." 매력이 지닌 의의를 인정하되 그것이 미의 본질을 해쳐서는 안 된다는 것이다.

14.7 매력과 아름다움 사이: 채색과 도안

[§14.7] 형상화하는, 즉 회화, 조각술을 비롯하여 건축술, 정원술에 이르는 모든 기예는 선형을 본질로 하니, 이는 감각 중에 쾌락을 주는 것이 아니라 형식을 통해 만족스러운 것만이 취미를 구축하기 위해 필요한 모든 것의 근거를 이룬다. 소묘 위의 채색은 매력에 속한다. 감각에 대해서는 색이 대상 자체를 활성화할 수는 있지만 그렇다고 바라볼 가치가 있도록 아름답게 해 주지는 못한다. 오히려 아름다운 형식에 요구되는 바에 따라 색이 제한되는 경우가 빈번하며 심지어는 매력이 허용된다 할지라도 아름다운 형식만이 품격을 높여 준다.

(V.225)

형식미로서의 매력이 지닌 한계를 분명히 지적하면서도 칸트는 대상의 "형식", 그리고 이에 대한 주관의 "반성"의 요소들이 갖는 중요성에는 주목한다. 매력에 대한 칸트의 이러한 태도에는 그의 미학적 입장의 중요한 일단이 드러난다. 우선 표상의 질료와 형식의 층위를 구분한 후에 칸트는 형식의 측면에서 다시 매력과 아름다움의 층위를 구분한다. 이 구분점은 바로 "채색colorito"과 "선형disegno" 사이에 놓인다. 칸트는 단지 회화뿐만 아니라 조각, 건축 및 정원을 포함한 모든 "형상화하는 예술의 본질"을 바로 "선형"이라고 본다. "채색"은 "감각적으로 쾌락을 주는 것"일 뿐 결코 형식 자체로 만족스러운, 그러니까 "바라볼 가치"가 있는 것일 수 없다. [여기서 '바라봄[직관함]anschauen'이란 "아름다운 것의 고찰Betrachtung des Schönen"(§12.2)을 뜻한다.] 이런 점을 고려한다면 칸트가 진정한 아름다움의 사례를 들면서 "앵무새, 벌새, 극락조" 등을 언급하는 것도 깃털을 통해 펼쳐지는 다종다양하고 무진장한 색채들이 중요하기 때문이라기보다는 "갑각류"의 등껍질 문양, "그리스풍 선형, 액자틀이나 벽지의 잎사귀 무늬"(§16.2)처럼 다종다양한 기하학적 도안을 더 중요한 것으로 여겼기 때문이라고 볼 수 있다.

14.8 형식미의 분류 범주: 형태와 유희

[§14.8] (외적 감관이든 아니면 간접적인 내적 감관이든 간에) 감관 대상의 모든 형식들은 형상이거나 아니면 유희이다. 후자의 경우 다시 (공간에 있는, 무언극 혹은 무용 등의) 형상의 유희이거나 아니면 (시간에 있는) 감각들의 순전한 유희이다. 여기에 색과 같은, 악기의 쾌적한 소리와 같은 매력이 추가될 수 있겠으나, 색의 경우 선형이, 악기의 경우 악곡이 순수한 취미판단 본래의 대상을 이룬다. 색이나 소리의 순수함이, 그리고 이런 것들의 다양함 및 대비가 미에 기여하는 듯 보인다. 그런데 이 자체가 쾌적하기 때문에 형식에서의 만족에 이와 동종의 것을 첨가한다고 말하려는 게 아니다. 이것들이 미에 기여할 수 있었던 것은 색과 소리가 대상에 대한 주의를 환기하고 이를 지속하게 만듦으로써 형식을 보다 정확하고 분명하게, 보다 온전히 바라볼 수 있게 해

주었으며 더욱이 이것이 지닌 매력으로 인해 표상을 활성화했기 때문인 것이다. (V.225/226)

칸트는 음이나 색의 순수함 내지 동형성을 통해 형성된 매력의 한계를 여러 차례 강조한다. 음이나 색이 주는 매력을 간과할 수 없다 해도 "순수한 취미판단 본래의 대상"이 되려면 음의 경우 연주를 통해 이것을 드러내 주는 "악곡"이, 색의 경우 붓 터치를 통해 이것을 드러내 주는 "선형"이 관건이다. 아무튼 매력미도 "대상에 대한 주의를 환기하고 이를 지속하게 만듦으로써 형식을 보다 정확하고 분명하게, 보다 온전하게 직관할 수 있게" 해 주며 이로써 대상을 "활성화"한다는 의의는 분명히 존재한다.

매력과 아름다움의 구분 기준을 제시한 후 칸트는 아름다운 대상들을 분류하는 기준을 제시한다. 이는 예술이든 자연이든 무언가 아름다움을 함유한 것들을 설명하기 위해 필요한 기준이다. 칸트는 미감적 표상이 "감관 대상"으로부터 주어지는 만큼 공간("외적 감관")과 시간("내적 감관") 형식들에 따라 대상을 분류한다. 공간상에 한 지점을 차지하는 "형상", 그리고 시간상에서 전개되는 "유희"가 바로 그 분류 기준이다.[49] 후자는 다시 전자의 요소가 결합된 경우와 순전히 후자의 요소인 경우로 나뉜다. 공간상의 "형상의 유희"와 시간상의 "감각들의 순전한 유희"가 각각 이에 해당한다.

14.9 장식미

아름다움과 관련해서 매력 또한 일정 부분 의의를 갖는다. 칸트는 이를 "장식"의 아름다움이라고 부른다. 이는 "취미의 만족을 강화"하기 위해 "외부로부터 첨가된 것"을 뜻하는데, "그림의 액자, 조각상의 의복, 화려한 건물의 주랑" 등이 이에 속한다. 장식미도 "오직 그것이 갖는 형식에 의해서만 만족을 증진한다". 다만 이것이 '동형성'에 머문다면 아름다움의 여지는 사라질 것이며, 오직 "아름다운 형식에 입각"할 경우에만 제한적으로 이것의 가치가 인정된다. 이는 결코 '주主'가 아니라 '종從'이며 '본本'이 아니라 '말末'이다. "황금으로 만든 액자"와 같은 장식이 지나치면 오히려 미감적 반성을 방해한다.

14.10 매력과 감동은 순수한 취미판단의 근거가 아니다

> **[§14.10]** 생명력이 순간적으로 억제되었다가 이내 강력하게 분출됨으로써 쾌적해진 감각인 감동은 미에 전혀 필요치 않다. (이런 감동의 감정과 결부된) 숭고의 경우 취미가 근거로 삼는 것과는 다른 판정 척도가 요구된다. 그렇기 때문에 매력이나 감동은, 한마디로 말해서 감각은 미감적 판단의 질료일 뿐 결코 순수한 취미판단의 규정 근거가 아니다. (V.226)

지금까지 칸트는 취미의 경험론적 관점을 "매력"이라는 요소와 연관 지어 설명하였다. 이것 외에도 칸트가 앞에서 들었던 요소가 하나 더 있었는데 그것이 바로 "감동"이다. 감동感動이란 "생명력이 순간적으로 억제되었다가 이내 강력하게 분출됨으로써 쾌적해진 감각"을 뜻하며 "심성의 운동"(§24.3)과도 상통한다. 그런데 칸트는 이에 대해 자세히 다루지 않는다. 왜냐하면 이 감각은 "아름다움과는 전혀 무관"하기 때문이다. 또한 미에 대한 판단이 아니라 "숭고함"에 대한 미감적 판단과 더 밀접한 연관을 갖는다. 그럼에도 "감동"과 "매력" 모두 취미판단과 결부될 수 있다. "매력"은 대상의 감각적 자극의 강렬함으로 인해, 그리고 "감동"은 생명력의 억제로 인해 '상상력과 지성의 자유로운 유희'가 이루어질 수 없는 심성 상태에 해당한다.

취미의 합리론 I

15.1 순수한 취미판단은 완전성의 개념과 무관하다

§15 취미판단은 완전성의 개념에 전혀 의존하지 않는다

[§15.1]　객관적 합목적성은 잡다한 것을 규정된 하나의 목적과 관계 맺음으로써만, 그러니까 하나의 개념을 통해서만 인식될 수 있다. 이로써 이미 분명해진 것이 있다. 미는 순전히 형식적 합목적성을, 다시 말해 목적 없는 합목적성을 판정의 근거로 삼으며 좋음의 표상에는 아예 의존하지 않는바, 좋음이란 객관적 합목적성을, 다시 말해 대상과 특정 목적과의 관계를 전제하는 까닭에 그러하다. (V.226)

　경험론적 취미론에 대한 비판적 분석을 수행한 이후 칸트는 이성의 관심과 취미판단이 결부될 경우에 대해 설명한다. 이 경우에는 대상의 목적 개념이 전제된 채 취미판단이 이루어지고 감각(경향성)의 관심이 결부된 경우보다는 관심의 편향성이 상대적으로 덜하다. 이런 경우를 우리는 '완전성의 미학'이라고 부를 수 있겠다. 하지만 분명한 것은 이러한 경우 또한 순수한 취미판단의 조건을 충족하지 못한다는 입장을 칸트가 취하고 있다는 점이다. §§15-17에서는 이성적 관심이 결부된 취미, 이에 입각한 취미판단("응용된 취미판단"), 그리고 이성(이념)과 결부된 미("미의 이상") 등에 대해 언급되는데, 이것들은 모두 합

리론 편향의 취미론에서 도출된 견해로 볼 수 있다.

이른바 완전성의 미학은 "객관적 합목적성"에 따른 취미판단의 전형을 보여 준다. 어떤 한 사물에 대한 감각적 직관이 이루어질 때 이를 통해 수용되는 잡다한 표상들(가령 빨강, 딱딱함, 윤기가 남, 차가움, 둥긂, 새콤함, 아삭함 등 '사과 한 개'를 통해 수용되는 잡다한 감각 정보들sense-data)은 "하나의 개념을 통해" 통일성을 갖추게 되고 그럼으로써 하나의 대상('사과')으로 "인식될 수 있다". 표상의 이러한 잡다함 혹은 다종다양함을 "규정된 하나의 목적과 관계 맺음으로써" 대상(자연 혹은 예술)에 대한 일종의 '실천적' 인식판단이 이루어진다. 반면 "미는 순전히 형식적 합목적성을, 다시 말해 목적 없는 합목적성을 판정의 근거로" 한다. 이 말은 순수한 취미판단의 근거는 오직 '주관적'일 수밖에 없다는 뜻이다. 따라서 미는 "객관적 합목적성"과 무관하다.

15.2 완전성의 미학

[§15.2] 객관적 합목적성은 외적인 것으로서 대상의 유용성이거나 아니면 내적인 것으로서 대상의 완전성이다. 한 대상을 우리가 아름답다고 부르는 까닭에 이에서 갖는 만족이 그 유용성의 표상에 의거할리 없다는 점은 앞의 두 장으로 미루어 충분히 알 수 있다. 그러한 경우 미에 대한 판단의 본질적 조건을 이루는, 대상에서의 직접적 만족이 있을 수 없을 테니 말이다. 반면 객관적, 내적 합목적성인 완전성은 미라는 술어에 한층 가까운 까닭에 저명한 철학자들이, 물론 완전

성이 혼연하게 생각된다는 단서 조항을 달아 놓긴 했지만, 어쨌든 이를 미와 매한가지로 여긴 바 있다. 미조차 완전성 개념 속에 실제로 녹아들 수 있는지에 대해 결정하는 일은 취미의 비판에서 가장 중요하다. (V.226/227)

주어진 한 대상을 결과로 삼는 특정 목적 개념이 상정될 때 객관적 목적 연관이 성립한다. 그 대상이 그 자체만으로 목적을 지니는가, 아니면 무언가 더 상위의 목적을 위한 수단이 되는가에 따라 내적 원인 혹은 외적 원인의 범주가 적용될 수 있다. 이것이 바로 "내적인 것으로서 대상의 완전성"과 "외적인 것으로서 대상의 유용성"의 구분 기준이다. "객관적인 내적 합목적성"과 구분되는, 즉 객관적인 '외적' 합목적성에 대해서는 질의 계기 및 양의 계기에 따른 분석을 수행한 "앞의 두 장[계기]을 통해" 충분히 설명되었다고 칸트는 말하고 있다. 쾌적함과 좋음의 관계를 집중적으로 조명한 부분(§4.3)에서 양자가 착종될 경우 (§11.1에서 설명되었던 목적 개념의 분류에 따르자면 쾌적함은 "주관적 목적"에, 유용성은 "객관적 목적"에 해당한다) 이는 결국 좋음의 연관에 놓인 것으로 보아야 하며 이것이 순전한 미감적 만족과는 구분되어야 한다는 점이 언급된 바 있다. 비단 이 경우뿐만 아니라 첫 번째 계기와 두 번째 계기에 따른 분석 과정에서 미감적 만족과 대비되어 설명되었던 좋음에 깃든 만족의 경우 대부분 외적 합목적성과 결부된 만족이었다는 점을 칸트는 여기에서 분명히 하고 있다. 이른바 "존경"(§5.2)의 감정을 좋음에 깃든 만족으로 제시하고는 있지만 대체로 이 만족들은 유용성과의 연관이 주를 이룬다고 보아야 한다. 도덕 감정에서는 표상으로부터 '직접' 도출되는 만족이 생기지 않는다(§12.1). 유용성에 따른 만족은 언제나 간접적으로만, 그러니까 무언가의 실현을 '매개'로 다른 목적이 달성될 것에 대한 기대가 충족됨으로써만 생기는 만족이다. 반면 개념을 떠난 직접적 만족이야말로 순수한 취미판단의 본질적 조건이다. '직접적'이라는 측면으로만 본다면 쾌적함에 깃든 만족과 순전한 미감적 만족은 공통점을 갖지만, 후자는 전자에 결여된 '미감적 테오리아'의 수행 결과라는 차이가 있다.

'완전성의 미학'은 이른바 "객관적인 내적 합목적성"을 미의 기준으로 삼는다. 칸트는 당대를 풍미한 "저명한 철학자들"이 완전성을 미와 "동종의 것"으로 생각했다고 말한다. 이때 그가 말하는 학자들 가운데 아마도 바움가르텐이나 마이어Georg Friedrich Meier가 대표적인 인물들일 것이다. 그런데 마이어는 바움가르텐의 제자였고 스승의 라틴어 저작을 독일어로 정리하여 이를 대중화한 공로가 있는 학자였다는 점을 고려하면 이른바 '완전성의 미학'의 대표자는 사실상 바움가르텐이라고 볼 수 있다.

15.3 객관적 합목적성과 목적 개념

[§15.3] 객관적 합목적성을 판정하려면 언제나 목적의 개념이, 게다가

(이 합목적성이 외적이지 않고 내적이라면) 대상의 내적 가능성의 근거를

지닌 내적 목적의 개념이 필요하다. 무릇 목적이라면 그 개념은 대상의 가능 근거로 간주될 수 있으며, 그런 만큼 한 사물에서 객관적 합목적성을 표상하기 위해서는 이 사물에 대한 개념이, 즉 이것이 어떤 사물이어야 하는지가 선행해야 한다. 그리고 이 사물 중의 잡다함이 (이 잡다함을 결합하는 규칙을 사물에 부여하는) 이 개념에 부합함을 사물의 질적 완전성이라고 한다. 이와 정반대인 양적인 것은 어떤 사물이든 그 종 면에서의 온전함이자 ('모두'라는) 순전한 크기 개념으로서, 이 경우 사물이 무엇으로 있어야 하는지는 이미 먼저 규정되어 있는 것으로 생각되며 이를 위해 요구되는 모든 것이 그것 자체에 있는지가 관건일 따름이다. 한 사물의 표상 중의 형식적인 것은, 다시 말해 잡다함이 '하나'(물론 이것이 무엇으로 있어야 하는지는 규정되지 않았지만)에 부합함은 객관적 합목적성을 통해서는 결코 고스란히 인식될 수 없다. 목적('사물이 무엇으로 있어야 하는가')으로서 이러한 '하나'가 도외시됨에 따라 바라보는 자의 심성에 있는 표상의 주관적 합목적성만이, 즉 주관의 표상 상태가 갖는 모종의 합목적성을 제시하는, 주어진 형식을 상상력으로 포착하는 주관이 이 상태에서 갖는 안락함을 제시하는, 그러나 목적 개념을 통해 생각되는 어떤 객관의 완전성을 제시하지 않는 모종의 합목적성만이 남는 까닭에 그러하다. 가령 숲속을 거닐다가 나무들이 둥그렇게 둘러싼 잔디밭을 접한 내가 전원 무도회로 활용할 목적을 떠올리지 않았다면, 순전한 형식에 의해 완전성 개념 따위는 조금도 주어지지 않은 셈이다. 형식적이고 객관적인, 그러나 목적 없는 합목적성을, 다시 말해 (질료를 떠난, 그리고 순전히 합법칙성 일

> 반의 이념이 있음에도 이에 부합할 개념을 떠난) 순전한 완전성 형식을 떠올
> 린다는 것은 정말로 모순이다. (V.227/228)

객관적 합목적성에 따른 판단에서는 언제나 목적 개념이 "선행"한다. 눈앞의 사물을 바라볼 때 이것의 현상에만 매몰되는 것이 아니라 더 나아가 "이것이 어떤 사물이어야 하는지"에 따라 이 사물을 결과로 삼는 원인(가능성)을 떠올릴 때 우리는 목적 개념을 지니게 된다. '대상 자체'의 가능성, 그리고 그것의 '완전한 실현'의 관점에서 논의되는 합목적성을 이른바 "객관적인 내적 합목적성"(§15.2)이라 한다. 말하자면 "대상의 내적 가능성의 근거를 지닌 내적 목적의 개념"인 것이다.

대상의 완전성에 대한 합목적적 태도와 관련해서 칸트는 또다시 완전성의 층위를 둘로 나눈다. 기본적으로 완전성은 '한 사물로부터 주어지는 표상의 잡다함이 하나의 특정 개념에 완전히 부합함'을 뜻한다. 그런데 이러한 부합에 도달하는 방식 면에서 완전성은 "질적"인 것과 "양적"인 것으로 나뉜다.[50] "사물 중의 잡다함이 (이 잡다함을 결합하는 규칙을 사물에 부여하는) 이 개념에 부합함을 사물의 질적 완전성이라고 한다." 즉 한 사물의 사물성(개념)과 그 속성들(표상들)이 부합한 채로 '존재'한다. 이는 '현실적으로 있음'이 아니라 사물의 그 목적에 따라 '가능적으로 있음'의 차원에서 논의된다. 바람에 흩날리는 풀 한 포기에 대해서조차 그것의 존재 이유와 목적을 우리는 온전히 파악할 수 없다. 그것이 존재하는 이유와 목적은 그 자체로 있을 것이고,

우리는 이것의 본래적 상태에 대한 '반성'을 수행한다. 이를 통해 그때그때 궁리되는 사물의 완전성 자체가 바로 '질적'인 완전성이다. 그런데 인간의 논리적 사유는 한 사물을 파악할 때 이것을 한 요소로 포함하는 거대한 자연의 체계하에서 각종의 존재자를 분류한 범주에 따라 파악하는 방향으로 나아간다. "어떤 사물이든 그것이 지닌 종 면에서의 온전함completeness"이 있다. 이른바 한 유genus에 속하는 모든 개별자individuus들은 종차種差, differentia specifica에 따른 자신만의 속성을 지니고 있다. 이는 철저히 유, 종(과 다른 종들), 그리고 개별자(와 다른 개별자들)에 대한 비교를 통해 도출되는 '양적' 고찰의 성과이다. 이때 '양'은 '정량화된 크기'로서 비교 가능한 단위를 뜻한다. "양적 완전성"이란 "사물이 무엇이어야 하는지는 이미 먼저 규정되어 있는 것으로 생각"한 채 오직 "이를 위해 요구되는 모든 것이 그것 자체에 있는지"의 관점에서 눈앞의 대상을 관찰한다. 이 사물의 개념이 요구하는 사항을 모두 갖추었을 때 그 속성들과 그 개념의 부합을 "양적 완전성"이라 부른다. 이는 과학적·개념적·범주적 사유가 지향하는 궁극목적에 해당한다.

그러나 순수한 취미판단은 이러한 객관적 합목적성 개념과, 즉 특정한 하나의 목적 개념과 무관하다. 이 판단은 "사물의 표상 중의 형식적인 면"에만 주목한다. 물론 이 판단에서도 합목적성이 고려되기 때문에, 잡다한 표상들이 '하나'의 개념과 "부합"될 것을 요구한다. 그러나 이때 잡다함을 '하나'로 통합할 "이것이 무엇이어야 하는지는 아직 규정되지 않았"다. 말하자면 이러한 통일성은 규정된 그 어떤 개념과도 무관하지만 무언가 개념에 이르는 어떤 대상에 대한 반성으로부터 나온다(§4.2). "('어떤 사물이어야 하는가'와 같은) 목적으로서의 이러한 '하나'가 사라지고 직관하는 자의 심성이 지닌 표상의 주관적 합목적성만 남게 되기 때문"에, 순수한 취미판단에서는 "주관의 표상 상태가 갖는 모종의 합목적성"을 그리고 "주관이 이 상태에서 갖는 안락함"을 심리적 근거로 삼는다. 이와 관련해서 칸트는 "숲속을 거닐다가 나무들이 둥그렇게 둘러싼 잔디밭을 접한" 순간을 예로 든다. 가령 "전원무도회로 활용할 목적"이 주관에 떠오르면 "완전성의 개념"에 입각해 판단을 내릴 수도 있고, 대상의 "순전한 형식"에만 머무는 순수한 취미판단을 내릴 수도 있다.

이로써 합목적성 개념을 가르는 중요한 기준이 제시되었다. 합목적성은 주관적이거나 객관적이다. 이를 주관적 목적과 객관적 목적의 구분과 동일시해서는 안 된다. 쾌와 결부된 좋음이든 순전히 개념적인 좋음이든 간에 목적이 전제된 합목적성은 언제나 객관적이다. 그러니까 '목적 없는 합목적성'은 오직 주관적·형식적 합목적성일 수밖에 없다. 반면 객관적 합목적성은 가령 "전원무도회"라는 목적을 위해 실제로 춤을 출 공간인 "숲속"이 요구되듯이 "질료"적 관점에 따른다. 감관취미의 판단이 질료적인 미감적 판단으로 분류되는 것도 같은 맥락에서 이해될 수 있다. 쾌적함에 깃든 만족이 좋음의 표상과 결합될 경우도 객관적 합목적성에 해당하기 때문이다. 따라서 "형식적이고 객관적인, 그러나 목적 없는 합목적성"이란 그 자체로 "모순"이다. "형식적이고 객관적인" 합목적성은 '목적론적 판단력비판'에서(가령 §62에서) 기하학적 도형의 형태가 지니고 있는 것으로 설명된다. 칸트가 말하는 "완전성"이란 "질료"와 무관할 수 없는 "합법칙성"이다. 따라서 "완전성"과 순전한 "형식"을 결부하는 일은 불가능하다. "대상의 완전성"을 취미판단의 대상으로 삼는 것은 불가능하다. 칸트 미학에서 순수한 미감적 판단은 오직 대상의 형식과 관계된다. 이른바 '완전성의 미학'은 "형식적인 양 잘못 생각된 객관적 합목적성"(§15.4)에 입각한 관점일 뿐이다.

15.4 미감적 판단은 주관적 판단이다 − 논리적 미학은 불가능하다

[§15.4] 하여간 취미판단은 미감적 판단, 다시 말해 주관적 근거에 의거한, 그리고 규정된 목적에 대한 그 어떤 개념도 규정 근거일 수 없는 판단이다. 따라서 형식적, 주관적 합목적성인 미를 통해서는 결코 대상의 완전성이, 형식적인 양 잘못 생각된 객관적 합목적성이 생각되지 않는다. 미 개념과 선 개념을 오직 논리적 형식상으로만 구분하면서 마치 미의 논리적 형식*은 완전성의 혼연한 개념이고 선의 논리적 형식**은 완전성의 판명한 개념이되 내용이나 근원에서 양자가 매한가지라고 보는 것은 맞지 않다. 이 경우 양자의 종별 구분은 이루어지지 않았기 때문이요 취미판단이 인식판단처럼 무언가의 좋음을 소명하는 판단이 될 것이기 때문이다. '사기 행각은 옳지 않다'는 판단에 대해 보통 사람들은 혼연한 원리에, 철학자는 판명한 원리에 근거를 두되, 양측이 이성적 원리에 근거를 두고 있다는 점에서는 이

두 판단이 근본적으로 매한가지라고 말하는 경우가 바로 이에 해당한다. 그렇지만 미감적 판단의 종은 단 하나이며 논리적 판단을 통해서만 생겨나는 객관 인식을 (혼연한 것일지언정) 결코 제공하지 않는다는 점에 대해서는 이미 언급한 바 있다. 객관이 주어지도록 하는 표상을 미감적 판단은 오직 주관과 관계 맺게 할 뿐 대상의 성질에 대해서는 말해 주지 않으며 이 대상을 대하면서 표상력들이 이를 규정할 때의 합목적적 형식만을 말해 준다. 이 판단이 미감적이라 불리는 또 다른 이유가 있다. 이 판단의 규정 근거는 개념이 아니며 오히려 심성력들이 유회하는 가운데 감각될 수 있는 합목적적 일치에 대한 (내적 감관의) 감정이라는 점이 바로 그것이다. 이와 달리 혼연한 개념이, 그리고 이를 근거로 삼는 객관적 판단이 미감적이라 불린다면, 이는 감성적으로 판단하는 지성이, 그리고 개념을 통해 객관을 표상하는 감관이 있다는 것이 될 터, 이 모두 자기모순이다. 혼연하든 판명하든 그런 개념의 능력을 지성이라 한다. 미감적 판단인 취미판단에도 (모든 판단이 그러하듯) 지성이 필요하지만, 이때의 지성은 대상 인식의 능력이라기보다는 판단의 규정***이요, 그리고 대상의 표상과 주관과의, 주관의 내적 감정과의 연관에 따르는 능력이되 하나의 보편적 규칙에 따라 가능한 판단인 한에서 그 표상을 (개념 없이) 규정하는 능력이다. (V.228/229)

* 역자 보충 미의 논리적 형식: Vorländer — "미의 개념"
** 역자 보충 선의 논리적 형식: Vorländer — "선의 개념"
*** 역자 보충 규정: C — "규정 능력"

"형식적, 주관적 합목적성인 미를 통해서는 결코 대상의 완전성이, 형식적인 양 잘못 생각된 객관적 합목적성이 생각되지 않는다." 이것이 '완전성의 미학'에 대한 칸트의 근본 입장이다. 그의 입장에서 유추해 보면 완전성의 미학은 주관적·형식적 합목적성과 객관적·질료적 합목적성을 구분하지 못함으로써 생겨난 오류이다. 이는 순전히 감성적(미감적)인 지평과 순전히 지성적(논리적)인 지평을 제대로 분별하지 못한 채 이를 혼동하여 아름다움과 좋음의 개념을 근본적으로 하나이되 다만 전자를 "완전성"의 "혼연한" 개념으로, 후자는 그것의 "판명한" 개념으로 구분하는 관점에 머물러 있다. 이에 따라 "양자의 종별 구분은 이루어지지 않"고 "취미판단도 인식판단처럼 무언가의 좋음을 소명하는 판단이 될" 테다. 말하자면 "미감적 판단의 종은 단 하나이며 논리적 판단을 통해서만 생겨나는 객관 인식을 (혼연한 것일지언정) 결코 제공하지 않는다". 칸트가 비판하고자 하는 바의 핵심은 미감적 지평과 논리적 지평에 놓인 분명한 '종차'를 구분하지 않는 것이다. "취미판단은 미감적 판단, 다시 말해 주관적 근거에 의거한, 그리고 규정된 목적에 대한 그 어떤 개념도 규정 근거일 수 없는 판단이다"라는 관점을 칸트는 시종일관 견지한다.

§2.1에서 우리는 이른바 명석판명한 인식에 대한 데카르트의 생각을 확인한 바 있다. 그런데 이러한 인식관에 따르면 고유한 질적 차별성을 갖는 개별적 사물들에 대한 온전한 인식은 애초에 불가능하다. 언제나 현재성·일회성을 갖는 구체적 존재자를 접하는 문제는 논리적·지성적 인식의 문제와는 완전히 무관하며 이러한 존재자에 대한

지적 작업 자체가 무의미한 일이 된다. 반면 대상의 고유한 질적 실존 하나하나에 주목하는 일은 바움가르텐의 말을 빌리자면 이른바 '감각적 혹은 감성적 인식cognitio sensitiva'의 소임이다. 그가 독자적 철학 분과로 정초한 '미학'은 바로 그 소임을 맡는 학문이다. 바움가르텐에 따르면 한편으로는 '노에타noēta'(지성적으로 인식된 것)를 다루는 '로기카Logica', 즉 '논리학'이 있고, 다른 한편으로는 이와 독립된 학문으로서 '아이스테타aisthēta'(감성적으로 인식된 것)를 다루는 '에스테티카Aesthetica', 즉 '미학'이 있다. 감성적 인식은 대상을 개념적으로 파악하는 지성적 인식이 보장할 수 없는 사물의 생생함을 포착한다. 바움가르텐에 이르러 감성이 지성의 통제로부터 벗어나 독자성을 확보하였고 철학적 미학이라는 분과가 확립되었다. 미학은 감성이 갖는 넓은 맥락의 합리성(논리성)에 대한 관조를 다룬다.

칸트의 미학은 바로 이러한 배경에서 생겨났다. 칸트 철학에서 '에스테틱Ästhetik'은 '논리학'에 대응되는 '감성학'의 성격을 갖지만, 이 용어의 위상에는 큰 변화가 생겼다. §1.2과 §2.1에서도 설명되었듯이 칸트가 보기에 인식이 이루어지는 방식은 오직 하나이다. 인식은 감성과 지성이 협업하는 방식으로만 생긴다. 즉 칸트는 바움가르텐처럼 감성적 인식과 지성적 인식을 별도로 보지 않았다. "내용 없는 사상은 공허하고 개념 없는 직관은 맹목적이다"라는 유명한 정식이 함축하는 바와 같이 칸트가 생각하는 인식은 심성의 두 원천인 감성과 지성이 결부됨으로써 성립한다. 한편으로 보면 감성은 인식의 주요 근원 가운데 하나로 격상되었지만, 다른 한편으로 보면 언제나 지성과의 협업을 통해서만 비로소 감성이 인식 작업에서 제 역할을 수행할 수 있다. 바움가르텐의 경우와 달리 칸트의 경우에 감성만으로는 인식이 불가능하다. 이렇게 되자 인간의 심미적 체험의 국면에서 인지적 요소는 일절 배제된다. 이제 미는 오로지 인간의 주관적 상태와 연관해서만 의미를 갖는 것으로 이해된다.

『순수이성비판』의 '초월론적 감성학'으로 불리는 것이 바로 '에스테틱'이다. 그러나 이 경우 '에스테틱'은 그저 이론철학의 하위 이론, 즉 감성의 형식인 공간과 시간에 대한 이론일 뿐이다. 반면 『판단력비판』에는 '에스테틱'이라는 명사 대신에 이것의 형용사인 '에스테티쉬 ästhetisch'가 등장하는데, '에스테티쉬'한 판단으로서의 취미판단은 이론적 능력의 일환으로서 감성의 측면과 결부되는 것이 아니라 오히려 인지적 요소가 완전히 배제된, '오로지 주관적인' 판단으로 제시된다. 이제 미와 예술에 대한 이론은 취미의 대상에 대한 이론이 아니라 그런 대상을 판정하는 능력에 대한 이론인 것이다. 이른바 '완전성'의 원리에 입각한 미학 사상을 칸트가 단호히 반대하는 이유는 바로 이런 맥락에서 이해할 수 있다. 칸트는 혼연한 인식을 통해 도달된 완전성을 미와 연결하는 일에 반대하였다. 그가 보기에 완전성의 원리는 개념적 인식의 문제에 적용되며 이는 미감적인 것과 무관하다. 미는 결코 개념적인 것이 아니기에 인식판단을 통해 그 외연과 내포가 규정될 수 없다. 이런 관점은 칸트가 인식의 권역에서 감성이 차지하는 위상에 대해서도 바움가르텐의 노선을 거부한 결과이다.

가령 "사기 행각은 옳지 않다"는 판단은 철학자들의 경우 "판명"하게, 일반 사람들의 경우 "혼연"하게 수행되겠지만, 이는 철두철미 "개념"에 입각한 "객관적" 판단이다. 이를 혼연하다고 하여 미감적인 판단으로 여겨서는 안 된다. 이것은 언제나 (이 경우에는 실천적인) 인식판단이다. 혼연한 판단은 적절한 개념이 동원되지 않은 판단을 뜻하는 것이지 개념과 무관한 판단을 뜻하는 것이 아니다. "감성적으로 판단하는 지성"이나 "개념을 통해 객관을 표상하는 감관"을 상정하는 것은 모두 "자기모순"이다. 칸트에게 감성과 지성의 역할은 엄연히 다르다. "혼연하든 판명하든 그런 개념의 능력을 지성이라 한다." 따라서 판명한 인식은 지성이, 혼연한 인식은 감성이 맡는다고 생각하는 바움가르텐 노선에 칸트는 반대하는 것이다.

취미의 합리론 II

16.1 자유미와 부속미

§16 규정된 개념의 조건 아래 대상을 아름답다고 소명하는 취미판단은 순수하지 않다

[§16.1] 미에는 두 가지 종류가 있는데, 자유로운 미(막연한 미), 그리고 순전히 부수附隨하는 미(부속하는 미)가 그것이다. 전자는 대상이 무엇으로 있어야 하는가에 대한 개념을 전제하지 않으며, 후자는 그러한

개념을, 그리고 그러한 개념에 따를 때 대상이 갖는 완전성을 전제한
다. 전자는 이러저러한 사물의 (그 자체로 존립하는) 미를 말하며, 후자
는 개념에 부수하는 것(제약된 미)으로서 특수한 목적 개념 아래 놓인
객관에 붙는다. (V.229)

취미에 대한 합리주의적 태도에 따르면 미에는 대상에 대한 특정
개념이 전제된다. 그러나 순수한 취미판단의 대상에는 그 어떤 개념
도 전제되지 않는다. 후자를 칸트는 "자유로운 미"라고 부른다. 이 말
에 대해 칸트가 병기한 라틴어 "pulchritudo vaga"에서 미를 수식하
는 'vagus'는 '도피하는', '배회하는', '정해지지 않은' 등의 의미를 띤
다. 따라서 여기에서는 특정 개념에 의해 한정되지 않은, 그래서 영어
'vague'에 들어 있는 의미대로, 판명하지 않고 "막연한" 아름다움으로
이해할 수도 있다. '자유미'는 대상이 '-해야 한다'는 개념에 얽매임 없
이 존재하는, 그 자체로 내적 가치를 지닌 것인 까닭에 "그 자체로 존
립하는" 미, 즉 자립적인 미로 불리기도 한다. 반면 "대상의 완전성"
개념이 전제된 아름다움은 사실상 그 개념(진 혹은 선)에 아름다움(미)
이 "부속된" 것으로 이해된다. 이렇듯 "순전히 부수하는 미"는 목적 개
념의 객관에 따르는 그런 "제약된 미"에 불과하다.

16.2 자유미의 사례

> **[§16.2]** 꽃은 자유로운 자연미에 속한다. 꽃이 어떤 사물로 있어야 하는가는 보통은 식물학자가 아니고서는 누군가가 알기가 어려우며 이것이 식물의 생식기관임을 알고 있는 식물학자라 해도 취미를 통해 이를 판단할 때는 이런 자연목적을 고려하지 않는다. 그러니까 취미판단에는 잡다함의 합성에 관계할 그 어떤 방식의 완전성도, 그 어떤 내적 합목적성도 근거로 놓이지 않는다. 여러 조류(앵무새, 벌새, 극락조), 바다의 수많은 갑각류들은 그 자체가 미이며 목적에 관한 개념에 따라 규정된 그 어떤 대상도 이에 속하지 않으면서 자유로이 그 자체로 만족스럽다. 이와 마찬가지로 그리스풍 선형, 액자틀이나 벽지의 잎사귀 무늬 자체는 그 어떤 의미도 나타내지 않는다. 즉 그것들은 규정된 하나의 개념에 입각한 객관을 내보이지 않으면서도 자유로운 미이다. 음악에서 (테마 없는) 환상곡이라 하는 것, 즉 가사 없는 오롯한 음악도 이 방식으로 칠 수 있다. (V. 229)

'아름다움에 깃든 만족'의 사례들을 설명하면서(§4.2) 이른바 '자유미'에 속하는 것을 소개한 바 있다. 칸트는 우선 자연 속에 깃든 자유미로 꽃, 조류나 갑각류의 외양에 깃든 "선형"에 주목한다. (여기서 말하는 "그리스풍à la grecque"은 18세기 후반 루이 14세 시대에 유행한 양식을 뜻한다.) 여기에서 칸트는 다시 한번 주어진 표상을 접하는 '방식'에 대해 설명한다. 즉 "이것[꽃]이 식물의 생식기관임을 알고 있는 식물학자라 해도 취미를 통해 이를 판단할 때는 이런 자연목적을 고려하지 않는다. 그러니까 취미판단에는 잡다함의 합성에 관계할 그 어떤 방식의 완전성도, 그 어떤 내적 합목적성도 근거로 놓이지 않는다". 칸트가 자유로운 예술미의 사례로서 제시하는 각종 문양은 "그 어떤 의미도 나타내지 않는다. 즉 그것들은 규정된 하나의 개념에 입각한 객관을 내보이지 않으면서도 자유로운 미이다". 아울러 하나의 예로서 "(테마 없는) 환상곡"을 여기에 추가한다. 정해진 주제("테마")에 따르지 않는 즉흥적 연주 음악인 "환상곡"은 "선형"과 마찬가지로 의도나 의미가 전제됨 없이 심성을 활성화한다. "환상곡"을 낭만주의 음악의 '판타지아'와 동일시해서는 안 된다. '판타지아'는 음악 특유의 (가령 '소나타', '론도' 등의) 형식에 얽매임 없이 솟아나는 악상대로 자유롭게 작곡한 것이며, 그런 맥락에서 '테마'는 음악 고유의 악곡 진행과 관련된 것으로 이해되어야 한다. 그러나 여기에서 칸트는 테마가 없다는 말을 그저 "가사 없는" 음악으로 이해하고 있는 듯하다. 따라서 칸트가 생각하는 '테마 없는 음악으로서의 환상곡'은 구상적 회화나 서술 문학에서 나타나는 '서사'가 결여된, 그래서 특정 개념이나 특정 대상을 나타내지 않는 예술을 뜻한다.

16.3 순수한 취미판단의 대상은 자유미이다

[§16.3] (오직 형식에 따라) 자유로운 미의 판정 중에 취미판단은 순수하다. 주어진 객관을 위해 잡다함이 쓰일 때의 어떤 목적 개념은, 그러

> 니까 객관이 내보여야 하는 바와 같은 것은 전제되지 않는바, 이로써 형상의 관찰 중에 이른바 유희하는 상상력의 자유를 제약할 따름이다. (V.229/230)

여러 차례 강조되었듯이 칸트의 입장은 바로 이것이다. "자유미의 판정 중에 취미판단은 순수하다." 만약 주어진 표상이 대상의 개념과 결부된다면 "상상력의 자유를 제약할 따름이다".

16.4 부속미의 사례 1

> **[§16.4]** 그렇지만 인간의 (그리고 그 종에 해당하는 남자, 여자, 아이 등의) 아름다움, 말의 아름다움, (교회, 궁전, 병기고, 혹은 정원 누각과 같은) 건축의 아름다움 등은 사물이 무엇으로 있어야 하는지를 규정하는 목적 개념을, 그러니까 사물의 완전성 개념을 전제하며 그런 까닭에 이는 그저 부속하는 미이다. 본디 형식에만 연계된 아름다움을 (감각의) 쾌적함과 결부함으로써 취미판단의 순수함이 퇴색했던 것처럼 아름다움을 좋음과 (즉 잡다함이 사물의 목적 면에서 사물 자체에 좋다 할 때의 그 좋음과) 결부하면 취미판단의 순수함이 중단된다. (V.230)

개념에 입각한 부속미의 예를 통해 알 수 있는 것은 인간의 인간다움과 인간의 아름다움이, 말의 말다움과 말의 아름다움이, 건축의 건축다움과 건축의 아름다움이 결부되고 있다는 점이다. 이런 미 개념은 고대 미 이론의 '적합성prepon' 개념을 환기한다. "다움"이라는 말 속에 이미 '목적' 혹은 '완전성' 개념과의 밀접한 연관이 들어 있다.

이로써 "본디 형식에만 연계된 아름다움을 (감각의) 쾌적함과 결부함으로써 취미판단의 순수함이 퇴색했던" 경험론적 취미론('매력의 미학')의 경우처럼, 미를 선과 연계한 합리론적 취미론('완전성의 미학')도 "취미판단의 순수함을 해친다".

16.5 부속미의 사례 2

> **[§16.5]** 이 건축물이 교회가 아니어도 좋다면, 바라볼 때 만족스러운 많은 것들이 여기에 직접 채택될 수 있었을 것이다. 이자가 인간이 아니어도 좋다면, 뉴질랜드인들이 새긴 문신과 같은 나선 문양으로, 경쾌하면서도 규칙적인 모양으로 용모를 꾸밀 수 있었을 것이다. 이자가 성인 남자를, 그것도 전사다운 자를 대변하지 않아도 좋다면, 이 사람은 좀 더 섬세한 갖가지 모양을, 호감이 가는 나긋나긋한 얼굴 윤곽을 지닐 수 있었을 것이다. (V.230)

부속미가 지닌 의미를 설명하기 위해 칸트는 가정법을 사용한다. 이를 직설법으로 바꾸면 다음과 같다. 예배를 목적으로 하는 교회를 지어야 했기에 바라볼 때 맘에 들 요소들은 배제될 수밖에 없었다. 그리고 용맹한 전사를 나타내야 했기에 개인이 지닌 섬세한 용모라든가 정감 있는 요소는 배제될 수밖에 없었다. 칸트가 생각하는 진정한 인간다움은 "인간을 내적으로 지배하는 윤리 이념"(§17.6)을 통해 구현될 수 있다. 교회다움과 교회의 아름다움은 다른 것이다.

16.6 특정 개념에 입각한 취미판단은 순수하지 않다

[§16.6] 하여간 사물의 가능성을 규정하는 내적 목적과 관계하는 사물 내의 잡다함에서의 만족은 개념에 근거를 둔 만족이다. 반면 아름다운 것에서의 만족은 그 어떤 개념도 전제하지 않으며 (대상을 생각하게 하지는 않으면서) 대상을 가져다주는 표상과 직결된다. 그런데 이 만족과 관련된 취미판단이 이성판단이 되어 저 목적에 의존하고 그럼으로써 저 목적에 제약된다면, 이 판단은 결코 자유롭고 순수한 취미판단일 수 없다. (V.230)

"개념에 근거를 둔" 저러한 부속미를 통해서는 "사물의 가능성을 규정하는 내적 목적과 관계하는 사물 내의 잡다함에서의 만족"이 생긴다. 반면 아름다움에 깃든 만족은 "그 어떤 개념도 전제하지 않는" 주관의 태도에서 생긴다. 이러한 판단은 대상에 대한 논리적 인식("이성판단")이 아니며 "대상을 가져다주는 표상과 직접 결부"된 만족을 심리적 근거로 삼는다. 만일 순수한 취미판단에 논리적 판단의 요소가 뒤섞인다면, 그 판단은 "자유롭고 순수한 취미판단일 수 없다".

16.7 취미와 이성의 타협

[§16.7] 물론 지성적 만족과 미감적 만족이 이렇게 결부됨으로써 취미가 얻는 바도 있다. 취미가 고정됨으로써, 보편적인 규칙까지는 아니더라도 합목적적으로 규정된 어떤 객관에는 수칙을 부여하는 그런 취미의 규칙이 있게 되니 말이다. 그러나 이렇게 되면 결코 취미의 규칙이 아니라 순전히 이성과 취미의, 다시 말해 좋음과 아름다움의 타협에 대한 규칙만이 있을 따름이며, 이로써 아름다움은 좋음 면에서의 의도에 사용될 수 있는 도구가 되는바, 주관적, 보편적 타당성을 갖는, 스스로 유지하는 그러한 심성의 정조가 객관적으로 보편타당한, 힘들게 결의함으로써만 유지될 사고방식의 지배 아래 놓이는 것이다. 그러나 본디 미를 통해 완전성이 얻는 바도, 완전성을 통해 미가 얻는 바도 없으며, 다만 우리에게 대상을 가져다주는 표상을 우리가 개념을 통해 객관과 (이것이 무엇으로 있어야 하는가의 관점에서) 비교하면서도 이와 동시에 이 표상을 주관 내의 감각과 결속하는 일은 피할 수 없기에, 두 심성 상태가 부합한다면 표상력의 능력 전체의 면에서 얻는 바가 있다. (V.230/231)

'순수한 취미판단'과 '이성적 판단'의 결합은 미감적 반성의 만족과 지성적(도덕적) 만족의 결합을, 말하자면 이성과 취미의, 다시 말해 좋음과 아름다움의 타협을 뜻한다. "타협"에 해당하는 독일어 "Vereinbarung"은 일치 혹은 합일로 번역될 수도 있겠지만, 여기에서는 취미와 이성이라는 이질적 요소가 혼연일체가 된 상황이 아니라 양자가 협상을 통해 적당히 각자의 지분을 차지한 상황을 말한다. "그러나 본디 미를 통해 완전성이 얻는 바도, 완전성을 통해 미가 얻는 바도 없"다. 다만 양자 사이에 일종의 "타협"이 이루어질 뿐이다. 이질적인 것 간의 "타협"을 통해 생겨나는 취미는 이성 편향의 취미이다. 오히려 이러한 취미의 근거는 보편성을 띨 수 없다. 합리주의적 취미 개념이 보편성을 갖지 못한다는 말은 다소 의아하게 들린다. 이성과 결합된 취미를 '개념'의 측면에서 본다면 이것은 당연히 객관적 보편타당성을 갖는다. 가령 피카소Pablo Picasso의 작품 「게르니카Guernica」를 스페인 내전, 독일군의 공습, 전쟁의 참상과 같은 서사에 바탕을 두고 감상할 때, 그러한 작품 이해의 내용은 감상자들 간에 보편적으로 공유될 것이다. 그러므로 칸트가 여기에서 이성 편향의 취미가 보편성을 얻지 못한다고 한 말은 순수한 미감적 만족의 측면에서 주관적 보편타당성을 갖지 못한다는 것을 뜻한다. 그뢰즈Jean-Baptiste Greuze의 교훈적 풍속화 「부모에 대한 공경La Piété filiale」에 대한 디드로Denis Diderot의 평론은 계몽주의적 예술론의 전형을 보여 준다. 이때 작품 분석을 통해 디드로가 설명하는 내용은 개념적·지성적으로 보편성을 갖겠지만, 즉 어떤 독자이든 디드로의 주장을 이해하는 데에는 어려움이 없겠지만 작품에 대한 이러한 이해가 전제될 경우 순전한 취미판단의 대상으로서 주관이 갖는 만족의 보편적 전달 가능성은 보장될 수 없다. "이로써 아름다움은 좋음 면에서의 의도에 사용될 수 있는 도구가 된다." 왜냐하면 미감적 만족이란 "주관적, 보편적 타당성을 갖는, 스스로 유지하는 그러한 심성"을 통해 얻을 수 있는 반면, 좋음이라는 표상은 "객관적으로 보편타당한, [경향성을 극복하기 위해] 힘들게 결의함으로써만 유지될 [도덕적] 사고방식"에 입각해 있다. 그런데 취미와 이성이 결합될 경우 결국 전자는 후자에게 "지배"된다. 물론 이러한 타협의 산물이 우리의 현실 삶에 무가치하다는 말이 아니다. 취미와 이성이 잘 부합할 경우 일정 정도 취미판단이 내려지며 그런 만큼 "표상력의 전체 능력"이 얻는 바가 있다. 다만 칸트는 계몽주의적 예술론이 순수한 취미판단과는 구분된다는 점을 말하고 있다.

16.8 응용된 취미판단

[§16.8] 한 대상에 규정된 내적 목적을 두고도 이에 대한 취미판단이 순수할 수 있었다면, 판단자가 이 목적에 대해 그 어떤 개념도 갖고 있지 않았거나 판단 중에 이를 도외시했을 테다. 그렇지만 이때 그 판단자가 대상을 자유로운 미로 판정하면서 정확한 취미판단을 내렸다 해도 다른 이는 (대상의 목적을 바라보면서) 대상에서의 미를 그저 부수하는 성질로 간주할 수 있으며, 전자는 감관이 마주한 것에 따라, 후자는 사고 속에 있는 것에 따라 판단하되 이들이 제 방식에서는 정확했다고 해도, 후자는 전자를 힐난하면서 전자의 취미가 잘못되었다고 책망할 수 있다. 이런 구분에 따라 전자는 자유로운 미를, 후자는 부수하는 미를 고수한다는 점을, 즉 전자는 순수한 취미판단을, 후자는 응용된 취미판단을 내리고 있다는 점을 지적함으로써 미에 관한,

취미의 판관들 사이의 분쟁을 조정할 수 있다. (V.231)

생각해 보면 일상 현실에서 우리가 수행하는 취미판단은 '매력의 미학'이나 '완전성의 미학'과 어떤 식으로든 결부되어 있는 경우가 많다. 칸트가 말하는 순수한 취미판단은 사실 의도한다고 의도대로 이루어진다는 보장도 없다. 이런 점에서 나중에 칸트는 이러한 판단의 대상은 사전에 규정될 수 있는 것이 아니라 사후에 "범례적"(§17.2) 차원에서 적시될 따름이라고 말한다. 어떻게 보면 그가 말하는 순수한 취미판단은 보통의 다른 판단들, 즉 논리적 인식판단이나 감관취미의 판단, 혹은 매력이나 완전성이 혼합된 취미판단 등이 이루어지는 과정에서 동시에 불현듯이 "아주 특수한 구분 및 판정능력"(§1.2)이 발휘됨으로써 생겨나는 미감적 만족의 국면을 설명하기 위한 특수한 계기일 것이다. 순수한 취미판단을 수행하는 주관에게 요구되는 반성적인 태도는 이러하다. 판단자는 대상 내의 목적을, 그러한 개념을 떠나야 한다. 이것이야말로 미감적 관조에서 요구되는 무관심성의 태도다. 이성과 취미가 결부된 일상적인 판단 상황에서는 어떤 이는 대상을 '자유미'로, 다른 이는 이를 '부속된(부수적인) 미'로 간주하면서 쟁론이 벌어지기도 할 것이다. 이러한 상황을 비롯하여 각자가 생각하는 취미판단의 조건이 상이할 경우 생겨나는 의견 다툼을 조정하는 문제는 미 분석론이 끝나고 '연역론'을 지나 '변증론'에서, 이른바 "취미의 이율배반"(§56)에서 본격적으로 다루어진다. 칸트는 '완전성의 미학'의 차원에서 수행되는 미감적 판단은 취미와 이성이 일종의 타협 상태에서 이루어진 "응용된 취미판단", 즉 "일부 지성화된 취미판단"(§17.3)임을 밝힌다.

이상

17.1 취미에 적용될 객관적 규칙은 없다

§17 미의 이상에 관하여

[§17.1]　무엇을 아름답다 하는지를 개념에 따라 규정할 객관적 취미 규칙은 있을 수 없다. 이 원천에서 비롯한 판단은 모두 미감적 판단이기 때문이다. 다시 말해 객관의 개념이 아니라 주관의 감정이 취미판단의 규정 근거이다. 미에 대한 보편적 척도를 규정된 개념을 통해 제시해 줄 취미의 원리를 찾는 일은 헛수고이니, 불가능한 것을 찾고자 하는 격이요 그 자체로 모순이기 때문이다. 감각(만족 혹은 불만)의 보편적 전달 가능성은, 그것도 개념 없이 성립하는 그러한 가능성은, 그러니까 어떤 대상의 표상에서의 감정이 동서고금을 통해 일치함[의 가능성]이 경험적인, 박약하며 추정할 근거가 불충분한 그런 척도로서 있는바, 인간에게 대상을 부여하는 형식을 판정할 때 그 일치 여부에 대한 근거에서, 모든 인간에게 공통적으로 깊숙이 숨겨져 있는 그

> 근거에서 취미가, 그처럼 사례를 통해 확증되는 취미가 유래함을 보여 주는 그런 척도인 것이다. (V.231/232)

취미판단은 주관의 감정이 근거를 이루는 미감적 판단이며 그런 만큼 대상의 아름다움 여부에 대한 판단에는 취미에 대한 객관적 규칙이 없다. 즉 "미에 대한 보편적 척도를 규정된 개념을 통해 제시해 줄 취미의 원리를 찾는 일은 헛수고이니, 불가능한 것을 찾고자 하는 격이요 그 자체로 모순이기 때문이다". 결국 미감적 만족 혹은 불만족의 보편적 전달 가능성은 오직 주관적인 근거를 통해서만 담보될 수 있다. 그렇다면 현실적으로 어떠한 미감적 표상이 "개념 없이" 보편적 소통능력을 갖는지 설명하는 일은 매우 어려운 과제가 된다. 실제로 심미적 체험이 이루어지기 전에 이를 사전에 규정할 수 없기 때문이다. 따라서 "어떤 대상의 표상에서의 감정이 동서고금을 통해 일치함(의 가능성)이 경험적인, 박약하며 추정할 근거가 불충분한 그런 척도로서 있는바, 인간에게 대상을 부여하는 형식을 판정할 때 그 일치 여부에 대한 근거에서, 모든 인간에게 공통적으로 깊숙이 숨겨져 있는 그 근거에서 취미가, 그처럼 사례[51]를 통해 확증되는 취미가 유래함을 보여 주는 그런 척도인 것이다." 그런데 이러한 경험적 사례들을 단지 경험자의 사적 차원에만 놓인 것으로 생각해서도 안 된다. 순수한 취미판단의 조건을 충족한 판단일 경우 보편적 만족을 요구할 수 있어야 하기 때문이다. 다만 현재로서는 "추정할 근거가 불충분"하다. 이 근거는 네 번째 계기에 따른 분석에서 "공통감의 이념"(§20)으로 제시된다. 합치의 근거가 되는 이 "이념"은 지성적·논증적 분석으로는 파악될 수 없으며 "모든 인간들 속에 공통적으로 깊숙이 내재"해 있다.

17.2 취미와 이상

[§17.2] 따라서 취미의 산물 중 일부는 범례적인 것이되, 그렇다고 다른 이를 모방한다 해서 취미가 획득되는 양 간주될 수는 없다. 취미 자체가 자신만의 능력일 수밖에 없기 때문이다. 이를 본보기로 삼아 모방한 자가 이에 성공을 거두었다 해도 이는 이자의 수완을 보여 주는 것일 뿐이며 이자의 취미는 그가 이 본보기를 판정할 때 나타날 뿐이다.* 그런데 이를 통해 알 수 있는 것은 취미의 최고 본보기, 즉 취미의 원상이란 순전한 이념이라는 점이다. 이 이념은 누구라도 스스로 산출해야만 하며 그 누구든 이 이념에 따라 취미의 객관이 되는, 취미를 통한 판정의 사례가 되는 모든 것을, 심지어는 그 누구의 취미라도 이를 판정하지 않을 수 없다. 이념이란 본디 이성개념을 뜻하며, 이상이란 이념에 적실한 개별 존재의 표상을 뜻한다. 그렇기 때문에 '최고'라는, 이성의 규정되지 않은 이념에 근거를 두되 결코 개념을 통하지 않고 오직 개별적 현시에서만 표상될 수 있는, 우리가 점유하고 있지 않으나 우리 안에서 산출하고자 노력하는, 취미의 저 원상을 미의 이상이라고 부르는 것이 바람직하다. 다만 이것이 개념이 아닌 현시에 근거를 두는 바로 그 이유로 순전히 상상력의 이상이 될 것이다.

현시의 능력은 상상력이니 말이다. — 그렇다면 그러한 미 이상에 우리는 어떻게 도달할 수 있는가? 선험적인가, 아니면 경험적인가? 그리고, 어떤 유의 미가 이상일 수 있는가? (V.232)

- 언어 예술의 경우 취미의 본보기는 사어(死語)나 교양어로 쓰인 것에서 나타난다. 전자의 경우 현재 사용되는 언어가 불가피하게 겪어야 할 변화, 즉 고상한 표현이 진부해지거나, 익숙한 표현의 시의성이 사라지거나, 새로 창출된 것이라도 통용되는 기간이 극히 짧을 수밖에 없거나 하는 식의 변화를 겪지 않는다. 후자의 경우 유행에 휘둘리지 않는, 불변의 규칙을 갖는 문법에 따른다.

일상적 경험에서 순수한 취미판단을 가능케 하는 종류의 표상을 어떤 대상이 제공했다고 할 때, 우리는 이를 "범례적인" 산물로 간주한다. 그러면서 "이를 본보기로 삼아 모방"한다. 이를 모방하는 "수완"이 중요해진다. 헬레니즘기 예술의 대표작인 「밀로의 비너스」는 지금도 아름다움의 고전적 전형으로 추앙받는데, 미술대학 지망생들도 이를 즐겨 스케치하며 이를 석고상으로 모방한다. 하지만 칸트가 생각하는 심미안은 다른 이들의 산물을 그저 답습한다고 해서 얻어질 수 없는, 각자의 고유한 능력이다. 다른 이들의 산물을 순수한 취미판단을 통해 평가하는 능력도 취미이지만, 다른 이들에게 하나의 '견본'이 될 수 있는 산물을 제작하는 능력도 취미이다.[52] 전자의 경우든 후자의 경우든 간에 공통적으로 해당되는 점은 다음과 같다. "취미의 최고 본보기, 즉 취미의 원상이란 순전한 이념"이다. 칸트가 여기에서 말하는 "원상原象"은 모범이 될 만한 사례, 즉 하나의 전형적 '범례'에 해당한다. 즉 "원상"은 현실 속에 모상들을 토대로 일반화한다고 획득될 수 있는 것도 아니고, 판정하기 전에 순전히 관념적으로 규정해 놓을 수도 없다. 오직 아주 특별한 사례들을 통해 불현듯이 경험되지만, 그런 이후 이를 다시 답습한다고 해서 범례로서의 그 위상이 유지되는 것도 아니다. "이 이념은 누구라도 스스로 산출해야만 하며 그 누구든 이 이념에 따라 취미의 객관이 되는, 취미를 통한 판정의 사례가 되는 모든 것을, 심지어는 그 누구의 취미라도 이를 판정하지 않을 수 없다."

그런데 "이념"이라는 말은 앞으로 다양한 맥락에서 다양한 수식어와 함께 등장하게 된다. "공통감의 이념"(§20)에 대해서는 이미 언급한 바 있다. 당장 §17에 "이성이념"과 "미감적 표준이념"이 등장한다. 그리고 §49에서는 저러한 "견본"을 단순히 판정하는 단계가 아니라 이를 창조하는 능력으로서의 천재성[53]이 "미감적 이념들의 현시능력"이라고 설명되는데, 이때 "미감적 이념"이란 "이성이념의 대응물"로서 "주어진 한 개념에 상상력이 부가한 표상"이라고 정의된다.

"이념"이 "이성개념"이라는 것은 칸트 철학에서 시종일관 견지되는 관점이다. 이때 "이념"에 해당하는 독일어 "Idee"는 단순히 주관적 '관념idea'이라는 말로는 포괄되지 않는 개념이다. 물론 외부 현상으로 드러나지 않는, 인간의 의식 내에 형성된 표상이라는 점에서는 분명 '관념(생각)'이다. 그러나 "Idee"는 현상들을 가능케 하는 "원상"을 함축하는, 따라서 본질주의 철학의 전통에서 '이데아'라고 불러 온 본질을 뜻한다. 칸트 철학의 전제에 따를 때 감성이 수용할 수 없는 것, 따라서 지성의 개념이 형성될 수 없는 것, 그럼에도 인간 이성의 본성상 상정될 수밖에 없는 것, 오직 이성에 의해 형성된 개념이라고 할 수밖에 없는 것을 "이념"이라고 부른다. 칸트에게 이념이란 주관 너머의 영역에 존재하는 (플라톤Platon의 '이데아'와 같은) 초월자가 아니라 주관의 초월론적 태도에 의해 상정된 것이라는 점에서 그의 이념관은 전통 철학의 입장과 근본적으로 다르다. 이념은 지성의 개념이 적용되지 않기 때문에 명확히 규정될 수는 없다. 하지만 인간의 모든 사유가 지향하는 궁극 지점에서 언제나 그 영향력이 발휘되는, "모든 인간에게 공통적으로 깊숙이 숨겨져 있는 그 근거"가 바로 "이념"이다. 그런가 하면 "이상ideal이란, 이념에 적실한 개별 존재의 표상을 뜻한다". 감각적 현상을 통해 확인할 수 없는 이념이 만일 개별적·구체적으로 현존한다고 할 때 어떤 모습일지를 떠올릴 수 있다면 이를 이념의 "이상理想"이라고 부른다. 따라서 "이상"은 이성의 개념인 이념에 근거를 둔다. 그렇다면 "미의 이상"은 미의 이념에 근거를 두는 것일까? 칸트의 설명을 바탕으로 유추해 본다면 그렇기도 하고 아니기도 하다.

순수한 취미판단을 가능케 하는 근거로서 이른바 "취미의 원상" 내지 "취미의 최고 본보기"는 분명 "이념"으로 불렸다. 그런데 칸트는 이 원상을 "미의 이상"으로 바꿔 부르고 있다. 앞서 저 이념을 스스로 산출해야 한다고 말했는데, 취미의 최고 견본인 미의 이상을 "우리 안에서 산출하고자 노력"한다. 실제 지니고 있지 않지만 이를 지니기 위해 노력해야 할 것, 이것은 문맥상 분명히 "이념"을 뜻한다. 칸트의 서술대로 따라간다면 취미판단의 이념은 미의 이상이 된다. 이 이상의 근거는 "이성의 규정되지 않은 이념"[54]이며 이것이 "표상"될 수 있는 것은 이 이념의 "개별적 현시를 통해서"이다. 다만 앞에서 말한 이념과 여기에서 말하는 이념이 달라지는 지점은 후자의 경우 대상이 지닌 "최고"의 가능성에 대한 이념이되 절대 규정되지 않은 채, 즉 개념에 의거하지 않은 채 개별적 현시가 이루어진다는 데에 있다. 그러므로 이 이상은 "현시의 능력"[55]인 "상상력의 이상"으로 불릴 수도 있다고 칸트는 말한다. 앞서 "잡다한 직관을 합성"(§9.4)하는 능력으로 생각되었던 상상력이 이제 "현시"하는 능력으로 설명된다.[56] 나중에 칸트가 "미감적 이념"을 "개념에 상응하지 않으면서도 많은 것을 생각할 계기를 부여하는, 따라서 그 어떤 언어로도 가히 도달될 수도 이해될 수도 없는 상상력의 표상"(§49)이라고 말한다는 것을 염두에 둘 때 상상력은 자신의 표상인 "미감적 이념의 현시능력"이 된다. 이렇게 보면 미의 이상은 "미감적 이념"에 근거를 두는 것으로 생각된다. 하지만 좀더 깊이 생각해 보면 그렇지 않다. 이 이상이 미의 이념과 연관되어 있으려면 적어도 지성에 의해 규정되는 개념과는 무관해야 한다. 미의 이상은 개념에 의거하지 않는다고 했으니 여기에 그 어떤 "객관적 규칙"도 결부되지 않는다고 생각해도 좋을까? 그런데 칸트는 이 절의 마지막에서 미의 이상이라는 척도에 따라서는 순수한 미감적 반성판단이 내려질 수 없다고 말한다. 말하자면 미의 이상에 따른 대상 판정은 미감적일 수 없다. 전혀 미감적이지 않다는 뜻은 아니겠지만, 적어도 논리적 인식판단의 성격이 결부되어 있다는 점은 분명하다. 즉 앞서 말한 이성과 취미의 타협에 따른 "응용된 취미판단"일 뿐 결코 순수한 취미판단일 수는 없다. 그렇다면 미의 이상은 어떤 식으로든 "객관적 규칙"과 결부되는 까닭에 미의 이념에 근거를 두지 않는다고 보아야 할 것이다. 이렇듯 혼란스러운 정황을 어떻게 이해해야 할까?

견본으로, 범례로 간주되는 많지 않은 "취미의 산물들"은 각자의 고유한 능력에 따라 만들어진 것들이다. 반면 이를 아무리 "모방"하려 해도, 설사 그 외관을 잘 모방했다 해도 이는 기술적 "수완"으로 평가받을 뿐 그 능력 자체를 "획득"한 것은 아니다. 모방자의 취미는 그저 저 범례를 "판정"하는 능력일 뿐이다.[57]

취미가 두 지평으로 이해되어야 한다면 미의 이상의 경우에도 마찬가지이다. 즉 후자 또한 창조(제작)의 지평과 모방(판정)의 지평을 구분해야 한다. 제작의 지평에서 본다면 천재의 능력은 상상력을 통해 미감적 이념을 개념에 의거함 없이 현시함으로써 미의 이상을 구현한다. 이러한 이상은 사실상 진정한 미의 이념이 적절히 현시된 것으로 볼 수 있다. 하지만 이러한 능력이 발휘되는 방법은 결코 연역적으로 규정될 수 없고 그렇다고 실제 "산물들"의 사례들을 통해 귀납적으로 도출될 수도 없다. 그런 맥락에서 보면 천재의 능력을 갖춘 자라고 해도 그러한 절차를 "소유"하고 있지는 않다. 이러한 "취미의 원상"은 "모든 이"가 갖고자 한다. 그러나 실제로 이것의 사례를 만들어 내는 자는 매우 드물고 대부분은 그렇게 하지 못한다. 그래서 판정의 지평에서 보자면 보통 사람들은 이미 취미의 범례로 인정된 것들을 바탕으로 미의 기준을 확립하여 다른 사례들에 이를 적용하려는 경향을 보인다. 이러한 경향 속에 '이성과 취미의 타협'이 발생한다. 이 경우 미의 이상은 결코 미감적 이념에 근거를 둔 것일 수 없으며 이때 미의 이념으로 생각된 것은 자유미가 될 수 없다.

하지만 이러한 제작의 지평이든 판정의 지평이든 간에 결국 미의 이상은 순수한 취미판단의 근거가 될 수 없다. 일단 제작의 지평에서 볼 때 천재의 능력을 지닌 자는 미감적 이념의 구체적 표상을 머릿속에 미리 설계해 놓고 이를 그대로 재현하지 않는다. 제작은 불현듯이 스치는 착상에 따라 이루어져야 한다. 따라서 미의 이상이 미리 설정될 여지가 없다. 앞서 설명된 미의 이상은 언뜻 제작의 차원에서 유의미한 것으로 보이지만 사실은 모방하고 판정하는 자의 입장과 관련된 것으로 보아야 한다. 취미의 범례가 된 산물에 대한 순수한 취미판단의 가능성에 대한 청구는 앞서 설명한 바와 같이 정당하다. 그러나 이 단계에서는 미의 이상이 전혀 논의될 수 없다. 취미의 범례로 간주된 것을 최고의 모범으로 고정할 때 이상적인 아름다움이 형성되기 시작한다. 이러한 아름다움은 가령 「밀로의 비너스」처럼 나름의 보편타당성을 지닐 수 있다. 그러나 칸트가 생각하는 미감적 보편성은 이것과는 엄연히 다르다. 이상적 아름다움은 결코 미감적 반성의 지평에 놓여 있을 수 없다. 여기에는 특정 사례가 취미의 원형을 대변하는 개념에 입각해 추상화되어 있기 때문이다. "미 이상에 우리는 어떻게 도달할 수 있는가?" 미감적 판단의 지평에서 생각해 본다면 미의 이상은 결코 선험적인 근거를 담보해 줄 수 없다. 개념이 결부된 아름다움과 관련된 까닭에 이러한 이상은 경험적 차원에 머문다. 만약 선험성을 논할 수 있다면 그것은 바로 그 개념이 부여하는 객관적 타당성의 범위 내에서만 가능할 것이다.

마지막으로 칸트는 "미의 이상이 될 수 있는 것으로서 어떤 종류가 있을까?"라는 질문을 던지면서 다음 단락으로 나아간다. 그 전에 이 단락의 중간에 첨부된 각주를 우선 간략히 언급하겠다.

각주: 이상과 역사

"취미의 견본"으로서의 미의 이상이 적어도 경험적으로는 보편적 소통력을 갖는다. 이 경우 보편성을 승인받기 위해서는 최대한 우연성 및 자의성을 배제해야 한다. 가령 "언어예술"에서는 그것이 희랍어·라틴어와 같은 "사어死語" 내지 "교양어"가 쓰였을 때 취미의 전범이 될 가능성이 높아진다. 따라서 근래의 것보다는 과거의 것에, 새로운 시도보다는 예로부터 승인되어 온 것에 '이상'이라는 말을 부가하게 된다.

17.3 이상과 인간

[§17.3] 우선 주목할 것은 이상으로 추구되는 미는 막연한 것이 아니고 객관적 합목적성 개념을 통해 고정된 미이며, 이에 따라 전적으로 순수한 취미판단의 객관이 아니라 일부 지성화된 취미판단의 객관에 속해야만 한다는 점이다. 다시 말해 어떤 방식의 판정 근거에서 이상이 생겨나든, 여기에는 대상의 내적 가능성이 의거하는 목적을 선험

적으로 규정하는, 규정된 개념에 따르는 그런 이성 이념이 근거로 놓이지 않을 수 없다. 아름다운 꽃, 아름다운 가구 설비, 아름다운 조망 등의 이상을 생각할 수는 없다. 규정된 목적에 부수하는 미에 대해서도, 가령 아름다운 주택, 아름다운 나무, 아름다운 정원 등에 대한 이상도 떠올릴 수 없다. 아마도 이것들의 개념으로 목적을 규정하기에는 부족하여 그 합목적성은 막연한 미에 못지않게 자유로울 테니 말이다. 제 실존의 목적을 스스로 지닌, 이성을 통해 자신의 목적을 스스로 규정하는, 외부로부터의 지각을 통해 목적을 받아들여야 하는 경우라 해도 본질적, 보편적 목적과 결속하여 저 목적이 부합하는지를 미감적으로 판정할 줄도 아는 인간, 결국에는 이런 인간에게만 미이상의 역량이 있으니, 세상의 모든 대상 가운데 제 인격을 갖춘, 예지자로서의 인간성에 완전성 이상의 역량이 있는 것과 같은 이치이다. (V.232/233)

칸트가 미의 이상을 논할 때에는 철두철미 객관적인 합목적성으로 확립된 미 개념을 생각하고 있으며 따라서 이상에 대한 판단은 취미판단이되 "일부 지성화된" 판단일 수밖에 없다. 대상에 깃든 가능성에 따라 목적이 선험적으로 규정된 개념을 전제한 판단, 즉 "응용된 취미판단"(§16.8)인 까닭에 이 판단은 전통적인 철학용어로 말한다면 '판명한' 인식의 영역에 속한다. 따라서 이는 규정적 판단에 의한 판단이며 그런 점에서 결코 규정되어 있지 않은 "막연한 미", 즉 '자유미'(§16.1)

와는 전혀 무관하다.

　미의 이상은 개념과 결부되지만 이 개념은 특정 '종'의 범례적 기준일 뿐 개별적·구체적 사례 하나하나에 속속들이 적용되는 규범이 될 수는 없다. 한적한 교외에 여름 별장이 한 채 있다고 하자. 칸트가 살던 당시 왕족들은 본궁과 별궁을 별도로 갖추고 있었다. 가령 베르사유 궁전은 프랑스 왕정의 별궁이었다. "정원"에는 각종 "꽃"과 "나무"들이 피어 있고 "주택" 내부에는 "가구 설비" 등 각종 인테리어가 갖추어져 있으며 테라스로 나가면 너른 "전망"이 펼쳐져 있을 것이다. 이것들 하나하나는 감각적인 쾌를 줄 수도, 그 가운데 좀 더 세련된 매력을 제공할 수도 있으며 경우에 따라서는 순전히 미감적인 관조의 대상이 될 수도 있다. 쾌적함이든 아름다움이든 이러한 만족을 준다는 것은 눈앞에 놓인 그것들 하나하나가 직접적으로 주관과 대면했다는 뜻이다. 쾌적한 혹은 아름다운 장미 한 송이의 표상을 주관이 지닐 수는 있지만 장미라는 '종'의 미에 대한 이상을 지닐 수는 없다. 미의 이상을 떠올리게 하는 범례적 산물이 우리에게 제시되면 이것을 견본으로 삼아 이를 모방하고자 하지만, 우리는 장미라는 종 자체에 대한 명확한 개념을 포착할 수는 없다. 눈앞에 '이미' 피어 있는 한 송이 장미를 바라보았을 때 비로소 그것의 아름다움을 '사후적으로' 느끼는 것이지 이러한 미의 조건을 사전에 파악하고 대상을 바라보는 것이 아니다.

　미의 이상은 개념과 결부되어 있지만 그렇다고 해서 미의 이상을 §16에서 논했던 '부속미'의 관점에서, 즉 "규정된 하나의 목적에 따른"

기준에 완전히 부합하는 것으로 보아서는 안 된다. 쾌적함과 결부된 유용성의 관점에서 (따라서 결국 도구적 좋음의 관점에서) 별장 한 채를 디자인하고 이를 완공하는 작업이 이루어질 수도 있을 것이다. 장미꽃을 그릴 때, 혹은 장미꽃 정원을 조성할 때 사람들이 '대체로' 동의하는 미의 기준들이 없지 않다. 그러나 '무릇 장미는 아름답다'는 판단이 순수한 취미판단이 아니듯이(§8.5) '무릇' 사람들이 아름답다고 여길 법한 장미의 견본이 미의 이상일 수는 없다. 사실상 장미의 아름다움의 근거는 "자연의 기술"(§17.4)이며 이에 대해 우리의 인식능력은 명확한 개념을 획득할 수 없다. 그렇기 때문에 "합목적성"이 요구되었던 것이 아닌가? '인간의 기술(기교)'에 의해 제작된 기예(공예)품들도 마찬가지이다. 물론 인간의 제작물에 대한 취미판단의 경우, 제작하는 자가 인간이고 인간의 실행에 의해 제작되는 까닭에 제작 과정에서 "사물의 완전성이 고려"된다(§48). 그러나 진정한 아름다움에 값하는 산물을 만드는 능력인 천재는 그 자체로 "자연의 총아"(§49)이며 그런 까닭에 예술미의 궁극적 기준은 그것이 마치 자연인 듯이 보여야 한다는 데에 있다(§45). 인간의 기술은 결국 저 "자연의 기술"에 그 근거를 두고 있다. 눈앞에 핀 "하나의 아름다운" 장미의 속성을 명확히 규정하는 일은 불가능하다. 이와 관련된 "합목적성", 즉 '객관적 합목적성'은 저 "자연의 기술"에 대한 심상일 터, "막연한 미에 못지않게 자유로울 테니 말이다".

그렇다면 이 절에서 칸트가 "미의 이상"이라고 부르는 것의 실체는 무엇일까? "어떤 유의 미가 이상일 수 있는가?"라고 스스로 던진 질문에 대한 칸트의 대답은 무엇일까? 이때 등장하는 기준이 바로 "인간" 혹은 "인간성", 그리고 이것의 본질을 단적으로 보여 주는 "인격", "이성" 혹은 "지성"이다. 인간 심성의 이성적 사용에서는, 즉 인간의 인식능력이 발휘되는 국면에서는 인간의 감성적 요소와 지성적 요소의 상호 협업이 요구된다. 그러나 인간의 감성적 직관능력에 내재한 한계로 인해 현상 너머의 본질에 대한 개념화는 불가능하다. 저 본질에 대한 규정, 즉 '자기원인' 내지 '절대적 자발성'을 "자유"라고 불렀는데 이에 대한 접근은 이성적 욕구능력이 발휘되는 국면에서 비로소 가능하다. 즉 이성의 이론적 사용이 아니라 실천적 사용에서 인간은 비록 지성의 개념은 아니지만 이성의 개념을 통해 자유를 표상한다. 이때 인간은 감성적 직관을 인식하는 지성understanding이 아니라 (실천의 차원에서) 감각의 한계 너머의 근원에 대한 표상을 획득하는 지성, 즉 초감성적 예지intelligence를 갖춘 "인격"체이다. 자유를 표상하는 일은 모든 인간, 즉 인간 '종'으로서의 "인류"가 추구하는 가장 중요한 "목적"이다. 칸트 철학에서 이 "목적"은 도덕성을 지칭하며, 단순히 내면의 도덕적 동기의 문제가 아니라 더 나아가 그 동기의 궁극적 실현에 대한 희망까지 내포한 개념이다. 이것이 『판단력비판』 서론 마지막(V.198)에 첨부된 도표에서 이성적 욕구능력의 선험적 원리로 제시된 "궁극목적"이다.

　도덕성이란 단지 인간 내면의 고결함, 평정심, 자애로움 등을 뜻하는 말이 아니다. 인간의 영혼은 감각적 경향성에 의한 나태와 타성으로부터 완전히 벗어나야 하고, 현상의 차원에서는 보이지 않더라도 이 세계는 인간의 자유 표상에 맞게 운행되어야 하며, 인간의 도덕적 의도와 동기에 의해 실제로 이 세계에서 실현될 가능성을 상정하기 위해 도덕적 지평에서 도출되는 신의 현존 가능성이 인정되어야 한다. 이것이 칸트가 제시하는 '실천이성의 요청'이다. 말하자면 "세상의 모든 대상 가운데 제 인격을 갖춘, 예지자로서의 인간성에 완전성 이상의 역량이 있"다. 이와 같은 맥락에서 칸트는 미의 이상을 다음과 같이 설명한다. "제 실존의 목적을 스스로 지닌, 이성을 통해 자신의 목적을 스스로 규정하는, 외부로부터의 지각을 통해 목적을 받아들여야 하는 경우라 해도 본질적, 보편적 목적과 결속하여 저 목적이 부합하는지를 미감적으로 판정할 줄도 아는 인간, 결국에는 이런 인간에게만 미 이상의 역량이 있"다. 이 세상에서 인간만이 미의 이상을 '지닌다'는 말은 다소 모호하다. 이미 §5.2에서 쾌적함은 이성이 없는 동물에게도 적용되고 좋음은 이성적 존재자 모두에게, 즉 인간은 물론 인간 너머의 지적 존재에게도 적용되는 반면 아름다움만큼은 오직 '동물적이면서 동시에 이성적인' 인간에게만 적용된다고 말한 바 있다. 그렇다면 미의 이상을 오직 인간만이 지닌다는 것은 너무나 당연한 소리로 들린다. 이때 '지닌다'는 말은 '-할 수 있음capable'의 의미를 갖는다. 아마도 칸트는 미의 이상을 인간만이 지닐 수 있다는 점뿐만 아니라, 더 나아가 미의 이상이 오직 인간다움만을 내용으로 삼는다는 점을 말한 것으로 보인다. 말하자면 미 이상은 인간에 의한, 인간을 위한 것이다. 도덕적인 '완전성'의 이상과 유비 관계[58]를 염두에 둔다면 미의 이상은 결국 도덕적 존재로서의 인간 규정과 밀접한 연관을 지닌 것이다. 칸트에 따르면 미 이상은 앞서 '완전성의 미학'이라고 말했던 합리주의적 취미론에 입각한 부속미의 차원을 넘어서는 미 개념이다. 그런데 그가 생각한 이상적 아름다움은 도덕적 '완전성'의 이상과 모종의 연관을 갖고 있다. 물론 순수한 취미판단의 대상으로서의 아름다움과는 구분되어야 하는 까닭에 미의 이상은 결국 합리주의적 취미론의 연장선 상에 놓인 것으로 이해해야 한다. '완전성'을 느슨하게 적용한다면, 즉 이를 단지 사물에 대해서뿐만 아니라 인간에게도 적용한다면 미의 이상은 '완전성의 미학'에서 생각될 수 있는 가장 높은 층위의 미 개념으로 볼 수도 있다.

17.4 미감적 표준이념과 이성이념

[§17.4] 여기에 필요한 두 요소가 있으니, 미감적 표준이념과 이성이념이 그것이다. 첫 번째 것은 특정 동물종에 속하는 대상의 판정을 위한 규준을 내보이는 (상상력의) 개별적 직관이고, 두 번째 것은 감성적으로 내보일 수 없는 인간성의 목적을 판정 원리로, 즉 이 목적이 현상 중의 결과로 명시될 수 있도록 하는 형상의 판정 원리로 삼는다. 표준이념은 특정 유에 속한 동물 형상을 위한 그 원소들을 경험으로부터 취할 수밖에 없다. 이 종에 속한 그 어떤 개별자든 이것의 미감적 판정을 위한 보편적 규준으로 쓸 만할 그런 형상을 구축할 때 그 최대치의 합목적성으로 있는 심상이 자연의 기술에 흡사 어떤 의도에 따라 부여된 듯한 근거가 되며 이 근거에는 전체 유만이 적실할 뿐

개별자 가운데 특별히 적실한 것은 없는바, 이런 합목적성은 판단자의 이념에서만 성립하되, 이 이념은 균형 잡힌 본보기 심상에 철저히 구체적으로 현시될 수 있는 미감적 이념이다. 어떻게 이럴 수 있는지를 나름대로 개념화하기 위해 (도대체 누가 자연의 이런 비밀을 오롯이 파헤칠 수 있겠는가?) 심리학적 설명을 시도한다. (V.233)

"어떤 유의 미가 이상일 수 있는가?"라는 질문에 대해 우선은 미 이상은 오직 인간에 의한, 인간을 위한 이상이라는 대답 정도를 얻어 냈다. §17.4에서 칸트는 이에 속하는 것으로서 두 가지를, 즉 "미감적 표준이념"과 "이성이념"을 든다. 여기에서 "미감적"이라는 말은 순수한 취미판단과 연관된 것이 아니라 순전히 감각적(경험적)이라는 의미를 갖는다. 감각적 차원의 표준적 이념은 유, 종, 그리고 개체로 이어지는 존재자의 분류 체계에 따라 (유, 종, 개체의 관계는 상대적이다. 즉 종은 유에 비해 개별적이며 개체에 비해 보편적이다) 특정 동물의 종류에 속하는 대상을 판정하기 위한 규준으로서 결코 개체에는 적용되지 않고 그것의 상위 집단에만 적용되는 보편적 기준이다. 이 관점에 따라 인간을 판정한다면 인간 내면의 인격성이 아니라 인간이라는 특정 동물의 생물학적 형태를 관찰한다는 의미를 갖는다. "표준이념"이란 인간의 상상력에 작동하는 특정 종에 대한 심상의 표준치를 뜻한다. 물론 이것에 대한 명확한 개념적 파악은 불가능하다. 그 누구도 특정 종에 속하는 모든 개별자를 관찰할 수 없으며 또한 이 종의 개체들의 실제 면모를 선험적으로 규정할 수 없기 때문이다.

17.5 미감적 표준이념으로서의 캐논

[§17.5] 다음과 같이 말할 수 있겠다. 상상력은 우리로서는 아예 불가해한 방식으로 개념에 대한 기호를 이따금, 심지어는 아주 오랜 시간이 흐른 뒤에도 불러일으킬 줄 알 뿐만 아니라 대상에 대한 심상 및 형상을, 헤아릴 수 없는 수의 동종의, 혹은 이종異種의 대상들로부터 재생할 줄 알고, 또한 심성이 모습을 비교할 요량으로 비록 충분히 의식화된 것은 아닐지라도 이를 다른 것과 겹쳐 놓는 일을 실제로 할 줄 알 것이라 추정되며, 동종의 것 여러 개를 합쳐 공통 척도로 모든 것에 사용할 중간치를 얻어 낼 줄 안다. 누군가가 수천 명의 성인 남자를 보았다고 하자. 그가 비교를 통해 산정된 표준크기를 판정하려면, (내 견해로는) 상상력을 통해 수많은 모습을 (아마도 수천 개 모두를) 서로 포갠다. 여기에 시각적 현시의 유비를 적용하는 일이 허용된다면, 대다수가 한데 모인 곳에, 가장 진하게 칠해진 부분을 표시한 윤곽 내부에 키와 두께 면에서 가장 큰 조각상과 가장 작은 조각상의 한계치에서 같은 거리에 있는 중간 크기가 인지된다. 이를 통해 아름다운 성인 남자의 조각상이 나온다. (물론 저 수천 명의 키와 두께를 모두 합산하여 그 총계를 그 수로 나눈다면 저것이 기계적으로 산출될 수도 있을 것이다. 그렇지만 상상력은 형상들의 다각적 포착을 통해 내감의 기관에서 분출하는 그런 역학적 결과에 따라 이와 같은 일을 행한다.) 이와 비슷한 방식으로 중간치 성인 남자의 중간치 머리, 중간치 코 등이 구해진다면, 그 형상은 이 비

교가 이루어진 지역에서 아름다운 성인 남자의 표준이념을 위한 근거가 된다. 그런 까닭에 흑인 형상의 미를 위한 표준이념은 이런 경험적 조건에 따라 백인의 그것과는 부득불 다를 수밖에 없고 중국인의 그것 또한 유럽인의 그것과는 다를 수밖에 없다. (특정 품종의) 말이나 개의 아름다움의 본보기 또한 이와 비슷한 정황에 놓일 것이다. ― 경험에서 취한, 규정된 규칙으로서 그런 균형으로부터 이런 표준이념이 도출된 것이 아니라, 오히려 이것에 의해서 판정의 규칙이 비로소 가능하다. 표준이념이란 개체에 대한 모든 개별적인, 상이한 여러 직관 사이에서 아른거리는, 유 전체의 심상으로서 자연이 동일한 종의 생산에서 원상으로 삼는 것이되 그 어떤 개별자도 오롯이 달성할 수 없는 것인 듯하다. 표준이념은 결코 이 유에서 미의 원상 전체는 아니고, 그 어떤 미에서도 누락될 수 없는 조건을 갖춘 형식일 뿐이요, 따라서 순전히 유의 현시에서의 정확함일 뿐이다. 표준이념은, 폴리클레이토스의 유명한 「창 던지는 남자」를 일컫던 말, 그러니까 규칙인 것이다(미론의 「암소」 또한 바로 이 규칙의 유로 사용할 수 있겠다). 바로 그렇기 때문에 이는 결코 종별 특징을 내포할 수 없다. 이를 내포한다면 유에 대한 표준이념일 수 없기 때문이다. 표준이념의 현시가 만족스러운 것도 미로 인해서가 아니다. 오히려 이 현시가 유에 속하는 사물을 아름답게 해 줄 바로 그 조건에 모순되지 않는다는, 순전히 그런 이유로 인한 것이다. 그 현시는 그저 학교에나 어울릴* 법하다.

(V.233/235)

---

* 완벽히 규칙적인 용모를 지닌 이가 있다고 할 때 그를 모델로 삼으려 한 화가는 결

국 그 용모에서 아무것도 얻을 것이 없다는 점을 이내 알아차릴 것이다. 그런 용모에는 특징적인 것이 포함되어 있지 않고 그런 까닭에 한 개인이 지닌 종별적인 면보다는 유의 이념을 표현하고 있기 때문이다. 표준이념(유의 합목적성) 자체를 훼손하는, 과장된 방식에 따라 특징적인 것을 캐리커처라 부른다. 전적으로 규칙적인 저런 용모의 내면을 살펴보면 이것이 그저 평균치의 인간을 드러낸다는 것은 경험을 통해서도 나타난다. 이는 아마도 (자연이 외면에서 내면의 균형을 표현한다는 점을 상정한다면) 다음과 같은 이유에서일 것이다. 즉 결점 없는 인간이 되기 위해 필요한 그런 균형을 능가하는 심성 소질이 없다면 천재라고 불릴 만한 그 어떤 것도 기대해서는 안된다. 천재에서 자연은 유일한 심성력을 위해 이것의 통상적인 연관에서 이탈하는 듯 보이니 말이다.

일상생활에서 우리는 인간, 말, 개, 혹은 인간 가운데 남성 혹은 여성, 아니면 백인, 흑인 등의 집단에 해당하는 외형적 특징에 대한 "표준치"에 대한 연구 결과들을 흔히 접한다. 가령 한국인 남성의 표준 얼굴을 표현해 놓은 이미지를 접한다고 하자. 이는 수많은 사례들을 종합한 결과로 생각된다. 이것이 "표준이념"에 대한 "심리학적" 설명(§17.4)이다. 그러나 실제로는 이것이 그 집단에 해당하는 모든 표본을 산술적으로 더해서 표본 수로 나눈 '평균치'일 수는 없다. 즉 "경험에서 취한, 규정된 규칙으로서 그런 균형으로부터 이런 표준이념이 도출된 것이 아니라, 오히려 이것에 의해서 판정의 규칙이 비로소 가능하다". 다시 말해 "표준이념이란 개체에 대한 모든 개별적인, 상이한 여러 직관 사이에서 아른거리는, 유 전체의 심상"이다.

그러나 미감적인 표준에 대한 이념에는 한계가 있다. 미감적 이상이 지닌 공통된 특징이 그러하듯 이것은 종 혹은 유에 대한 개념을 결부하고 있을 뿐 실제로 개체에 들어맞지는 않는다. 미감적 표준이념은 그저 해당 종류의 대상을 "현시"함에 있어 그것의 보편적 특성을 얼마나 잘 적용했는지를 가늠하는 "정확함"의 기준에 불과하다. 가령 폴리클레이토스의 「창 던지는 남자」 같은 작품은 "아름다운 성인 남자의 조각상"에 대한 표준이념, 즉 미의 규칙의 심상으로서 우리가 보통 '캐논'이라고 부르는 규준으로 인정받는다.[59] 하지만 이러한 규준이 "유에 대한 표준이념"인 한에서 "결코 종적인 특성을 내포할 수 없다". 즉 특정 종의 보편적 특징만을 구비한 이상 개념에 입각해서는 구체적 개체에서의 아름다움이 현시되지 않는다. 그저 인간이라는 한 유(혹은 종)의 아름다움의 보편적 기준에 상치되는 요소를 갖고 있지 않을 뿐 구체적 개체에 적용되어야 할 요소를 적극적으로 표명하고 있을 수는 없다. 결국 이런 캐논은 '아카데미'의 규칙에 어긋남이 없을 뿐 그 어떤 개성도 특징도 없는, 즉 "그저 학교에나 어울릴 법"한 기준에 불과하다. 인간의 아름다움을 신체의 관점에서 논하는 이러한 표준이념은 엄밀히 말한다면 미의 이상에 걸맞지 않다.

각주: 천재와 개성

이목구비가 "완벽히 규칙적인", 즉 완벽한 평균치를 구현하는 사람의 외모에는 그 어떤 "특징적인 것characteristic"도 들어 있지 않을 것이다. 반면 개성적인 것이 극단화되어 "표준이념 자체를 훼손하는 과장된 종류의 특징"을 "캐리커처"라고 한다. 아름다움은 "결점 없는" 평균치도 아닌, 그렇다고 이로부터 완전히 이탈된 것도 아닌 그 어딘가에서 나름의 특징을 포착해야 한다. 칸트가 "천재"라고 부르는 예술적 창조능력을 위해서는 통상적 관계를 능가하는 심성이 발휘되어야 한다.

17.6 미의 이상과 도덕이념(이성이념)

[§17.6]   이러한 미의 표준이념과 구분되는 미의 이상이 분명 있는데, 이는 앞서 설명한 근거에 따라 오직 인간 형상에서만 기대할 수 있다. 하여간 이것에서의 이상은 윤리적인 것의 표현으로 성립하는데, 윤리적인 것 없이는 대상이 보편적으로, 게다가 (그저 학교에나 어울릴 법한 현시에서처럼 부정적이지 않고) 긍정적으로 만족스럽지 않을 테다. 인간을 내적으로 지배하는 윤리 이념의 가시적 표현은 물론 경험에서만 취할 수 있다. 그러나 최고의 합목적성이라는 이념 중의 윤리적 선과 우리 이성의 그 모든 결합을, 즉 인자함, 순수함, 강인함, 평온함 등을 (이런 내면의 작용 결과로서) 신체적 외화로 가시화하기 위해서라면 판정하려는 자는 이성의 순수 이념과 상상력의 강력한 힘을 통합할 필요가 있으며 현시하려는 자라면 더더욱 그럴 필요가 있다. 이러한 미 이상의 정확성은 이것이 객관에서의 만족 중에 그 어떤 감관 매력의 뒤섞임을 허용치 않음에도 불구하고 이 객관에의 크나큰 관심을 갖게 해 준다는 점을 통해 입증된다. 이로써 그러한 척도에 따른 판정이 결코 순수히 미감적일 수는 없으며 미 이상에 따른 판정이 취미의

순전한 판단이 아니라는 점이 입증된다. (V.235/236)

미의 이상에 속하는 첫 번째 경우인 "미감적 표준이념"은 엄밀히 말한다면 미의 이상에 걸맞지 않다는 점이 확인되었다. 이와 구분되는 두 번째 유형의 이상은 철두철미 인간적인 이상이다. 이는 인간의 형상으로만 가능한 이상, 그러나 인간의 한낱 외형이 아니라 인간 형태를 도덕성의 발현으로 바라보는 관점에서의 이상을 뜻한다. 즉 "감성적으로 내보일 수 없는 인간성의 목적을 판정 원리로, 즉 이 목적이 현상 중의 결과로 명시될 수 있도록 하는 형상의 판정"(§17.4)에서 상정되는 이상을 뜻한다. "신체적 외화"는 곧 "인자함, 순수함, 강인함, 평온함 등"이 "가시화"된 것으로 간주된다. 예술을 통해 이러한 이상을 현시하기 위해서는, 혹은 판단하기 위해서는 여기에 "이성의 순수이념과 상상력의 강력한 힘이 통합"되어 있을 것이 요구된다. 칸트는 이에 해당하는 사례들을 제시하고 있지 않지만, 가령 문학이나 조형예술에서 특정 인물의 성격이나 외모를 통해 그가 지닌 도덕적 덕목이 구체적으로 가시화되는 경우를 떠올려 볼 수 있다. 다만 감각적 외면은 인간의 내적 덕목을 가시화하는 '통로'에 불과한 것이 되므로 여기에서 "감관[에 호소하는] 매력"은 물론 미 본연의 즐거움도 기대해서는 안 된다. 오직 도덕적인 관심이 개입될 뿐이다. 앞서 설명한 바와 같이 이런 상황에서 이런 이상을 기준으로 삼는 취미판단이 순전한 미감적 만족을 제공해 주지는 못한다.

관계의 계기에 따른 미 분석

'관계'의 계기와 관련해서는 목적의 인과성이 다루어진다. 여덟 개의 절(§§10-17)을 통해 칸트는 '목적 없는 합목적성'이 순수한 취미판단의 요건이 된다는 점을 다음과 같이 밝힌다.

세 번째 계기로부터 도출된 미의 해명:

목적의 표상 없이 한 대상에서 지각되는, 대상의 합목적성의 형식을 미라 한다.° (V.236)

• 이러한 설명에 대해, 목적에 대한 인식이 없어도 합목적적 형식이 목격되는 사물이 있다는 반례를 제시할 수도 있겠다. 가령 손잡이 구멍이 나 있는 석기(石器)류는 그 형상에서는 목적을 알 수 없는 합목적성이 확연하지만 그럼에도 이것이 아름답다고 소명되지는 않는다. 그러나 우리가 이것을 기예품(Kunstwerk)으로 간주한다는 것만으로도 이 형체에 어떤 의도가 있음을, 그리고 규정된 하나의 목적과 관계함을 시인하기에 충분하다. 그렇기 때문에 이를 바라보아도 직접적 만족은 전혀 생기지 않는다. 반면 튤립 같은 것이 아름답다고 여겨지는 까닭은 우리가 이것을 판정하는 바대로 그 어떤 목적과도 관계함 없이 이것의 지각 중에 어떤 합목적성을 접하기 때문이다.

각주: 주관적 합목적성과 만족

세 번째 계기에 따른 분석을 마무리 짓고 나서 칸트는 또 하나의 각주를 달아 놓았다. 여기에서 칸트는 '목적 없는 합목적성' 및 '합목적성의 형식'이 대상의 아름다움을 판정하는 요건이 된다는 주장에 대해 제기될 수 있는 반론을 제시한 후 이를 반박하는 방식으로 자신의 주장을 강화한다. 가령 고분에서 발굴되는 도기 중 그 용도를 정확히 알 수 없는 부속품의 경우 그 목적을 알 수는 없지만 어떤 합목적성이 드러나는데, 그럼에도 불구하고 그것을 일종의 "기예품"으로 여기는 순간 이미 여기에 "의도"를, 또한 "목적"을 연계하고 있다고 칸트는 말한다. (여기에서 "기예품"은 순수예술이 아니라 넓은 의미의 '기술적 산물'로 이해해야 한다.) 가령 그 부속품이 도기를 들기 편하게 하려는 목적에서 부착된 손잡이라는 개념이 결부된다면 이 작품을 접함으로써 "직접적 만족은 전혀 생기지 않는다". 한 송이 튤립이 아름다운 까닭은 이러한 목적이 전혀 결부될 수 없기 때문이라는 것이다.

취미판단의 조건 4: 주관적 필연성

— 양태의 계기에 따른 분석 (§§18-22)

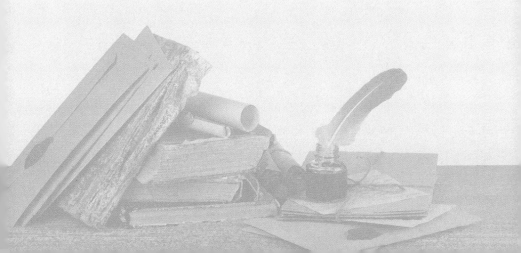

개념에 의거함 없이
공통감을 근거로 하여 내려진 취미판단은
주관적 필연성을 갖는다.
이러한 판단의 원리인 공통감이 바로 취미의 능력이다.

범례적 필연성

§18 취미판단의 양태란 무엇인가

[§18] (인식을 위한) 그 어떤 표상이든 그것이 쾌와 결부되는 일은 최소한 가능적이기는 하다고 나는 말할 수 있다. 내가 쾌적하다 칭하는 것은 내 안에서 현실적으로 쾌를 야기한다고 나는 말한다. 그러나 아름다운 것에 대해 생각해 보면 이것은 만족과 필연적 관계를 갖는다. 그런데 이는 특수한 종류의 필연성이다. 이는 선험적으로 인식되는 이론적, 객관적 필연성이 아니다. 즉 내가 아름답다 칭하는 대상에서의 이 만족을 누구라도 느끼게 될 것이라는 점이 선험적으로 인식될 수는 없는 필연성이다. 또한 실천적 필연성도 아니다. 즉 그 만족이 자유 행위자에게 규칙으로 쓰일 순수한 이성 의지의 개념을 통해 객관적 법칙으로부터 필연적으로 귀결된 것일 수는 없는, 모름지기 (그 밖의 의도는 없는) 모종의 방식에 따라 행위해야 한다는 의미만을 갖는 필연성이다. 그러니까 미감적 판단 중에 생각되는 필연성은 오직 범례적이라 불릴 수 있는바, 다시 말해 지정해 놓을 수 없는 보편적 규칙의 사례인 듯이 간주되는 판단에 대해 모든 이가 찬동할 필연성인 것이다. 미감적 판단은 결코 객관적 판단도 인식판단도 아닌 까닭에 그 필연성은 규정된 개념에서 도출될 수 없으며 결국 명증적이지 않다. 더욱이 이 필연성은 (모종의 대상의 미에 대한 판단에서 일치가 예외 없이 이

루어졌다는 식의) 경험의 보편성에서 추론될 수도 없다. 단지 경험이 이런 보편성에 도달할 만큼 충분한 수의 증거를 마련하기가 어렵기 때문만은 아니다. 이 판단의 필연성 개념은 경험적 판단에 근거를 둘 수 없기 때문이다. (V.236/237)

"양태"의 계기는 '가능성', '현실성', 그리고 '필연성'으로 나뉜다. 대상으로부터 주어진 표상으로 쾌가 생기는 일이 가능한가, 실제로(현실적으로) 있는가, 아니면 필연적으로 그러할 수밖에 없는가의 문제를 다루는 일이 네 번째 계기에 따른 분석의 과제이다. 취미판단에서 양태의 계기를 다룰 때 초점이 되는 것은 가능성도 현실성도 아니다. 어떤 표상이든 이것에 쾌가 결부될 가능성은 당연히 있다. 그리고 감관판단의 측면에서 본다면 실제로 표상을 통해 쾌가 생기는 일은 현실적으로 빈번하다. 하지만 그렇다고 해서 미감적 필연성의 근거가 "경험의 보편성"일 수는 없다. 미감적 만족은 감관적 만족의 경우와는 달리 경험적 타당성에 근거를 두지 않는다. 그럼에도 불구하고 "아름다운 것에 대해 생각해 보면 이것은 만족과 필연적 연관을 갖는다. 그런데 이때의 필연성은 특수한 종류의 것이다". 미감적 반성에서의 쾌가 표상과 맺는 "필연적 연관"의 특수함은 I-III장에 비추어 짐작할 수 있다. '양'의 계기 분석을 통해 해명되었듯이 순수한 취미판단은 "결코 객관적 판단도 인식판단도 아닌 까닭에 그 필연성은 규정된 개념에서 도출될 수 없으며 결국 명증적이지 않다". 여기에서 말하는 '명증함'이란

"객관적 보편타당성"(§8.3)과 직접 연관된 특징으로서 인식판단에서 확보되는 논리적 효력이다. 반면 "미감적 판단 중에 생각되는 필연성은 오직 범례적이라 불릴 수 있"다. 취미판단의 대상이 "범례적"일 수밖에 없다는 것은 §17.2에서 이미 밝힌 바 있다. 개념에 근거를 두지 않은 상황에서는 규칙이 사전에 주어질 수 없으며 따라서 대상에 대한 그 어떤 규정적 판단도 불가능하다. 오직 주어진 표상 가운데 그것에서의 만족이 필연적임을 사후에 확인할 수밖에 없다. 즉 미감적 만족의 필연성은 "지정해 놓을 수 없는 보편적 규칙의 사례인 듯이 간주되는 판단에 대해 모든 이가 찬동할 필연성"이다.

취미판단의 주관적 필연성은 당위적이며 조건적이다

§19 우리가 취미판단에 첨부하는 주관적 필연성은 조건적이다

[§19]   취미판단은 누구에게나 찬동을 간청한다. 무언가를 아름답다고 소명하는 자라면 누구라도 목전의 이 대상에도 찬성하면서 이것이 아름답다고 소명하는 일을 기꺼이 당위로 여긴다. 미감적 판단 중의 당위는 결국 판정에 필요한 모든 자료들에 따른다 해도 조건적으로만 언표된다. 그 누구에게라도 찬동을 구하는 까닭은 이를 위한 근거가 모든 이에게 공통적이기 때문이다. 찬성의 규칙인 이런 근거에

정확히 포섭되는 경우라는 확신만 있다면 언제나 그러한 찬동이 감안될 수 있을 테다. (V.237)

§19의 표제에 등장하는 '첨부한다beilegen'는 말은 '(주관적 필연성이 취미판단의 속성 가운데 하나라고 여겨 이를) 판단의 속성으로 갖다 붙이다'라는 의미를 갖는다. "취미판단은 누구에게나 찬동을 간청한다"는 주장을 제시하면서 칸트는 '양'의 계기 분석에서 논의한 미감적 판단 특유의 보편성을 다시 부각한다. 다만 이제는 미감적 만족의 보편타당성이 아니라 "필연성"에 대한 요구를 제기한다. 이 필연성은 "주관적 필연성"이며 일종의 "당위"적 성격을 갖는다. 필연[must]과 당위[should]는 기본적으로 구분된다. 전자는 '그렇게 되지 않을 수 없는 것'인 반면 후자는 '그렇게 되어야만 하는 것'이다. 그런데 미감적 필연성은 대상의 객관적 성질에 근거를 두지 않는 "주관적 필연성"이고 그런 한에서 주관의 요구에 근거를 두는 필연성인 까닭에 마치 당위를 바탕으로 하는 것처럼 보이는 필연성이라는 것이다. '무관심적 만족'(제1계기), '주관적 보편성'(제2계기), '목적 없는 합목적성'(제3계기) 등의 개념에 내재된 갈등과 긴장의 합주가 바로 이 '당위적 필연성'이라는 개념 속에서도 발견된다. 주관적임에도 보편타당하며 또한 주관적임에도 필연적인 까닭에 칸트는 저러한 "당위" 개념에 "조건적"이라는 개념을 부가한다. 미감적 판단을 통해 도출되는 필연성은 "조건적"이다. 이 말은 모든 이의 "찬동"을 요구할 수 있는 근거를 충족했을 때에만, 즉

"찬성의 규칙인 이런 근거에 정확히 포섭되는 경우라는 확신만 있다면 언제나" 보편적 동의를 요구할 수 있다는 뜻을 갖는다. 이때 칸트는 이를 요구할 수 있는 근거를, 즉 두 번째 계기 분석에서 언뜻 내비쳤을 뿐 구체적으로 언급하지 않았던 근거를 제시한다. 그 근거는 바로 "모든 이에게 공통적"인, 그러나 객관적 타당성은 아닌 "당위"이자 "보편적 목소리"(§8.7)라 불렸던 바로 그 "이념"이다. 요컨대 그 근거는 바로 공통감의 이념이다. "당위"니 "이념"이니 하는 말은 칸트의 실천철학(윤리학)을 강하게 연상시킨다. 미감적 판단의 필연성(보편타당성)은 분명 '당위적'이고 '이념적'이다. 그 점에서 이 필연성은 자유라는 무제약적 이념을 도모하는 실천이성의 영역과 (결코 같을 수는 없을지라도) 연관이 있다. 이 연관에 대해서는 취미판단의 '변증론'에서 설명될 것이다. 다만 여기에서는 일단 도덕과의 연관을 고려하지 않는다.

주관적 필연성의 조건은 공통감이다

20.1 미감적 공통감

> §20 취미판단이 사칭하는 필연성의 조건은 공통감의 이념이다
>
> [§20.1] 만약 취미판단이 (인식판단과 같이) 규정된 객관적 원리를 지녔다면, 이에 따라 판단을 내린 자는 자신의 판단에 대해 무조건적 필연

성을 청구할 수도 있었을 것이다. 반면 취미판단이 순전한 감관취미의 판단이 그러하듯 원리를 전혀 지니지 않았다면, 이 판단에서는 필연성에 대한 그 어떤 생각에도 이를 수 없었을 테다. 따라서 취미판단은 주관적 원리를 지닐 수밖에 없으니, 이로써 개념을 통해서가 아니라 오직 감정을 통해서, 그럼에도 만족스러운 혹은 불만스러운 것을 보편타당하게 규정한다. 그런데 그러한 원리는 오직 공통감으로 간주될 수 있을 터, 이따금 공통감sensus communis이라 불리는 공통적 지성과는 본질적으로 구분된다. 후자의 경우 통상 어둡게 표상된 원리에 따라 판단되기는 해도 언제나 감정이 아닌 개념에 따르는 까닭에 그러하다. (V.237/238)

§20의 표제에서 말하는 '사칭詐稱하다vorgeben'란 일단 부정적 뉘앙스를 품고 있지만 여기서는 객관의 개념에 따르지 않는 주관적 보편성의 요구 주장 행위를 뜻한다는 점에서 앞 절(§19) 표제에 등장한 '첨부하다beilegen'와도 상통하는 면이 있다. 다시 말해 '사칭하다'란 '객관적 입증근거 없이 필연성을 내놓다'로 이해하면 된다.

순수한 취미판단은 인식판단처럼 개념에 따라 규정된 타당성을 갖지 않으며 그렇다고 감관판단처럼 순전히 주관적인 경향성에 매몰되어서도 안 된다. "취미판단은 주관적 원리를 지닐 수밖에 없으니", 이 원리로 인해 우리는 "만족스러운 혹은 불만스러운 것을 보편타당하게 규정한다". 이를 가능케 하는 원리는 "개념을 통해서가 아니라 오직 감정을 통해서" 확보되어야 한다. 오히려 대상의 특정한 속성에 의해 사전에 규정되지 않기 때문에 감정의 보편적 전달 가능성이 확보된다. 개념이 아니라 감정의 차원에서 "모든 이에게 공통적"(§19)으로 적용되는 원리를 칸트는 "공통감"이라고 부른다. "공통감"에 해당하는 "sensus communis"는 독일어로는 "Gemeinsinn", 영어로는 "common sense"가 된다. 이 말은 철학적 교양어의 차원에서만이 아니라 일상적인 문맥에서 사람들에 의해 두루 사용되었던 말이다. 그러나 칸트는 이 말을 당대에 통용되던 일반적 용법과 분명하게 구분한다. 즉 자신이 말하는 "공통감"은 "공통적 지성과는 본질적으로 구분된다". 일상에서 'common sense'는 언제나 두루 통하는 생각 혹은 감각이라는 의미에서 "상식"이라는 말과 구분 없이 사용된다. "상식"이란 독일어('gemeiner Verstand')이든 영어('common understanding')이든 '공통적인 지성'이라는 뜻을 갖는다. 칸트는 "상식"을, 아직 발양되지 않은 부분이 있을지라도 어쨌든 모든 인간에게 두루 분배된 '건전한' 지적 잠재력이라고 이해했다(§40).[60] 칸트가 말하는 "상식"은 철두철미 인지적인 능력을 뜻한다는 점에서 감정능력으로서의 "공통감"과는 구분된다. 비록 독일어 'Gemeinsinn'이 양자를 모두 뜻하는 말로 사용되기는 했지만 말이다. 'Sinn' 혹은 'sense'가 '감각(감관)'이자 동시에 '의미(맥락)'라는 이중적 어의를 갖기 때문에 이러한 어법상의 혼용이 생겼지만 바로 이 이중적 맥락을 칸트는 구분하고 싶었던 것이다.

물론 "상식"은 일단 장삼이사張三李四의 평범한 지적 능력을 뜻하는 것이기 때문에 전통적 인식(지각)의 위계에서 본다면 결코 '명석하고 판명한' 것일 수가 없다. 앞에서 소개한 라이프니츠의 분류에 따르면 명석하지 않은 표상은 '어두운' 표상에, 그리고 판명하지 않은 표상은 '혼연한' 표상에 해당한다. 칸트가 여기에서 "상식"을 "어둡게 표상된 원리"라고 말하고 있지만 어두움과 혼연함을 명백히 구분하려는 것은 아니다. 라이프니츠 역시 각종의 표상들은 판명함의 정도에 따라 상대적으로 구분된다는 것이지 절대적으로 어두운 표상과 같은 것이 있다고 생각하지는 않았다. §1.2에도 표명된 바와 같이 인식을 명석한, 판명한, 혼연한, 어두운 등의 위계로 나누는 태도 자체를 칸트는 받아들이지 않았다. 판명한 개념[지성]과 혼연한 직관[감성]의 협업이 이루어져야 비로소 인식이 성립하기 때문이다. 이 절에서 칸트가 말하고자 하는 바는 아무리 어두운 표상이라 한들 우리가 "상식"이라고 말하는 지평에서는 어쨌든 "언제나 감정이 아닌 개념에 입각해 있다"는 점이다. 『순수이성비판』에서 칸트가 말한 "맹목적"이라는 표현도 "개념 없는 직관"에 붙여진 것이었음을 떠올릴 필요가 있다. 보편적 만족의 근거가 개념에서 마련되지 않는 "공통감"은 판명한 표상이니 혼연한 표상이니 하는 구분법과 전혀 무관한 지평에서 논의되어야 한다. §40 의 한 각주에서 칸트는 "취미는 미감적[미학적] 공통감으로, 인간의 상식은 논리적[논리학적] 공통감으로 부를 수 있을 것이다"라고 말한다. 이에 따르면 결국 칸트는 아무리 어둡고 혼연한 것일지언정 어쨌든 지적인 "논리적 공통감"과 구분되는, 순수한 "미감적 공통감"이야말로 미감적 테오리아를 가능케 하는 원리이자 능력이라는 점을 강조하고 있다. 미감적 판단의 능력이 바로 취미라는 점에서 공통감은 곧 지금까지 칸트가 설명해 왔던 취미를 뜻한다는 점이 확인된다.

20.2 취미판단의 근거는 공통감이다

> **[§20.2]** 따라서 내가 말하고자 하는 바는 다음과 같다. 공통감(다만 우
> 리는 이를 외감이 아니라 우리 인식력의 자유로운 유희로부터의 결과로 이해한
> 다)이 있다는 전제 아래에서만, 그러한 공통감의 전제 아래서만 취미
> 판단이 내려질 수 있다. (V.238)

    칸트가 말하는 "공통감"은 앞서 "대상의 판정"(§9)이라고 말했던 것,
즉 "인식력의 자유로운 유희로부터의 결과"를 뜻한다. 판단을 내리는
주관이라면 누구에게나 공통감이 적용된다는 전제하에서 순수한 취
미판단은 내려질 수 있다.

21
공통감과 합목적성

21 공통감의 근거

> **§21 공통감을 전제할 근거가 있는가**
>
> **[§21]** 인식과 판단은 이에 동반되는 확신과 더불어 보편적으로 전달

될 수밖에 없다. 그렇지 않다면 이에 객관과의 합치가 있을 수 없으며, 있다고 해 봐야 회의주의가 갈망하는, 표상력들의 순전히 주관적인 바로 그 유희뿐일 테니 말이다. 반면 인식이 보편적으로 전달될 수 있으려면, 인식력들의, 인식 일반을 위한 정조라는 심성 상태가, 게다가 인식을 하기 위한 (즉, 우리에게 대상을 가져다주는) 표상에 걸맞은 균형이 보편적으로 전달될 수밖에 없다. 인식의 주관적 조건인 이런 균형 없이 인식이라는 결과가 나올 수 없는 까닭에 그러하다. 현실적으로 이런 일은 주어진 대상이 감관을 매개로 하여 상상력의 활동을 일으켜 잡다함을 합성하도록 하고 상상력은 지성의 활동을 일으켜 그 합성을 개념으로 통일하도록 할 때마다 일어난다. 물론 인식력들의 이러한 정조는 주어진 객관들의 상이성에 따라 각각 상이한 균형을 갖는다. 그렇지만 (주어진 대상에 대한) 인식 일반의 의도 중에 두 인식력에 있어 (하나가 다른 하나를) 활성화하는 내적 연관이 최적인 그런 균형은 하나일 수밖에 없다. 그리고 이러한 정조는 (개념이 아니라) 감정을 통해서만 규정될 수 있다. 이러한 정조 자체가, 따라서 (주어진 표상에서) 그 정조의 감정 또한 보편적으로 전달될 수 있음에 틀림없으며 감정의 보편적 전달 가능성이 공통감을 전제한다. 그렇기 때문에 공통감이 상정될 만한 근거가 있는바, 그것도 심리학적 관찰에 발을 딛지 않고서 우리 인식의 보편적 전달 가능성의 필연적 조건으로서 상정된다. 이 조건은 그 어떤 논리학에서든, 그리고 회의주의적이지 않은 인식의 그 어떤 원리에서든 전제된다. (V.238/239)

"공통감"은 개념과는 전혀 무관한, 모든 인간에 두루 자리한 공통 감정의 토대이다. 이 말을 선뜻 받아들이기는 쉽지 않다. 정말로 순전히 감정의 심급에서 모든 인간의 공통적 토대를 찾을 수 있을까? 감정은 순전히 주관적인 심급의 것이지만 이러한 순전한 감정능력이 동시에 보편성의 토대에 놓인다. 앞에서 설명한 것처럼 그 이유는 취미판단도 엄연히 '판단'인 한에서 지성과의 연관을 전제하고 있기 때문이다. 취미판단의 '주관적 필연성'을 설명하기 위해서도 칸트는 우선 저 보편성의 근거를 다시 한번 강조한다. 지성이 수행하는 "인식" 혹은 "판단"만이 일종의 "확신"을 갖게 해 주며 이를 통해 "보편적 전달"의 가능성이 확보된다. 초월철학적 지평에서 주관이 객관적 타당성을 확보할 수 있는 근거는, 즉 주관의 심적 활동이 그 주관적일 뿐인 유희로 치부하는 이른바 "회의주의"를 극복하고 "객관과의 합치"에 도달할 수 있는 것은 오직 모든 인간의 인식능력이 동일한 기능과 구조를 갖고 있기 때문이다. "대상의 판정"(§9)이라고 불렀던 주관의 심적 활동과 미감적 만족이 밀접한 연관을 맺고 있으며, 미감적 공통감은 지적인 것은 아니지만 어쨌든 지성의 활동과 모종의 연계를 통해서 존립할 수 있다. 취미판단은 미감적 공통감을 토대로 내려지는 판단이며 이 판단 내용의 보편적 전달 가능성은 어떤 식으로든 모든 인간의 인식력이 공통적으로 지닌 구조와 기능으로 인해 확보된다.

　취미판단이 대상의 특정한 성질을 규정하는 판단은 아니지만 취미판단을 내리는 자는 어떤 식으로든 주어진 대상과의 직접적 대면을 통해 주어진 잡다한 표상을 종합하기 위해 필요한 자신의 인식능력을 온전히 사용한다. 어떤 대상이 누군가에 의해 아름답다고 판단된다면, 이 대상이 놓인 바로 그 상황에서라면 누구라도 동일하게 이를 아름답다고 판단하게 될 것이라는 점은 '필연적'이다. 아름다운 그 대상의 표상을 접할 때 주관은 이에 대한 특정한 내용을 확보하지는 않더라도 인식 작용에 필요한 모든 심적 활동을, 즉 상상력과 지성의 협업을 온전히 수행하며, 인식될 그 표상에 인식능력이 작용하는 최적의 "균형"이, 이른바 "인식 일반을 위한 [조율된] 정조라는 심성 상태"가 생겨난다. 그럼으로써 주관의 이러한 심적 활동으로 인해 단지 "주관적 조건"에 따르되 그럼에도 보편성이 획득된다. 이를 가능케 하는 인식능력들의 '조율'이 어떻게 이루어지는지에 대해서는 결코 사전에 미리 규정할 수 없다. "주어진 객관들의 상이성에 따라", 즉 그때그때 주관이 대상을 접하는 일회적 순간에 따라, 그 순간들이 갖는 질적 고유성에 따라 "각각 상이한 균형[비례]을 갖는다". 취미판단이 '질'의 계기를 우선시할 수밖에 없는 이유도 바로 여기에 있다.

주관이 대상을 접하는 매 순간은 하나하나가 각각 고유하다. 바로 그 고유한 매 순간마다 인식능력의 유희가 빚어내는 최적의 조율 상태 또한 고유하며 각각 "하나일 수밖에 없다". 그렇기 때문에 아름다운 대상을 접하는 바로 그 순간에는 서로 다른 주관들도 모두 다 동일한 판단에 이를 필연성이 확보된다. "이러한 정조는 모든 인식을 위해 요구되며 그렇기 때문에 지성과 감관을 결합하여 판단하도록 규정된 그 누구에게든 (그 어떤 인간에게든) 타당한 것으로 여겨진다"(§9.9). 대상에 대해 주관이 갖는 "호의"(§5.2), 혹은 "대상의 표상 중의 주관적 합목적성"(§11.2) 등을 설명할 때 이미 논의된 바와 같이, 순수한 취미판단은 주관의 특별한 심적 상태를 요구하며 이러한 상태의 주관에게 대상은 특별한 방식으로 조응한다. 칸트의 미감적 판단론은 이런 방식으로 목적론적 판단론과 내적으로 긴밀하게 연결된다. 그 연결의 핵심 고리는 바로 "합목적성" 개념이다.

인식력들의 자유로운 유희를 통해 도달된 최적의 조율 상태는 결코 개념으로 규정될 수 없다. 대상 자체가 지닌 객관적 성질이 아니라 대상의 표상을 접하면서 주관 내에서 작동하는 활동의 결과물이기 때문에 이러한 활동과 직결된 감각적 직관을 외부 대상으로부터 얻을 수 없고, 그렇다면 특정한 인식에 도달할 수 없기 때문이다. 오직 최적의 조율 상태에 있다는 것에 대한 느낌만이 명징하다. 즉 이러한 정조의 규정 근거는 오직 감정이다. 취미판단의 토대인 "공통감"을 조율되어 있다는 감정과 연관 짓고는 있지만 이 조율이 바로 인식능력들(상상력과 지성)의 유희의 결과라는 점에서 칸트는 "공통감"에 대한 논의에서도 "심리학적 고찰"에 기대는 것이 아니라 인식의 토대에 대한 초월론적 관점을 철저히 견지하고 있다. "공통감"의 근거는 "우리 인식의 보편적 전달 가능성의 필연적 조건"에서 나온다. 어떤 인식이든 이 조건을 반드시 전제하고 요구한다. 이 조건은 "그 어떤 논리학에서든", 즉 "인식의 그 어떤 원리에서든" 전제하고 요구하는, 초월론적 철학을 통해 설명된 바로 그 규정들에 해당한다.

주관적 필연성과 주관적 보편성

22.1 필연성과 공통감

§22 취미판단에서 생각되는, 보편적 찬동의 필연성은 공통감의 전제 아래 객관적으로 표상되는 주관적 필연성이다

[§22.1] 무언가를 아름답다고 소명하는 모든 판단에서 우리가 다른 의견을 허용할 여지가 없다. 그럼에도 우리의 판단은 개념이 아니라 오직 우리의 감정에만 근거를 두되 이는 결코 사적 감정이 아닌 공동체적인 것을 근거로 놓는다. 다만 이 판단을 위한 공통감은 경험에 근거를 둘 수 없다. 공통감은 당위를 내포하는 판단에 그 권리를 부여할 것이기에 그러하다. 따라서 공통감은 그 누구든 우리의 판단과 합치할 것이라 말하는 것이 아니라 오히려 이와 부합해야 한다고 말한다. 따라서 공통감이란 순전한 이상적 규범으로서, 나는 여기서의 내 취미판단을 공통감의 판단에 속하는 사례로 제시하며 그렇기 때문에 이 판단에 범례적 타당성이 첨부되는바, 이런 규범의 전제 아래 이에 부합할 판단을, 그리고 이 판단 중에 표명되는, 객관에서의 만족을 누구에게나 규칙으로 삼게 할 권리가 생긴다. 원리가 오직 주관적임에도 상이한 판단자들의 일치 여부에 대해 주관적으로 보편적인 것(누구에게나 필연적인 이념)으로서 객관적인 것처럼 보편적 찬동을 요구할 수 있을 테니 말이다. 그리고 그 원리에 제대로 포섭되었다는 확신만

있다면 말이다. (V.239)

취미판단의 네 번째 계기인 "양태"에 따른 분석을 마무리하는 국면에서 칸트는 지금까지의 논의를 종합한다. "아름다운 것에 대해 생각해 보면 이것은 만족과 필연적 관계를 갖는다. 그런데 이는 특수한 종류의 필연성이다"(§18)라는 말은 이제 "무언가를 아름답다고 소명하는 모든 […] 판단은 개념이 아니라 오직 우리의 감정에만 근거를 두되 이는 결코 사적 감정이 아닌 공동체적인 것을 근거로 놓는다"라는 말로 구체화된다. 순수한 취미판단에서 확보되는 주관적 필연성은 바로 판단 주체들 모두를 아우르는 "공동체적" 차원의 보편성에서 나오며 개념이 아니라 감정에 근거를 둔다는 점에서 그 필연성의 방식이 특수하다. 취미판단의 근거인 공통감은 결코 "경험에 근거를 둘 수 없다". 거기에서 도출되는 이른바 공통타당성과는 다른 차원의 필연성이 취미판단에 전제되어 있어야 한다. 취미판단에서 "보편적 찬동"에 대한 타당성 요구는 실제 경험을 통해 입증되는 것이 아니다. 오히려 나의 판단 내용에 (같은 조건과 상황에 놓인) 모든 주관의 판단이 "부합해야만 한다". 말하자면 이러한 찬동은 "당위"의 문제이다. 또한 특정한 개념에 입각해 연역되는 원리를 취미판단은 전혀 갖고 있지 않다. 말하자면 "공통감은 그 누구든 우리의 판단과 합치할 것이라 말하는 것이 아니라" 내가 지금 접하는 대상에서 미감적 만족을 느꼈다면 이 판단은 바로 "공통감의 판단에 속하는 사례"가 되는 것이다. 말하자면 "이 판단에 범례적 타당성이 첨부"된다. 이 점에 대해서는 세 번째 계기에 따른 분석에서 미의 이상에 대해 논의할 때 설명된 바 있다. 경험에도 개념에도 의거하지 않는 공통감은 결국 "순전한 이상적 규범"으로 상정된다. "공통감의 이념"(§20)은 이런 맥락에서 나온 말이다. 순수한 취미판단에는 이런 이념이 전제된다. 취미판단의 규범이자 모든 판단자에게 하나의 이념으로 상정되는 공통감이 판단의 전제가 될 경우 "이 판단 중에 표명되는, 객관에서의 만족을 누구에게나 규칙으로 삼게 할 권리가 생긴다". 공통감이 전제됨으로써 취미판단을 내린 자는 다른 이의 찬동을 요구할 권한이 생긴다. 이로써 취미판단 특유의 주관적 필연성이 생긴다.

취미판단에서의 "주관적으로 보편적인 것"은 곧 "누구에게나 필연적인 이념"이다. 취미판단의 원리인 공통감은 "오직 주관적인 것임에도 상이한 판단자들의 일치 여부에 대해" 마치 "객관적인 것처럼" 여겨진다. 단 취미판단을 내릴 때, 공통감이라는 "원리에 제대로 포섭되었다는 확신"이 있어야 한다는 점에서 취미판단의 필연성은 "조건적"(§19)이다.

22.2 취미는 공통감이다

[§22.2] 공통감이라는 비규정적인 이 규범은 우리에 의해 현실적으로 전제되니, 취미판단을 내린다고 하는 우리의 월권이 이에 대한 증거이다. 그러한 공통감이 경험 가능성의 구성적 원리로서 실제로 존재

하는가, 아니면 더 고상한 이성 원리가 우리에게 더 고상한 목적을 위해 우선 공통감을 우리 안에서 산출하고자 이를 규제적 원리로 삼을 뿐인가? 그러니까 취미란 근원적인 자연 능력인가, 아니면 획득되어야 할 인위적 능력에 대한 이념일 뿐인가? 그래서 취미판단이란, 보편적 찬동에 대한 간청과 더불어 실제로는 감관종류의 그러한 일치를 산출하라는, 이성의 그런 요구일 뿐인가? 그리고 당위란, 다시 말해 그 누구의 감정이든 그 특수한 감정들이 수렴될 객관적 필연성이란 그저 이 가운데 단합할 가능성만을 뜻하며 취미판단은 그저 이 원리가 적용된 하나의 사례로 내세워진 것인가? 이에 대해 우리는 아직 탐구할 수도 없고 그럴 뜻도 없다. 다만 현재로서는 취미능력을 그 원소들로 풀어내어 결국에는 이것들을 공통감의 이념 안에 통합해야 한다. (V.239/240)

"취미판단을 내리는 우리의 월권"이야말로 공통감에 대한 "증거"가 된다. 여기서 "월권Anmaßung"이란 객관의 개념에 근거를 두지 않은 채, 그런 점에서 부당할 수도 있는, 그럼에도 불구하고 주관적 보편성의 요구 주장의 권리를 행사하는 행위를 뜻한다. 취미판단의 주관적 필연성은 이런 식으로 현실성과 연결된다. 하지만 경험이 어떻게 가능한지에 대해 탐구하고 경험의 "구성적 원리"를 제시하는 초월론적 철학의 지평에서 공통감이라는 원리를 규명하는 문제는 현실성의 문맥과는 차원이 조금 다르다. "공통감이 경험 가능성의 구성적 원리로서 실제로 존재하는가", 그렇지 않다면 "규제적 원리"일 뿐인가?[61] 다시 말해 인간의 "근원적 자연 능력"인가, 그렇지 않다면 "이성"이 요구한 "이념"인가? 칸트는 이에 대한 대답을 유보하고 있다. "이에 대해 우리는 아직 탐구할 수도 없고 그럴 뜻도 없다"는 점만을 밝히고 있을 뿐이다. 공통감에 대한 칸트의 논의는 이른바 '연역론'에서 계속된다. 취미판단의 분석론에서는 취미에 대한 지금까지의 논의가 결국 공통감으로 귀결된다는 점을 확인하는 데에서 논의가 마무리된다. 즉 "취미 능력을 그 원소들로 풀어내어 결국에는 이것들을 공통감의 이념 중에 통합"하는 일이 미 분석론의 과제였던 것이다. 공통감은 한 주관의 한계를 넘어서서 공동체적 소통을 도모하는 기획의 핵심 동력이다. 이른바 '사교성'의 성향을 도덕적 감정과 연결하여 설명할 때 공통감은 매우 중요한 단서를 제공한다.

취미판단 분석에 관한 우리의 논의는 이것으로 마친다. 하지만 §§1-22에 걸친 논의의 모든 내용이 지금까지의 서술들을 통해 모두 밝혀진 것은 아니다. 이른바 '연역론' 및 '변증론'에 대한 분석을 통해 미와 숭고의 관계, 예술과 자연의 관계 등 새로운 주제에 대한 접근이 가능함은 물론 취미판단 특유의 조건과 성격에 대해 좀 더 심도 있는 분석이 가능할 것이다.

6

양태의 계기에 따른 미 분석

'양태'의 계기에 따른 분석에서는 취미판단 특유의 주관적 필연성이 다루어진다. 상대적으로 간략한 다섯 개의 절(§§ 18-22)을 통해 칸트는 취미가 바로 미감적 공통감이라는 점을 밝히고 있다. 네 번째 계기에 따른 분석의 결론으로서 칸트는 다음과 같이 말한다.

> **네 번째 계기로부터 도출된 미의 해명:**
>
> 아름다운 것은 개념 없이 필연적 만족의 대상으로 인식된다.

V

미 분석에 대한 주석:
취미와 상상력

상상력의 자유로운 합법칙성

분석론 제1부에 대한 일반 주석[이 주석에서 칸트는 별도의 단락 번호를 달지 않았으나, 이 책에서는 편의상 단락마다 부호(#)와 번호를 추가하였다.]

[#1]   지금까지 해부한 것의 결론을 이끌어 내면, 모든 것이 취미 개념에 귀착함을, 이 개념이 상상력의 자유로운 합법칙성과 관계된, 대상의 판정능력임을 발견한다. 그런데 자유를 구가하는 상상력을 취미판단에서 고찰해야만 한다면 상상력은 일단 연상 법칙 아래에 놓일 때와 같이 재생적이지 않고 오히려 생산적이고 자발적인 (가능한 직관의 자의적 형식을 창출하는) 것으로 상정된다. 물론 감관에 주어진 대상을 포착할 때에는 상상력이 이 객관의 규정된 형식에 결부된 까닭에 (지어내기할 때와 같은) 자유로운 유희가 이루어지지 않는다. 그럼에도 대상이 잡다함의 합성을 내포한 형식을 상상력에 부여한다는 점은 잘 알고 있다. 그 자체로서는 자유를 구가할 상상력이 지성의 합법칙성 일반과 합의하도록 하는 그런 형식 말이다. 그렇지만 상상력이 자유로운데 스스로 합법칙적이라면, 다시 말해 상상력이 자율성을 수반한다면, 이는 모순이다. 지성만이 법칙을 부여한다. 규정된 법칙에 따라 상상력을 다루어야 할 경우라면 상상력의 산물이 어떠해야 하는지는 그 형식에 따라 개념을 통해 규정된다. 이 경우의 만족은 앞서 설명한 바와 같이 아름다운 것에서가 아니라 (완전성, 그것도 순전히 형식적 완전성인) 좋은 것에서의 만족이며 그 판단은 결코 취미를 통한

판단이 아니다. 따라서 법칙 없는 합법칙성만이, 그리고 표상이 대상에 관해 규정된 개념과 관계하는 객관적인 합치가 아닌, 지성과 상상력의 그런 주관적인 합치만이 지성의 자유로운 합법칙성(이는 목적 없는 합목적성이라고도 불린다)과, 취미판단의 특유성과 공존할 수 있을 것이다. (V.240/241)

취미판단의 분석이 끝난 후 칸트는 짧은 주석을 통해 지금까지의 논의를 마무리한다. 칸트에 따르면 미 분석론은 곧 취미에 대한 초월론적 연구다. 이 주석을 시작하면서 칸트는 §1이 시작되기 전 각주에서 이미 제시했던 취미의 정의(대상의 아름다움을 판정하는 능력)를 재구성한다. 취미란 "상상력의 자유로운 합법칙성과 관계된, 대상의 판정능력"이다. 여기에서 '대상을 판정한다'는 것은 당연히 대상의 아름다움 여부를 판정한다는 뜻이다. 굳이 '아름다움'이라는 말을 추가하지 않은 근거는 바로 "상상력의 자유로운 합법칙성"에 들어 있을 것이다. 말하자면 상상력의 이러한 특성의 연관 속에서 대상에 내려지는 판단은 의당 순수한 취미판단일 것이라는 주장이 전제되어 있는 것이다.

칸트는 취미판단과 통상적 인식판단에서 상상력이 기능하는 방식의 차이에 대해 설명한다. 여기에서 칸트는 통상적인 대상 인식의 과정을 수행할 때, 즉 "감관에 주어진 대상을 포착할 때"와 이와 달리 가령 "지어내기할 때"처럼 주관 스스로 '창안'[62]할 때 상상력의 쓰임새가 확연히 다르다는 점을 설명한다.

전자의 경우 "연합의 법칙"에 따라 대상을 지각할 때 주관이 갖는 잡다한 표상을 종합하는, 이른바 "재생적" 상상력이 작동된다.[63] 이 경우 상상력은 "객관의 규정된 형식에 결부된 까닭에", 즉 대상에 객관적 타당성을 부여하는, 지성에 의해 "규정된 법칙에 따라" 처리되는 까닭에 결코 자유로울 수 없다. 상상력에 자유의 여지가 없다는 것은 상상력과 지성이 서로 유희(작동)하되 자유 없이, 즉 "개념을 통해 규정된" 법칙을 통해 유희한다는 뜻이다. 인식능력들의 이러한 유희도 물론 지성과 상상력의 "합치"에 해당한다. 그러나 이것은 "표상이 대상에 관해 규정된 개념과 관계하는 객관적인 합치"이다. 주어진 표상은 지성이 부여한 법칙에 입각해 하나의 개념에 이른다. 이것이 칸트가 생각한 대상 인식 과정의 골자이다. 이런 상황에서 만약 만족이 수반된다면 이것은 결코 순수한 취미판단에 따른 미감적 만족이 아니라 이른바 "완전성"의 원리에 부응하는, 그러니까 인식판단에서 유발되는 만족일 뿐이다. 이 점에 대해서는 이어지는 단락들에서 계속 설명된다.

반면 "생산적이고 자발적인" 상상력을 통해서 주관은 "가능한 직관의 자의적 형식을", 즉 직관할 수 있는 만큼 임의대로 형식을 "창출"한다. (지성의 합법칙성이 없다면) "그 자체로 자유를 구가할 상상력"과 같은 표현은 모두 법칙에 제어되지 않은 채, 마치 시를 쓸 때처럼 "자유로운 유희"를 수행하는 상상력을 뜻한다.

하지만 취미판단에서 작동되는 상상력에 대한 칸트의 설명에서 여전히 해명되지 않은 지점이 있다. 그것은 "상상력의 자유로운 합법칙성"이라는 말을 사용해도 좋은 것인지의 여부에 관한 것이다. 이 단락의 마지막 구절에서 "법칙 없는 합법칙성"이라는 말도 등장한다. 이 말이 "상상력의 자유로운 합법칙성"과 동의어라고 확신하기는 어렵다. 게다가 "지성의 자유로운 합법칙성"이라는 말까지 [또한 "자유를 구가하는 판단력의 합법칙성"(V.270)까지] 등장한다. 여기에서 '자유' 혹은 '무법칙성'을 상상력과 연결한다면 이 개념들은 대상의 객관적 성질에 따른 특정 형식에 얽매여 있지 않다는 의미를 갖게 될 것이다. 그러나 자유롭고 무법칙적인 상상력이 "합법칙성"을 갖는다고 볼 수 있을까? 지성의 영향력으로부터 벗어난 상상력을 상정하기 위해 '스스로 자유를 갖춘 상상력'이라고 말해도 좋은가? 이런 의문에 대한 칸트의 대답은 다음과 같다. 상상력은 결코 "자유로우면서 동시에 스스로 합법칙적"일 수 없다. 즉 상상력에는 "자율성"이, 다시 말해 스스로 법칙을 부여할 능력이 없다. 인식의 사안에 있어서는 오직 지성만이 자기입법권을 지니며 스스로 제정한 이런 법칙에 따라 대상을 인식하기 때문이다. 대상이 상상력에게 형식을 부여했다고 해도 그 형식은 사실 지성의 법칙에 의해 형성된 것일 수밖에 없다. 그래야지만 대상에 대한 인식 내용에 객관적 타당성이 생기기 때문이다. 그럼에도 이러한 상상력에 모종의 "합법칙성"이 있다는 것은 무슨 말일까?

우선 "지성의 자유로운 합법칙성"이라는 말을 생각해 보자. 칸트는 이 말을 이해하기 위한 단서를 "목적 없는 합목적성"을 통해 제공하고 있다. "합목적성" 개념이 등장하게 된 배경을 다시 한번 떠올려 보자.

칸트는 이 개념을 도입할 때 "우리가 관찰한 것이 (그 가능성 면에서) 언제나 이성에 의해 통찰되지는 않는다"(§10.2)라는 말을 한 바 있다. 지성이 부여한 법칙에 적용되는 자연 대상은 지성의 합법칙성하에서 현상하며 이에 대해서는 객관적 타당성이 부여된다. 이때의 합법칙성을 "합규칙성"(#4)이라고 부를 수도 있을 것이다. 그러나 취미판단의 대상은 그러한 합법칙적 대상 너머의 대상, 그러한 자연 너머의 자연과 연관되어 있다. 취미판단을 통해 상상력과 합치하는 지성은 자신의 합법칙성 너머의 표상을 접하게 된다. 이러한 표상에 지성의 합법칙성이 적용되지 않는다고 본다면 이 표상은 "법칙 없는" 표상이 된다. 그런데 이 표상을 통상적 지성의 활동을 통해 간파되지 않는 "목적 없는 합목적성"의 형식에 따라 받아들여져야 하는 것으로 본다면 이 표상에는 '(통상적) 합법칙성 너머의 합법칙성(합목적성)'이 적용된다. '합법칙성 너머의 합법칙성'은, 즉 "합규칙성"이 아닌 "합목적성"은 오직 주관의 반성을 통해 궁리된 합법칙성이다. 다시 말해 상상력과 지성의 "주관적 합치"하에서만 상정될 수 있는 법칙성이다.

"지성의 자유로운 합법칙성"을 받아들일 수 있다면, 이런 맥락에서 "상상력의 자유로운 합법칙성"의 의미를 유추해 볼 수 있을 것이다. 상상력은 당연히 (지성만이 부여할 수 있는) 통상적인 (즉 인식 차원의) 합법칙성을 지닐 수 없다. 반면에 인식능력들의 자유로운 유희, 그로 인한 "주관적 합치" 상태에서는 대상에 대한 인식이 아니라 미감적 만족이 관건이다. 지성의 통상적 합법칙성 너머의 합법칙성이 작동하는 국면에서는 자유로운 상상력의 유희가 이미 이루어지고 있으며, 이러한 국면에서 지성이 상상력에 부응함으로써 결국 양자는 "법칙 없는 합법칙성"의 조건을 충족한다. "상상력의 자유로운 합법칙성"은 상상력이 통상적 합법칙성을 지닌다는 뜻이 아니라 자유로운 상상력이 자신에게 부응하는 지성과 더불어 통상적 합법칙성의 차원 너머의 합법칙성, 이른바 "합목적성"의 지평에 놓인다는 뜻으로 해석해야 한다.

이렇게 보면 이 "주석"은 앞서 서술된 22개의 절에 대한 단순한 요약이 아니다. 정확히 말하면 취미와 상상력의 관계에 대한 본격적 설명이 이를 통해 이루어지고 있는 것이다. 앞으로 살펴볼 여섯 개 단락들에서는 미감적 상상력에 대한 각종의 오해를 불식하기 위한 시도가 이루어지는데, 이러한 시도의 기본 전제들은 바로 이 첫 단락을 통해 모두 규명된 셈이다.

취미는 규칙성과 무관하다

[#2]   원형, 사각형, 정육면체와 같은 규칙적인 도형을 가장 간명하며 의심할 여지 없는 미의 사례로 으레 제시하는 취미 비판가들이 있다. 그렇지만 이 도형들이 규칙적이라 불리는 이유는 바로 이것들의 규칙(이에 따라서만 이 형상들이 가능한)으로 수칙화된 그런 규정된 개념

이 이 도형들로 현시되었을 따름이라고 생각하지 않을 도리가 없기 때문이다. 그런 형상에 미를 첨부하는 비판가들의 판단, 그리고 개념 없는 합목적성이 미에 필수적이라고 보는 우리의 판단, 둘 중에 하나 는 분명 오류일 수밖에 없다. (V.241)

취미판단은 개념과 무관하며 개념이 지정하는 규칙에 따른 질서에 서 아름다움을 느낄 수 없다는 것은 칸트 미학의 대전제이다. "원형, 사각형, 정육면체와 같은 규칙적인 도형을 가장 간명하며 의심할 여 지 없는 미의 사례로 으레 제시하는" 자들에게 아름다움이란 수식을 제시하는 "규정된 개념의 순전한 현시"로 여겨진다. 그러나 이러한 판 단은 "분명 오류일 수밖에 없다".

취미는 목적과 무관하다

[#3] 삐뚤빼뚤한 윤곽에서보다 원형에서, 비스듬한 부등변의 일그 러진 사각형 같은 것에서보다는 정사각형에서 더 만족이 발견된다는 점을 깨닫기 위해 취미가 있는 인간이 필요하다고 여길 자는 아마 없 을 것이다. 이런 발견을 위해 필요한 것은 공통 지성일 뿐 취미는 전

혀 필요 없기 때문이다. 장소의 크기를 판정하거나 분할된 것에서 부분들 간의, 혹은 부분과 전체의 연관을 파악하려는 의도가 있을 때는 규칙적인, 게다가 가장 단순한 방식의 형상이 필요하다. 그리고 만족은 형상의 그 광경에 기인한다기보다는 이 형상이 가능한 온갖 의도에 사용될 수 있다는 점에 기인한다. 벽이 삐딱한 방이나 그런 방식의 정원은, 심지어 모든 대칭이 훼손된 (가령 눈이 하나인) 동물이나 그런 건물, 꽃 그림 등은 불만스럽다. 단지 이 사물들의 규정된 용도와 관련한 실천적인 면에서뿐만 아니라 더 나아가 가능한 온갖 의도에서의 판정 면에서도 목적에 반하기 때문이다. 취미판단의 경우는 이와 다른데, 이 판단이 순수하다면 용도나 목적에 대한 고려 없이 대상에 대한 순전한 고찰과 직접 결부되어 만족 혹은 불만을 주기 때문이다.

(V. 241/242)

칸트가 보기에 단지 "규칙적인"(#2) 것에 만족을 느끼는 자에게 취미의 능력이 작동하지는 않는다. 즉 규칙성과 취미는 서로 연관이 없다. 어떤 대상의 규모나 비율 등을 측정하기 위한 실마리로서 "규칙적"이고 "단순한" 형태를 발견했을 때, 가령 길이를 재기 위해 '자(尺)'라는 단위를 발견했을 때 만족이 생길 수 있다. 그런데 이때의 만족은 미감적인 것이 아니라 지적인 것이다. 가령 '석 자 네 치'라는 식으로 길이를 측정함으로써 장차 있을 "온갖 의도"에, 가령 몸에 딱 맞는 옷을 만드는 데에 쓸모가 있을 것이라는 생각에서 나오는 만족이기 때문이다.

아주 고도의 지적 능력이 아니라 우리가 '상식'이라고 말하는 차원에서도 이런 만족은 가능하다. 기울어졌거나 비딱한 사물들(여기에는 동식물들도 포함된다)을 볼 때 "불만족"이 생기는 이유도 같은 맥락에서 설명 가능하다. 지금 사용되든 장차 사용될 것이든 간에 이런 사물들이 갖는 용처 면에서 이 사물들이 지닌 반규칙적인 형태는 이른바 "목적에 반하기 때문"인 것이다. 반면 취미판단은 "대상에 대한 순전한 고찰"을 통해 성립하기 때문에 사물이 지닌 객관적 성질 자체에서 만족 여부가 결정되지 않는다.

상상력에 지성이 봉사한다

[#4] 물론 대상의 개념을 이끄는 합규칙성은 대상을 그 유일한 표상 속에 붙잡아 잡다함을 대상 형식 중에 규정하기 위해 없으면 안 되는 조건(불가결한 조건)이다. 인식에 관해서 이 규정은 목적이며, 언제나 (있음 직한 그 어떤 의도든 그것이 작용할 때 동반되는) 만족과 결부된다. 그러나 이 경우 하나의 과제가 잘 해결되었다는 점을 시인한 것일 뿐 결코 심성력이 자유롭게, 비규정적이고 합목적적으로, 우리가 아름답다 칭하는 것을 즐긴다고 할 수는 없다. 이러한 즐거움에서는 지성이 상상력에 쓰여야지 결코 상상력이 지성에 쓰여서는 안 된다. (V.242)

"합규칙성"으로 인해 "대상의 개념"을 획득할 수 있다. 즉 "합규칙성"은 철두철미 "인식"과 관련한 규정이다. 여기에서 만족을 느낀다는 것은 대상에 관한 특정 "목적" 개념과 관련된 "과제"가 충족되었기 때문이다. 반면 순수한 미감적 만족은 상상력과 지성이 "자유롭게, 비규정적이고 합목적적으로" 표상을 대면할 때 생긴다. 상상력과 지성의 '주관적 합치'(#1)에서는 상상력이 지성의 법칙에 따르는 것이 아니다. 오히려 자유로운 상상력의 활동에 지성이 부응해야 한다. 즉 "이러한 즐거움에서는 지성이 상상력에 쓰여야지 결코 상상력이 지성에 쓰여서는 안 된다".

❺

상상력은 규칙의 강제성으로부터 자유롭다

[#5]　하나의 의도에 따라서만 가능해지는 사물에서, 건물에서, 심지어 동물에서, 대칭으로 인해 성립하는 합규칙성은 목적 개념에 뒤따르는 직관의 통일을 표할 수밖에 없으며 이로써 인식에 속한다. 반면 표상력들의 자유로운 유희만을 (물론 지성을 저해하지 않는 조건 아래) 즐길 수 있는 경우, 가령 궁전의 정원, 실내 장식, 취미가 가득한 각종 집기류 같은 경우 강제의 소지가 있는 규칙성을 되도록 피한다. 이렇다 보니 영국풍 정원, 바로크식 가구 등의 경우 상상력의 자유가 지

> 나쳐 그로테스크함으로까지 치달으며 규칙의 온갖 강제에서 벗어
> 나 취미가 상상력이 펼치는 바에서 최대의 완전성을 내보이게 된다.
> (V.242)

취미를 "합규칙성" 내지 "목적"의 개념과 연관 지어서는 안 된다. 이런 연관하에서는 "표상력들의 자유로운 유희"가 불가능하기 때문이다. "상상력의 자유"를 위해서 정형화된 질서를 되도록 피하는 시도가 예술사에 존재했다. "강제의 소지가 있는 규칙성을 되도록 피한다"는 원칙에 따르는 예술적 경향을 칸트는 "바로크"와 연관 짓고 있다. 바로크가 되었든 로코코[64]가 되었든 여기에서 핵심은 칸트가 규칙적 질서 내지 조화를 강조하는 고전주의 예술 이해와 분명한 선을 긋고 있다는 점이다. 단, 취미판단의 상상력이 규칙으로부터 벗어날 필요성을 인지하고 이를 취미의 절대적 요건으로 간주하는 것이 능사는 아니다. 상상의 나래가 펼쳐지는 대로 제어되지 않은 채 무한정 취미가 진전될 때 오히려 사람들은 "그로테스크함"을 느낀다. 요컨대 '무규칙성'이 곧 미감적 만족의 충분조건은 아니다.

자연 그대로의 아름다움

[#6] 경직된, 합규칙적인 (수학적 규칙만을 따르는) 것은 모두 그 자체로 취미에 반한다. 말하자면 그런 것을 고찰함으로써 생기는 즐거움은 잠시일 뿐 인식을 표방하거나 규정된 실천적 목적을 의도로 삼지 않는 한 지루함을 자아낸다. 반면 상상력이 무구하게 합목적적으로 유희할 수 있는 것은 우리에게 언제나 새로움을 안기며 이를 바라볼 때 결코 싫증 나지 않는다. 수마트라에 대한 기행문에서 마스던은 자연의 자유로운 미가 도처에서 관람객을 둘러싸고 있기에 도리어 관람객의 이목을 끌지 못하는 반면 작물들로 휘감겨 있는 장대들이 나란히 길게 이어진 후추밭을 숲속에서 발견했을 때 관람객에게는 이것이 훨씬 더 매력적이라고 말하면서, 외관상 규칙이 부재한 날것 그대로의 미는 규칙적인 미를 신물 나게 목격한 자에게 기분 전환용으로 만족스러울 따름이라는 결론을 도출하였다. 그러나 마스던이 온종일 후추밭에 머물렀더라면 깨닫게 되었을 것이다. 지성이 합규칙성을 통해 지성에 언제나 요구되는 질서를 향한 정조로 옮겨 갔다면 그 대상은 더 이상 지성을 즐겁게 하지 않으며 오히려 상상력에 부담스러운 강제를 가하는 반면, 그 어떤 인위적 규칙의 강제에도 휘둘리지 않는, 다채롭게 펼쳐져 흘러넘치는 자연은 지속적으로 그자의 취미에 자양분을 제공한다는 사실을 말이다. — 그 어떤 음악 규칙 아래에도 둘 수 없는 새들의 노래가 소리예술의 규칙에 따라 수행되는, 자

주 오랫동안 반복해서 듣게 되면 이내 싫증 날 인간의 노래보다 훨씬 더 자유로우며 취미를 북돋는다. 앙증맞은 저 동물의 노래에 담긴 흥겨움을 함께하다가도 만약 이것이 (종종 나이팅게일을 모사하는 바와 같이) 인간에 의해 모사된 것임을 알게 되면 우리의 귀에 아주 몰취미한 것으로 들린다. (V.242/243)

지금까지 여러 차례 확인했듯이 취미는 수학적·논리적 규칙과는 무관하다. 극단적으로 합규칙적인 것을 추종할 경우 "그 자체로 취미에 반한다". 규칙성, 의도, 목적 개념을 충족하는 대상에 대한 관찰에서 얻는 만족은 미감적 만족과는 무관하며 또한 §10.1에서 규정되었던 쾌의 기준인 지속성을 갖지 못한다. "반면 상상력이 무구하게 합목적적으로 유희할 수 있는 것은 우리에게 언제나 새로움을 안기며 이를 바라볼 때 결코 싫증 나지 않는다."

칸트 미학의 논지에 따르면 순수한 취미판단의 대상으로서 가장 적절한 것은 무한한 생명력을 지닌 채 다종다양하게 우리를 둘러싸고 있는 자연 자체이다. 이 책에서는 본격적으로 다루어지지 않지만 칸트 예술론에서 예술의 가치는 철두철미 자연미와의 유비를 통해 설명된다. 규칙성에서 벗어나려는 제작 경향이 그로테스크함으로 치닫게 된 것도 사실은 인간의 수학적·논리적 질서 체계에서 최대한 벗어나고자 하는 의도의 산물이었다. 가령 '연출된 무질서' 기법도 이런 맥락에서 이해해야 한다.

"날것 그대로의wild", 즉 자연 그대로의 아름다움에 대한 칸트의 이런 생각과 정반대의 입장도 분명히 있었다. 지금도 물론 마찬가지일 것이다. 칸트는 수마트라섬의 역사와 풍물에 관한 마스던William Marsden(1754-1836)의 저서(『수마트라의 역사The History of Sumatra』)에 등장하는 견해를 소개한다. 규칙이 없는 자연은 순간적인 "기분 전환용"으로야 만족을 줄 수 있겠지만 이렇듯 도처에서 발견되는 원시적 자연 자체보다는 (아마도 플랜테이션을 위해) 개발되고 가공된 "작물들로 휘감겨 있는 장대들이 나란히 길게 이어진 후추밭"이 훨씬 더 관람객의 시선을 끈다고 말하는 저자 마스던의 생각은 틀렸다. 칸트가 보기에 마스던은 후추밭의 합규칙성이 오히려 "상상력에 부담스러운 강제"를 띠게 된다는 점을, 즉 "그 어떤 인위적 규칙의 강제에도 휘둘리지 않는, 다채롭게 펼쳐져 흘러넘치는 자연은 지속적으로 그자의 취미에 자양분을 제공한다는 사실"을 깨닫지 못했다. "그 어떤 음악 규칙 아래에도 둘 수 없는" 새소리가 그 어떤 인간의 정교한 노래보다 훨씬 더 우리의 취미를 북돋는 이유 또한 자연의 다종다양함, 변화무쌍함, 지속성에 있다. 인간의 성대모사로 이를 흉내 냈을 때, 그것이 새들의 지저귐이라고 잘못 알고 있는 그 순간까지만 그 소리는 흥취를 안긴다. 그 새소리가 모방의 산물이었다는 것을 알게 되었을 때, 더 이상 우리의 취미를 북돋지 못한다. 예술에 대한 칸트의 평가가 모두 이렇듯 가혹한 것은 아니지만, 자연미에 얼마나 부응하는가에 따라 예술의 가치를 설명하는 태도는 칸트 미학의 기본 전제가 된다.

취미판단에서의 상상력은 지성과 결부되어 있다

[#7] 또한 아름다운 대상은 (종종 거리가 멀어 판명하게 인지되지 않는) 대상에의 아름다운 전망과 구분될 수 있다. 후자에서 취미는 상상이 이 영역에서 포착한 것과 관련이 있기보다 이때는 지어낼 계기를 얻게 하는 것에, 다시 말해 눈에 들어오는 잡다함에 줄곧 고무되는 심성을 즐겁게 하는 본래의 판타지와 관련이 있다. 벽난로나 여울목의 변화무쌍한 광경이 바로 이에 해당하는데, 이 둘은 미는 아니지만 상상력의 자유로운 유희를 즐기도록 하는 까닭에 상상력이 보기에 매력이 수반된다. (V.243/244)

지금까지는 지성 우위의 인식판단과 상상력 우위의 취미판단의 차이에 주목했다. 미 분석을 마치는 마지막 단락에서 칸트는 자신이 말하는 상상력의 자유가 지닌 '가능성과 한계'를 설명한다. 칸트는 미감적 상상력을 중요하게 생각했지만 이러한 상상력에도 일종의 조건이 전제되어야 한다고 생각한다. 상상력의 무한성과 절대성을 경계하는 태도는 칸트 철학의 주지주의적 경향을 드러내 보이는 국면이라 할 수 있다. 이러한 칸트의 입장에 반기를 드는 낭만주의자들의 시도가 이어졌다.

앞서 말했듯이 '무규칙성'이 곧 미감적 만족의 충분조건은 아니다.

적어도 "지성을 저해하지 않는 조건"(#5)을 충족해야 한다. "아름다운 대상은 (종종 거리가 멀어 판명하게 인지되지 않는) 대상에의 아름다운 전망과 구분될 수 있다." 미감적 만족에서는 지성이 상상력에 봉사하는 방식으로 양자가 합치한다. 중요한 것은 양자가 상호 작용한다는 것이다. 이때 지성이 특정한 인식은 아닐지언정 어쨌든 "인식 일반"을 위해 상상력과 조율해야 한다. 취미판단이 제대로 이루어지려면 적어도 상상력이 포착한 것을 통해 취미가 제 기능을 발휘해야 한다. 지성의 활동을 방해하는 걸림돌이 없어야 하고, 또한 거리가 너무 멀어서 상상력에 의해 표상이 포착되기 어려운 상황이어서도 안 된다.

상상력이 무언가 "지어낼 계기를 얻게 하는" 상황은 곧 외부 대상을 분명하게 포착하지 못한 상황에서 상상력이 작동하는 국면을 떠올리면 될 것이다. "벽난로나 여울목"을 바라볼 때를 생각해 보자. 이글이글 타오르는 불길을, 이리저리 뒤엉키는 물길을 하나하나 온전히 남김없이 눈으로 포착할 수 있는가? 다빈치Leonardo da Vinci의 크로키 작품에서 확인되듯이, 모네Claude Monet의 연꽃 연작에서 확인되듯이, 탁월한 화가의 눈은 이런 광경을 곧잘 포착한다. 그러나 그 어느 누가 사물의 물리적 움직임 모두를 완벽히 포착할 수 있을까? 이는 불가능하다. 칸트의 입장을 유추해 본다면 다빈치의 포착력은 무제한적인 상상력에서가 아니라 지성의 협조에 힘입은 상상력에서 나온다. 칸트는 취미판단의 상상력이 지성과 결부되어 있다는 점을 언급한 바 있다(§1.1). 적어도 작품으로 대상화할 수 있는 한 상상력은 지성의 도움 없이는 그 어떤 창안도 해낼 수 없다. 지성의 개입 없이 오직 상상력

본연의 유희가 이루어질 때, 이때의 상상력을 칸트는 "판타지"라고 부른다. 칸트 이후의 미학에서 "판타지"는 곧 미감적·예술적 상상력으로 이해된다. 하지만 칸트는 여전히 양자를 구분하고 있다. 결국 칸트에게 있어 상상력은 재생적 상상력, 미감적 상상력, 그리고 '환상[공상]적' 상상력으로 분류된다. 적어도 미 분석의 지평에서는 이렇게 이해할 수밖에 없다. 아름다운 대상을 판정할 때의 상상력과 예술적 생산에서의 상상력이 갖는 연관과 차이에 대해서는 미 분석 이후 등장하는 칸트의 서술을 살펴보아야 한다.

01 유명 커피 제조사인 'Nescafe'의 인스턴트 커피 브랜드 가운데 "Taster's Choice"
가 있는데, 이때 'taster'는 바로 맛보는 능력 내지는 더 나아가 이러한 감식력을
지닌 자이다.

02 아네스 자우이(Agnès Jaoui) 감독의 영화 「Le Goût des Autres」의 경우 '타인의 취
향'으로 번역된 바 있다.

03 이런 태도는 경험의 조건이 곧 대상의 조건을 이룬다는 관점에 기인한다. 인간
의 경험을 가능케 하는 조건을 주관에서 찾는 입장은 칸트의 유명한 "초월론적
철학"의 요체이다. 『순수이성비판』의 재판 서문에서 칸트는 작금의 철학의 형
편에 대해 개탄한다. 또한 아리스토텔레스 이래 철학은 전혀 발전이 없었던 반
면 자연과학은 수학적 방법론을 바탕으로 획기적인 전기를 마련했다는 점을 강
조한다. 수학 및 자연과학의 성과를 철학에서 적극적으로 수용할 필요가 있다고
본 칸트는 이른바 '코페르니쿠스적 전환'을 주장한다. 외부 대상에 대한 소박한
실재론적 입장에서 벗어나 대상의 타당성 여부를 주관의 인식 구조에 입각해서
확정하는 방법론을 구상한 것이다. 『순수이성비판』 재판 서론에서 칸트는 "대상
을 다루는 인식이 아니라 대상에 대한 우리의 인식종류를 다루는 인식을, 선험
적으로 가능한 그러한 인식종류 일반을 다루는 모든 인식을 나는 초월론적이라
부른다"(Ⅲ.43)라고 말한다. 즉 경험을 가능케 하는 주관의 조건이 "초월론적"이
다. "transzendental"이라는 칸트 특유의 전문용어(terminus technicus)를 번역한 이
말은 인간의 경험 조건을 뛰어넘는 (가령 신과 같은) '초월자(transzendentia)'와는 구
분된다. 즉 'transzendent'는 '초월적' 존재자에 대한 술어인 반면, "transzendental"
은 인간의 경험을 가능케 하는 경험 이전의 "초월론적" 조건을 뜻한다. 사실 '초

월론' 혹은 '초월론적'이라는 용어에 대한 적절한 번역어의 선택과 관련하여 많은 의견들이 있어 왔다. 다만 분명한 것은 "transzendental"에는 우리말로 볼 때 '-론(論)', 즉 하나의 특정 입장 및 태도가 수반되어 있다는 점이다. '트란스첸덴탈'은 주관성의 조건을 '넘어선', 즉 '초월적'인 존재에 붙이는 술어가 아니라 주관성의 선험적 조건을 규명하는 방법을 가리키는 인식론적 용어다. 요컨대 칸트 철학에서 목격되는 '초월론적 의도'는 인식의 객관적 성립 근거가 (존재하는) 객관에서 (인식하는) 주관성의 선험적 조건으로 '초월(超越)'케 하는 방법론을 뜻한다. 이러한 "초월론적" 관점은 비단 『순수이성비판』뿐만이 아니라 칸트의 비판철학 작업 전체에, 따라서 당연히 『판단력비판』에도 적용된다.

04 이에 대해서는 임마누엘 칸트, 『순수이성비판 1』, 백종현 옮김, 아카넷, 2006, 288-295쪽 참조.

05 칸트가 『판단력비판』의 서론을 마치고 본문을 시작하기 전 제시해 놓은 도표(V.198)에도 나타나 있듯이, 이 능력은 바로 "인식능력"이다. 이때의 "인식능력"은 인간의 본성으로서의 이성을 '이론적'으로 사용할 때 작용하는 인간의 능력이며 다른 말로 하면 '이론적(혹은 사변적) 이성'이라고 할 수 있다.

06 이때 '순수한'이라는 말은 '경험으로부터 독립된'이라는 의미로 사용된다.

07 『판단력비판』의 서문을 시작하면서 칸트는 "선험적 원리들에 따른 인식의 능력을 순수이성으로, 그리고 순수이성 일반의 가능성 및 한계에 대한 탐구를 순수이성의 비판이라고 부를 수 있다"라고 말한다.

08 지성(知性)은 무언가를 이해하는 능력, 즉 '지력(知力)', '지능(知能)', '오성(悟性)', '예지(叡智)' 등을 뜻하는 라틴어 'intellectus'의 번역어다. 칸트에게 이론적 이성 능력으로서 지성은 기본적으로 사고(사유), 규칙화 및 개념화의 능력을 뜻한다. 표상의 잡다에 지성이 부여하는 규칙은 대상(현상)의 인식에 객관성과 필연성을 부여한다는 점에서 자연(경험 가능한 현상들의 총괄 개념)의 법칙이다. 그렇지만 칸트는 이성의 이론적 사용, 즉 우리의 인식에서는 지성이 감각적 직관에 의해 주어진 것에 대해서만 적용된다고 본다. 이런 한에서 이론이성으로서의 지성은 감각을 떠나 사태의 본질을 통찰하는 신적 예지력과는 달리 철저히 유한성을 갖는

다. 외부 대상에 대한 인식을 할 때에는 인간의 이러한 지적 능력이 감성에 의해 수용된 것에 대해서만 적용 가능하기 때문이다.

09 앞서 설명한 바와 같이 『판단력비판』의 본문이 시작되기 전 칸트가 제시한 도표 (V.198)에 따르면 지성, 판단력 및 이성은 모두 "인식능력"이다. 그런데 "인식능력"의 의미를 단지 논리적(인지적) 능력에 국한하지 않고 좀 더 넓은 의미로 생각해 볼 여지도 있다. 이 도표에 따르면 (§1.2에서 살펴보게 될) 세 가지 "심성능력"들 가운데 "인식능력"의 경우 지성(이론이성)이, "욕구능력"의 경우 이성(실천이성)이, 그리고 "쾌·불쾌의 감정"의 경우 판단력이 각각 요체를 이룬다. 즉, 『순수이성비판』은 인간의 심성 가운데 인식능력[知]을, 『실천이성비판』은 욕구능력[意]을, 그리고 『판단력비판』은 감정[情]을 각각 다룬다.

10 이에 대해서는 임마누엘 칸트, 『순수이성비판 1』, 백종현 옮김, 아카넷, 2006, 295쪽 이하 참조.

11 쇼펜하우어는 표상을 '주관에 대해 객관이 존재하는 바(das Objekt-für-ein-Subjekt-sein)'라고 설명한다.

12 『순수이성비판』 재판(1787)의 서문에서 칸트는 다음과 같이 말한다. "이성의 인식은 대상과 두 가지 방식으로 연관을 갖는데, 하나는 (다른 곳에서 주어져야만 하는) 대상 개념을 단지 규정하는 방식이며 다른 하나는 이 개념을 현실적인 것으로 만드는 방식이다. 전자가 이성의 이론적 인식이며 후자가 이성의 실천적 인식이다"(III.8).

13 임마누엘 칸트, 『순수이성비판 1』, 백종현 옮김, 아카넷, 2006, 284쪽 이하 참조.

14 『순수이성비판』에서 칸트는 감성과 지성 모두를 인식과 관련한 인간 심성 (Gemüt)의 근원으로서 일종의 '수원지(Quelle)'에 비유하기도 하고 이와 동시에 인간 인식의 근원적 한 뿌리에서 나온 두 개의 '줄기(Stamm)'에 비유하기도 한다. 칸트는 인식원천을 두 개가 아니라 세 개로, 그러니까 감관(감성), 통각(지성) 외에 상상력을 제시하기도 하지만, 초월론적 감성학에서 상상력만을 다루는 항목이 별도로 할애되지는 않는다(III, pp. 46, 74; IV, p. 8 참조).

15 『순수이성비판』의 초판(1781)에서는 이 상상력이 감성, 지성의 작용을 가능케 하

는 근원으로 설명된 구절이 등장하는데, 이 부분이 재판(1787)에서는 사라졌다. 초판의 저 구절이 재판의 출판 과정에서 사라졌다고 하여 칸트가 상상력을 배제했다는 뜻은 아니다. 다만 인간의 인식능력의 근원을 상상력으로 볼 것인지에 대한 판단 여부와 관련이 있을 뿐이다. 상상력이 감성에 속하는 능력이라는 점은 이미 초판에 서술되어 있고 이 부분은 재판에도 남아 있다. 물론 칸트의 비판 철학에서 상상력이 차지하는 위상은 다소 제한적이다. 가령 『순수이성비판』에서 칸트는 감성의 선험적 원리를 다루기 위해 '초월론적 감성학'을, 지성의 선험적 원리를 다루기 위해 '초월론적 논리학'을 편성한 반면, 상상력의 원리를 다루는 항목을 별도로 배정하지 않았다.

16 여기서 "파악하다(befassen)"는 인식하기 위해 표상을 다루는 작업을 뜻한다. "파악" 또한 "의식"에 속한다. 다만 여기서는 주어진 표상("건축물")을 인지적으로 (cognitive) '파악'하는 의식과 그러한 표상을 접하면서 주관 스스로 자기 자신을 느끼는 의식이 구분되고 있다.

17 "표상의 능력 전체"는 "표상력의 능력 전체"(§16.7)라고도 불린다. '표상능력 (-faculty)' 내지 '표상력(-power)'은 '인식능력' 내지 '인식력'으로 바뀌 불리기도 한다. 이렇듯 다양하게 불리는, 주관(심성)의 '능력' 혹은 '힘'은 이 책에서 상호 유희하는 '상상력'과 '지성'을 특정하여 자주 언급된다.

18 『판단력비판』의 서론에서 칸트는 "규정하는" 판단력과 "반성하는" 판단력을 다음과 같이 구분한다. "무릇 판단력이란 특수자를 보편자 아래에 포함된 것으로 생각하는 능력이다. 보편자(규칙, 원리, 법칙)가 주어져 있을 때 특수자를 이에 포섭하는 판단력은 … 규정적이다. 그런데 오직 특수자만 주어져 있고 이를 위해 보편자를 찾아야만 하는 판단력은 순전히 반성적이다"(V.179/180).

19 근대 합리론 철학의 전통에서 인식(의식/표상/관념)의 분류 기준으로 주목할 만한 것으로서 우선 데카르트가 제시한 "명석하고 판명한(clara et distincta)" 인식을 들수 있다. '명석(明晳)'함이란 주의를 기울여 바라볼 때 아주 명백함을, '판명(判明)'함이란 그것의 명확함이 다른 것과의 비교를 통해 분별 가능함을 뜻한다. 라이프니츠는 이러한 인식을 포함한 광범위한 분류 체계를 제시한다. 라이프니츠에

따르면 인식은 "어두운" 인식과 "명석한" 인식으로 나뉘며, 후자는 다시 "혼연한" 인식과 "판명한" 인식으로 나뉜다. 데카르트는 인식이 명확하거나 아니면 불명확할 뿐, 그 중간은 없다고 보았다. '명석판명'한 인식만이 진리를 보증하는 인식이고 이것만이 명증하며, 감각을 통해 획득되는 지식은 그렇지 않다는 것이다. 반면 라이프니츠는 인식의 위계질서를 좀 더 촘촘하게 구성한다. 라이프니츠가 인식의 명석함[밝음]과 어두움[맹목적임/애매모호함]을 나누는 기준은 대상을 재인식할 수 있을 만큼 식별될 수 있는가의 여부이고, 판명한 인식과 혼연한 인식을 나누는 기준은 그러한 식별을 가능케 하는 표징과 규정의 유무이다. 그러면서도 라이프니츠는 "명석한 인식은 다시 혼연하거나 판명하다"고 말한다. 즉 혼연한 인식도 명석한 인식에 포함될 여지가 생긴다. 라이프니츠의 이러한 입장은 '완전성의 미학'(§15.2)이라는 주제하에 집중적으로 다루어질 것이다.

20　원문을 살펴보면 주어와 목적어를 거꾸로 이해해서 '취미판단이 만족을 규정한다'고 해석해도 문법상 하자는 없다. 그러나 '만족이 취미판단을 규정한다'라고 해석해야 한다. §11.2에서 칸트는 만족이 취미판단의 규정 근거임을 명확히 밝히고 있다. 이 책에서 '규정하다'로 번역되는 'bestimmen'은 '결정[확정]하다'라는 의미를 갖는다. 대상의 의미를, 혹은 무언가의 규정(規程)을 정(定)하는 행위를 뜻한다. 'Bestimmung'은 '규정' 외에 '결정', '사명[소명]', '정의(定義)' 등을 뜻한다.

21　가령 "이것이 내 마음에 든다", 즉 "이것이 나에게 만족스럽다(This is to my liking)"라는 문장은 독일어의 경우 "Das gefällt mir"라고 표현된다.

22　'순전(純全)한(bloß/mere)'은 'nur(only)'처럼 다른 요소를 배제한, 그래서 서술하고자 하는 본연의 바로 그것을 수식하는 부사로서 '단지', '오직' 등의 의미를 갖지만, 'nur'와 달리 특정 명사(개념 어구)를 가리키는 형용사로도 활용된다. 『판단력비판』의 서술을 살펴보면, '경험적(후험적)이지 않은 순전한 초월론', '사물 자체가 아닌 순전한 현상', '직관의 순전한 형식', '미감적 판단이 아닌 순전한 인식판단', '감각적 경향성이 아닌 순전한 개념(이성 법칙)', '감각적 경향성에 따른 순전한 향유', '지성 개념이 아닌 순전한 이념(이성 개념)' 등 무수히 많은 용례를 확인할 수 있다. 원리가 경험적 요소로부터 독립적인, 오직 선험적인 성격을 지닌 판

단을 가리킬 경우 '순수한(rein/pure)'과 같은 내포를 갖기도 한다. 칸트가 초월론적 취미비판과 관련하여 언급하는 "순전한" '반성', '고찰', '직관', '판단', '찬성' 등은 대상의 형식만을 관조하는, 대상의 실존과 결부된 모종의 관심과 무관한 순전한 표상에 대한 판정, 감관적(생리학적) 혹은 도덕적(이성적) 만족과 차별화되는 특유의 미감적 만족의 표명 등을 내포하는 개념이다. 『순수이성비판』에도 가령 "순전한 반성 행위들(bloß[e] Handlungen der Reflexion)"과 같은 표현이 등장하지만 이 경우는 규정하는 ―즉 미감적이지 않은― 반성 행위를 가리킨다. 칸트는 'reflexio'를 'Reflexion(반성)' 혹은 'Überlegung(성찰/숙고)'으로 번역하여 큰 구별 없이 사용한다.

23 외부 사물이 그 자체로 지닌 존재론적 힘을 주관이 오롯이 포착하는 문제는 섀프츠베리의 관심사이기도 하다. 고대 이래 사태의 본질에 대한 참된 인식으로 이야기되어 온 테오리아는 칸트 철학의 체계에서 『판단력비판』의 제2부 '목적론적 판단력비판'의 지평과 닿아 있다.

24 20세기 미학의 대표자인 아도르노(Th. W. Adorno)가 "비동일자의 구제(Rettung des Nichtidentischen)"를 미학의 과제로 설정한 것도 같은 맥락으로 볼 수 있다. 지성 편향의 문화가 야기한 인간의 소외 문제를 해결하는 일은 미학의 근본 과제 중 하나였고, 근대 계몽주의 시대에 독립적 학문 분과로 태동한 미학의 역사는 곧 미학이 단지 미와 예술의 이론을 넘어서서 인간의 감성적 측면 일반을 심층적으로 연구하는 학문으로서 그 위상을 확보해 가는 과정이었다.

25 '미학(Aesthetica)'이라는 학명의 창시자인 바움가르텐은 이 새로운 학문을 설명하기 위해 당시 널리 사용되어 온 용어들과의 연관성을 밝힌다. 그에 따르면 "감성적 인식의 학문"인 미학은 ("하위 인식론", "우아함과 뮤즈의 철학", "유사 이성의 기예", 그리고) "아름다움에 대한 학문"이자 동시에 또한 "아름다운 사유의 기예"이기도 하다. 즉 바움가르텐이 보기에 미학의 대상에는 '아름다움'뿐만 아니라 동시에 '아름다운 사유'도 포함된다.

26 이 단어들 하나하나의 고유한 의미에 천착하는 것은 큰 의미가 없다. 영어 번역으로는 'graceful', 'lovely', 'delightful/enchanting', 'gladdening/enjoyable' 등이 각각

대응한다.

27　칸트에 따르면 이는 적법성(legality)일 뿐 그 자체로는 도덕성이 아니다.

28　칸트의 윤리학에서 행복은 감각적 경향성에 입각한 쾌락주의적 관점에서 이해
　　된다. 따라서 도덕적 좋음과 구분되어야 한다.

29　의무와 경향성, 이성과 감각의 철저한 구분은 칸트 철학, 특히 그의 윤리학을 구
　　성하는 기본 원리이다. 칸트 이후 그의 윤리학을 근본적으로 수정하려는 움직임
　　은 바로 이러한 이분법에 대한 재고에서 출발하였다.

30　칸트는 '쾌(Lust)' 혹은 '만족(Wohlgefallen)' 외에 '불만 없음(Zufriedenheit)', '흡족
　　함[흐뭇함](Komplazenz)', '즐거움(Unterhaltung)' 등을 언급한다. 또한 감관에 '쾌
　　적한(angenehm)' 것에서의 감정과 관련해서 '쾌락(Vergnügen)' 내지 '향락/향유
　　(Genießen/Genuss)' 등을 언급한다.

31　앞서 "인가하다"에 해당하는 독일어 "billigen"은 '승인/인정/존중/상찬하다' 등의
　　의미를 지니며 영역본에 따라서는 'approve'라고 번역하기도 한다. 문제는 바로
　　"찬성"이라는 말의 독일어 "Beifall"에 대한 번역어로 'approval'이 주로 선택된다
　　는 점이다. "인가"의 경우 그것이 지닌 객관적 가치에 따라 필연적으로 도출되는
　　규정에 따른다는 것을 함축하는 반면, "찬성"을 표하는 대상의 경우 주관이 자발
　　적으로 그것을 긍정한다는 것을 함축한다. 'Beifall'의 경우 '어떤 사례(Fall) 아래에
　　포섭되는 것이 아니라 그것 옆에(bei) 나란히 함께함'이라고 해석해 볼 수 있다.

32　흥미롭게도 칸트는 이러한 호의의 태도를 미감적 주관만이 지니는 것이 아니라
　　자연도 지닌다고 말한다. '미감적 판단력비판'의 '변증론'(§58)과 '목적론적 판단
　　력비판'(§67)에서 칸트는 자연에 대한 주관의 호의와 주관에 대한 자연의 호의를
　　언급하고 있는데, 전자는 '주관적 합목적성'을, 후자는 '객관적 합목적성'을 대변
　　하는 태도이기도 하다.

33　여기에서 "신조"라고 번역된 단어 "Denkungsart"는 사전적으로 보면 '사고방
　　식' 혹은 '입장/태도' 등을 뜻하는데 여기에서는 후자에 가깝다. 도덕적 상황에
　　서 어떤 준칙(Maxime), 즉 도덕적 판단의 주체가 최고의 원칙을 따를 때 최고
　　의 원칙을 선택하는 성향 내지 신조의 의미를 갖고 있다. 칸트는 이 맥락에서

'Gesinnung'이라는 말을 사용하기도 한다. 문제는, 도덕법칙은 무조건 따라야 하는 것이기에 도덕적 상황에서 주관이 자유롭게 선택할 여지는 사실상 없다는 데에 있다.

34 여기에서 "윤리적"은 독일어로 "sittlich"를 뜻한다. 이는 "도덕적"에 해당하는 "moralisch"와 엄밀히 구분되지 않는다. '윤리성(Sittlichkeit)'은 'Sitte', 즉 '습속'에서 비롯한 말이다. '도덕성(Moralität)'의 어원은 라틴어 'mos'이다. 그런데 'Sitte'와 'mos'는 모두 어원상 고대 그리스어인 '에토스(ethos)'에서 나왔다. 칸트의 윤리학에서 두 개념은 엄밀하게 구분되지 않는다. 가령 칸트의 『도덕형이상학(Metaphysik der Sitten)』은 '윤리형이상학'으로 번역될 수도 있다. 칸트 이후 헤겔(Georg Wilhelm Friedrich Hegel)의 철학에서는 도덕성이 일종의 개인 윤리를, 윤리성이 일종의 사회 윤리를 지칭하는 것으로 엄격히 구분되겠지만 말이다. 'sittlich'에 대한 영어 번역을 보면 'moral'로 하되 외적으로 드러난 행동거지에 초점이 맞춰진 도덕성이라는 단서를 달거나, 그러한 습속이 시대와 장소마다 달라진다는 점에 착안하여 아예 'modish'라는 말을 선택한다. 옷 잘 입는 방법 같은 점에 대한 감식안을 도덕적 취미라 말하기도 했었다 하니, 유행에 대한 감각이라는 의미도 포함되어 있다고 볼 수 있다.

35 앞으로 등장할 연관 어휘들로서 '기대하다(erwarten)', '고대하다(sich versprechen)', '감안하다(rechnen)', '요망하다(zumuten)', '요구하다(fordern)', '청구하다(Anspruch nehmen)', '요청하다(postulieren)', '갈망하다(verlangen)', '사칭하다(vorgeben)', '간청하다(ansinnen)' 등이 있다. 또한 그렇게 되어서는 안 된다는 맥락에서 '강요하다(abzwingen)', '첨부하다(갖다 붙이다)(beilegen)' 등 혹은 그와 연관된 다양한 파생어들이 나타난다. 이렇듯 다양한 용어들은 공통적으로 다음과 같은 뉘앙스를 갖는다. 즉 쉽지 않은 일을 다른 이들도 해 줄 것에 대한 기대감이 전제되어 있으며, 또한 그러한 기대의 근거가 결코 객관적이지는 않다. 물론 예외는 있다. 가령 '요청하다'의 경우 '실천이성의 요청'과 같은 문맥에 따라 객관성을 담보하는 뉘앙스를 갖고 있다. 『판단력비판』에서 칸트는 이 단어를 객관적 보편성의 문맥과 주관적 보편성의 문맥에 모두 적용하고 있다. 물론 이런 동사들을 일일이 구분하

기보다는 문맥에 맞게 번역어를 적절히 혼용하는 게 문맥 파악에 더 도움이 될 수도 있다. 영역본들도 대부분 그런 방식을 취했기 때문에 이 용어들 각각에 해당하는 영어를 별도로 구분할 필요는 없을 듯하다.

36 통상적으로 논리적 인식판단을 통해 감성이 수용한 것에 지성이 개념을 부여함으로써 대상이 규정된다. 이는 철두철미 인과론적으로 파악되는 현상에 국한된다. 그러나 이러한 인간의 인식 조건을 넘어서는 것에 대해 논리적 판단의 관점에서는 그 어떤 규정도 내릴 수 없다. 가령 신, 세계의 섭리, 인간 영혼의 내밀한 본질 등이 그것이다. 특히 자연에 대한 탐구에 있어 이를 현상의 총체로서가 아니라 자연 사물이 그렇게 존재하는 목적에 대해 궁리해야 할 필요성에 부응하는 것이 바로 '목적론적 판단력비판'이다. 여기에서는 객관적 합목적성의 견지에서 자연목적에 대한 반성적 고찰이 이루어진다.

37 독일어로는 "Über Geschmäcke kann man nicht streiten"이라고 한다.

38 한 가지 주의할 것은 본문에서 자주 등장하는 '규정(Bestimmung)/규정하다(bestimmen)'에도 'Stimmung'이라는 어근이 등장한다는 점이다. 하지만 이 경우에는 어떤 분위기에 함께한다는 의미가 아니라 어떤 분위기나 상황을 '결정(be-)한다'는 뉘앙스가 깔려 있어서 보통 영어의 'determine'의 의미로 해석된다.

39 앞으로 나오게 될 연관 어휘들로서 §3.4에 등장했던 '찬성(Beifall)', 여기에 등장한 '합의' 외에도 '동참(Beitritt)', '단합하는(einträchtig)', '일치(Einhelligkeit)', '[조율된] 정조(Simmung)', '찬동(Beistimmung)', '보편적 목소리(allgemeine Stimme)', '협의하다(sich einigen)', '합치(Übereinstimmung)', '부합(Zusammenstimmung)' 등이 있다.

40 이와 관련해서는 가령 허치슨(Francis Hutcheson)이 말하는 "미의 감관(sense of beauty)"이 연상된다. 물론 허치슨이 말하는 이 감관이 단지 쾌적한 것의 감식력을 뜻하는 게 아니었다. 그에 따르면 미는 "우리 안에 생겨난 관념(Idea rais'd in us)"으로서 "미의 감관"은 "이 관념을 수용하는 힘(Power of receiving this Idea)"이다.

41 칸트에 따르면 도덕법칙은 "모든 이성적 존재자의 의지에 타당"하기 때문에 "객관적"이다(V.19).

42 "쾌의 보편적 전달 가능성"과 "심성 상태의 보편적 전달 역량"에서 "전달 가능성"

은 "Mitteilbarkeit"의 번역어이고 "전달 역량"은 "Mitteilungsfähigkeit"의 번역어이다. 여기에서 '-fähigkeit'는 '능력(Vermögen)'보다는 '힘(Kraft)' 혹은 '역량'에 더 가까운 것으로 이해해서 전달능력이라 하지 않고 "전달 역량"이라 번역하였다. 독일어 '-bar'는 '-이 가능한(able)'에 해당하고 '-fähig'는 '-를 할 수 있는(capable)'에 해당한다. 영역본에 따라 양자를 구별 없이 모두 'communicability'로 번역하기도 하는 이유는 바로 이 때문이다.

43 앞으로의 설명에서 '인식력(인식의 힘)', '표상력(표상의 힘)', '심성력(심성의 힘)'과 같은 용어가 계속 등장할 것이다. 물론 '인식능력', '표상능력' 및 '심성능력'도 함께 사용된다.

44 이때 "지성적(intellektuell)"이란 '지성(Verstand)'의 파생어다. '지성'은 '이해(Verständnis)'라는 명사 파생어 외에도, 형용사로 '이해되는(verständlich/verständig)'이 있다. 'verständig'는 분별력과 이해력이 있는 인간을 가리키거나 감각적 경험의 조건 너머의 초감성적 존재 내지 사건을 가리킬 때 사용된다. 그런데 칸트는 라틴어 형용사 'intellectualis' 및 'intellegibilis'의 독일어 번역어인 'intellektuell' 및 'intelligibel'을 함께 사용한다. 이론철학의 맥락에서 칸트는 인식의 조건에 따라 인간 지성이 만나는 영역을 '지성적 세계(intellektuelle Welt)'라 부르면서 이러한 조건 너머의 것으로 상정된 '예지세계(Verstandeswelt)'와 구분한다. 그러나 실천철학의 맥락에서 '지성적 세계'는 도덕적 자유의 세계로서 인간에 내속한다고 여겨진다. 도덕적 자유의 근거가 감성계가 아닌, 실천 이성이 표상하는 '예지적 세계(intelligible Welt)'에 있다는 점에서 결국 'intellektuell'과 'intelligibel'은 실천이성의 사용 면에서는 다르지 않은 말이 된다.

45 이 생각은 특히 라이프니츠의 목적론을 통해 표명되었다.

46 "합목적성"을 영어로 "purposiveness"라 번역한다면 "목적"도 "end"가 아니라 "purpose"라고 번역하는 것이 타당할 법하다. 그러나 "Zweck"은 단지 '의도', '도모'와 같이 주관적 의지와 작동되는 개념이 아니라 좀 더 광범위한 뜻을 함축한다. 즉 '목적'이란 달성하려는 목표이자 궁극적으로 도달됨으로써 사물의 가능성이 모두 발휘된 상태, 따라서 그것의 잠재력이 모두 소진되어 그 사물의 활동이

‘종료’된 상태까지 포괄한다. 따라서 "Zweck"은 영어로 "end"로 번역하되 ‘목적에 맞는(mäßig)’이라는 뜻을 지닌 ‘합(合)목적적(zweckmäßig)’을 표현할 ‘end’의 파생어가 없다 보니 ‘purposive’라는 단어가 선택되는 듯하다.

47 "질료"와 "객관적 합목적성"의 연관에 대해서는 §15에서 설명될 것이다. 물론 주관적 목적(쾌)과 "질료"도 연관될 수 있다. 감관판단의 경우가 바로 그것이다. 이에 대해서는 §14에서 설명될 것이다. 물론 질료적이면서 객관적인 합목적성 말고 형식적이면서 객관적인 합목적성도 있다. 이에 대해서는 가령 §62에서 설명된다. 형식적 · 객관적인 합목적성을 보여 주는 것으로서 칸트는 기하학적 도형의 형태를 들고 있다.

48 칸트가 말하는 "단순한(simple) 색"이란 ‘원(原)색(primary color)’이 아니라 ‘순(純)색(pure color)’, 즉 각 색상 가운데 채도가 가장 높은 색을 뜻하는 것으로 보아야 한다.

49 공간과 시간에 따라 예술을 분류하는 방법은 레싱(Gotthold Ephraim Lessing)에 의해 이미 시도된 바 있다.

50 이러한 구분법은 가령 『도덕형이상학』의 한 구절(Ⅵ.386)에도 나타난다.

51 "사례"에 해당하는 독일어 "Beispiel"은 ‘… 옆에’라는 뜻의 ‘bei’와 ‘유희’라는 뜻의 ‘Spiel’이 결합되어 있다. ‘Spiel’은 작동, 동작 등의 뜻도 있어서, 다양한 것들이 동일한 방향으로 작동되는 사례"들"이라는 의미를 나타낼 수 있다. 결국 여기에서 칸트가 말하는 "사례"란 단순히 그저 흘러 지나가는 예라기보다는 순수한 취미 판단의 대상의 이상적 조건으로서 다른 일상적 경험의 견본이 될 수 있는 범례적 사안을 뜻한다.

52 물론 후자를 단지 취미가 아니라 천재로서의 정신능력과 결부된 것으로 보아야 한다. 이에 대해서는 가령 §48 참조.

53 천재성은 인간의 자연적 소질 가운데 창조적 능력을 뜻하며, 칸트는 이를 "정신(Geist)"이라고 부른다.

54 이성의 개념이 곧 이념이므로 이념과 이성이념 사이에는 의미의 차이가 생기지 않는다.

55 "현시"에 해당하는 독일어 "Darstellung"의 동사 ‘darstellen’은 영어로 ‘서술(기

술/묘사)하다(describe)', '현시(제시)하다(present)', '재현하다(represent)', '표현하다 (express)' 등의 의미를 지니고 있다. 'Darstellung'도 '제시', '서술(기술/묘사)', '표현', '연기(상연)' 등 다양하게 번역된다. 칸트가 이 말을 사용하는 맥락에 따를 때 '드 러내 보임'이라는 의미에서 '현시(顯示)'라고 번역하는 것이 가장 적절해 보인다. "현시"란 개념에 대응하는 대상을 상상력에 의해 그려 내는 일을 뜻한다. §17.6에 등장하는 "표현(Ausdruck)"의 경우에도 이를 현대적 의미의 '표현(expression)'보다 는 '현시'의 다른 말로 이해하는 것이 좋을 것이다. '현시하다'보다 '재현하다'가 더 적절하다는 의견이 있을 수도 있다. 그런데 재현은 '누군가 무언가의 면모를 똑같이 드러내 보임'이라는 뜻을, 그리고 현시는 '(재현하는 누군가와 재현되는 무언 가의 구분 없이 양자 가운데 그 어디에 해당하든) 어떤 것의 면모가 드러내 보여짐'이 라는 뜻을 지닌다고 할 때, 재현과 현시의 공통 요소인 '드러내 보임/보여짐'에 주 목한다면 결국 같은 맥락을 지닌 말이라고 할 수 있다. 따라서 이 책에서는 '재현 하다'보다는 좀 더 넓은 맥락을 지닌 '현시하다'라는 말을 선택한다.

56 §49에서는 상상력을 "생산적 인식능력"이라고 부른다.

57 칸트의 취미 개념이 판정뿐만 아니라 제작과 관련해서도 사용된다는 점이 '연역 론'에서 설명된다. §48의 서두에서 칸트는 미 판정능력으로서의 "취미"와 그것의 제작능력으로서의 "천재(genius)"를 구분하고 있으나, 후자의 경우 전자를 포함하 는 근본적인 차원의 능력으로 보는 것이 타당할 것이다. §50에서 칸트는 예술에 필요한 인간의 능력으로 "상상력, 지성, 정신 그리고 취미"를 드는데, 앞의 세 가 지는 결국 취미능력 속에 통합되어 혼연일체가 되어야 한다고 말한다.

58 이 점은 나중에 미를 "도덕성의 상징"(§59)으로 제시하는 칸트의 서술을 통해 분 명하게 드러난다.

59 폴리클레이토스는 실제로 『캐논』이라는 책을 썼는데 여기에서 그는 신체 각 부 분의 가장 적절한 비례를 제시했다. 또 하나의 예로 제시된 미론의 「암소」는 아 마도 신전 유물 가운데 하나인 '미노타우로스' 조각을 뜻하는 것으로 보인다.

60 이런 맥락의 연원은 오래되었다. 가령 데카르트는 "양식은 세상에서 가장 공평 하게 분배되어 있다"라고 말한 바 있다. 이때 "양식"이라는 말은 프랑스어로 'bon

sens'로서 영어로는 'good sense'에 해당한다. 데카르트는 이 말을 통해 사유하고 판단하는 능력은 모든 인간에게 두루 배분되어 있다는 생각을 표명하였다.

61 구성적(konstitutiv) 원리란 대상을 객관적으로 규정하는 원리를 말한다. 규제적 (regulativ) 원리란 (부정적인 의미에서는) 우리의 인식능력으로서는 접근할 수 없는 것에 접근하려는 "월권(Anmaßung)"을 억제함과 동시에 (긍정적인 의미에서는) 구성적이지는 않을지라도 경험 대상들의 체계적 연관과 총체성에 이르기 위한 지침을 제공한다.

62 여기에서 말하는 '창안(invention)'이란 수사학적 전통에서 말하는 '발상' 혹은 '착상'을 뜻한다. 이 전통은 예술창작론에서도 계승되어 가령 바움가르텐의 '시학' 혹은 '미학'적 사유에서도 시상을 떠올리는 사유 과정으로 간주된다. '시를 씀(作詩)'이란 자발적이고 능동적인 상상력의 활동에 따를 때 비로소 가능한 산물로 볼 수 있기 때문에 칸트는 '시 쓰기'와 '창안'을 연결 짓고 있다. 하이데거 (Martin Heidegger)는 자신이 말하고자 하는 고유한 '사유(Denken)'를 두고 '시 쓰기 (Dichten)'와 다르지 않다고 말하기도 했다. '지어내기'는 '시 짓기와 같은 창작창안을 하다' 혹은 '상상(공상)하다'의 뜻을 갖는다. 앞서 언급한 "선형" 혹은 "환상곡"(§16.2)과 관련이 있다. 지성과의 이러한 균형 잡힌 관계가 없이 발휘되는 "판타지(Phantasien)"(#7)와도 관련이 있다. 즉 '지어내기'란 "상상력(Einbildungskraft) 의 자유로운 유희"(V.244)이되 "자유로운 합법칙성" 중에 있을 수도 혹은 그렇지 않을 수도 있다. 예술미를 논하는 부분에서 칸트는 "오로지 상상(Einbildung)에만 의거하는 유별난 감각"이 오히려 혐오를 일으킬 추함으로 나아가게 한다고 말한다.

63 물론 §1.1에서 설명한 바와 같이 『순수이성비판』에서 칸트는 대상 인식을 위해서는 상상력이 단지 재생산이 아니라 근본적으로 '초월론적 종합'을 이루어야 하며 그런 점에서 대상 인식에 기여하는 상상력 역시 생산적·자발적이기도 하다고 말한다. 그렇다면 『판단력비판』에서 말하는 미감적 판단 특유의 상상력이 저 상상력과 차별화되는 지점은 어디일까? 그것은 바로 지성이 감성에 주도적인 역할을 하는가, 아니면 반대로 감성이 지성에 주도적인 역할을 하는가에 달린 문

제이다. "그 자체로서는 자유를 구가할 상상력"은 감성이 주도적인 역할을 하는 국면에서의 상상력을 뜻하며, 이때 지성이 상상력에 봉사한다(#4).

64 당시 독일 지역에 산재했던 영방국가들의 경우 바로크 문화가 뒤늦게 전파되는 과정에서 바로크와 로코코가 혼용되기도 했다. 두 예술 사조에는 적지 않은 차이가 있지만 여기에서는 (신)고전주의 예술론의 대척점에 선 예술 경향을 염두에 두고 있다.

찾아보기

[인명]

[작품 및 저서]

[주요 개념 및 어휘]

미와 판단